PRESCRIÇÃO PENAL
Temas Atuais e Controvertidos
— Doutrina e Jurisprudência —

Volume 5

Conselho Editorial

André Luís Callegari
Carlos Alberto Molinaro
Daniel Francisco Mitidiero
Darci Guimarães Ribeiro
Draiton Gonzaga de Souza
Elaine Harzheim Macedo
Eugênio Facchini Neto
Giovani Agostini Saavedra
Ingo Wolfgang Sarlet
Jose Luis Bolzan de Morais
José Maria Rosa Tesheiner
Leandro Paulsen
Lenio Luiz Streck
Paulo Antônio Caliendo Velloso da Silveira

Dados Internacionais de Catalogação na Publicação (CIP)

F284 Prescrição penal: temas atuais e controvertidos : doutrina e jurisprudência
   Vol. 5 / Ney Fayet Júnior (Coord.), Stephan Kirste ... [et al.].
   – Porto Alegre: Livraria do Advogado Editora, 2015.
   180 p.; 23 cm.
   ISBN 978-85-7348-985-9

   1. Prescrição da pena. I. Fayet Júnior, Ney, coord. II. Kirste, Stephan
III. Título.

CDU – 343.291

Índice para o catálogo sistemático:
Prescrição da pena

(Bibliotecária responsável: Sabrina Leal Araujo – CRB 10/1507)

NEY FAYET JÚNIOR
(coordenador)
Amanda Gualtieri Varela
Antonio Tovo Loureiro
Antonio Vallini
Carlos Eduardo Scheid
Emília Klein Malacarne
Felipe Hilgert Mallmann
Marcelo A. R. Lemos
Marçal Luís Ribeiro Carvalho
Maria Elizabeth Queijo
Paulo César Busato
Paulo Fayet
Silvia de Freitas Mendes
Stephan Kirste

PRESCRIÇÃO PENAL
Temas Atuais e Controvertidos
— Doutrina e Jurisprudência —

Volume 5

Porto Alegre, 2015

©

Ney Fayet Júnior (coord.)
Amanda Gualtieri Varela
Antonio Tovo Loureiro
Antonio Vallini
Carlos Eduardo Scheid
Emília Klein Malacarne
Felipe Hilgert Mallmann
Marcelo A. R. Lemos
Marçal Luís Ribeiro Carvalho
Maria Elizabeth Queijo
Paulo César Busato
Paulo Fayet
Silvia de Freitas Mendes
Stephan Kirste
2015

Capa, projeto gráfico e diagramação
Livraria do Advogado Editora

Revisão
Rosane Marques Borba

Pintura da Capa
Max Hermann Pechstein
Meadow at Moritzburg (óleo sobre tela, 1910)

Direitos desta edição reservados por
Livraria do Advogado Editora Ltda.
Rua Riachuelo, 1300
90010-273 Porto Alegre RS
Fone: 0800-51-7522
editora@doadvogado.com.br
www.doadvogado.com.br

Impresso no Brasil / Printed in Brazil

Este livro é dedicado à memória dos professores
Ney Fayet de Souza e Paulo José da Costa Júnior

o tempo
entre o sopro
e o apagar da vela

Paulo Leminski

Prefácio

TEMPO E DIREITO

I.

Muitos costumam afirmar que os povos ancestrais de várias culturas em nosso planeta tinham uma representação do tempo diferente da nossa. Vivemos não apenas numa dimensão basicamente diacrônica do tempo que foi transformada por Paul Virilio, que tanto examina já há dezenas de anos a categoria da velocidade. Temos, segundo o autor, a tendência a associar ao deslocamento vertiginoso no espaço uma das características fundamentais do progresso humano. O deslocamento no espaço, além de representar vantagens nas relações básicas da nossa cultura com o nosso modo de existir, está ligado ao conceito de progresso. Portanto, na própria palavra que exprime os nossos passos, está contida a questão com que expressamos nossa própria mobilidade. Mas nosso modo de existir se vincula essencialmente também com a dimensão do tempo. Para determinar a condição primeira dos seres, afirmamos sua situação no espaço e no tempo.

Muitas vezes nos perguntamos se o modo de existir no espaço e no tempo é um elemento constituinte de nossa experiência no mundo. Teríamos a possibilidade de experimentar as coisas se a elas não estivéssemos já sempre comprometidos através das condições primeiras do espaço e do tempo. Realmente, não conseguimos representar nossos modos de percepção das coisas e de nós mesmos sem que o tempo e o espaço já estejam pressupostos. Observando a evolução das culturas, realmente, vemos que os seres humanos têm como formas primeiras, que sustentam sua compreensão de si e dos objetos, o espaço e o tempo. Certamente, temos que reconhecer que não é fácil determinar de quem é a hegemonia dessas duas dimensões no conjunto de nossa compreensão do universo. Ainda que a nossa primeira reação seja dar ao tempo o modo de ser fundamental, contudo, o fato de todos os seres terem dimensões materiais pressupõe, de qualquer modo, o espaço.

Podemos aproximar ainda espaço e tempo através da dimensão da medida. Tanto o espaço quanto o tempo se constituíram, através da história humana, como as mais variadas formas de avaliação por medidas. Se fôssemos nos aproximar de uma cultura ancestral e tivéssemos a possibilidade de compará-la com outra cultura, diríamos que o que as diferencia é um modo de habitar e se mover no espaço. Somente a partir de nossa própria experiência iríamos deslocando nossa atenção para a forma de cada cultura viver no tempo. Costuma-se dizer que o espaço é o que nos dá segurança sob múltiplos modos, mas acrescenta-se logo que esta segurança no espaço é comovida e introduzida numa atmosfera de inquietude, a partir da vivência do tempo.

É, portanto, o tempo que assume características que nos fazem viver as condições da espacialidade. Naturalmente, essa primazia da temporalidade se faz experimentar como uma das dimensões com que opera a nossa consciência. Podemos mesmo dizer que a temporalidade termina sendo aquilo que nos envolve tanto na nossa representação do mundo como na nossa relação com o nosso próprio existir. Tempo, portanto, termina sendo um horizonte a partir de onde nos compreendemos e de onde nos vem a possibilidade de uma relação com a realidade. Cresce desse modo o nível de problemas que se põem com o tempo. A maneira de existir no espaço nos dá muitas vezes a impressão de ser uma espécie de redutor das coisas e de nós mesmos à presença.

Se a temporalidade nos liga de maneira preferencial a nosso modo de ser e à nossa representação, então, ela passa a ser não apenas a medida, mas a condição mesma do ser humano enquanto tal. É nela, portanto, que a vida humana passa a receber uma complexidade e profundidade que a fazem propriamente algo único na forma de existir e na cultura.

II.

Se a temporalidade enquanto tempo assume três dimensões a que procuramos dar relevo, quando falamos em passado, presente e futuro, ela faz da condição humana um modo de existir único e essencial. Somos seres, aliás, os únicos em nosso planeta, que se expandem através dessas dimensões aparentemente complementares e, contudo, paradoxalmente em constante confronto. Vivemos por momentos a representação de uma das três dimensões do tempo: o já ter sido, o ser agora e o antecipar-se num modo de vir a ser. Todas as nossas representações, vivências, percepção da realidade exterior e interior, se sustentam num jogo de ir e vir entre esses três modos de sermos no tempo.

Mas não é apenas nosso modo solitário e individual que é marcado pelo tempo que se move no passado, presente e futuro, mas nossas relações com os outros seres humanos e com as coisas pode tomar uma das três formas da temporalidade. Certamente, o universo de nossas experiências e emoções varia conforme a intensidade com que nos ligamos a uma das três estruturas do tempo. Qual delas é hegemônica no nosso modo de viver está muito fortemente determinado pelas análises filosóficas. É o futuro que marca o ser humano como uma constante antecipação do que ainda não é e do que virá a ser. Não conseguimos existir sem que sejamos em diversos momentos alvoroçados por algo que o tempo nos traz enquanto não apenas uma possibilidade, mas como uma espécie de aposta que fazemos com o nosso modo de pensar, agir e decidir. A liberdade talvez seja somente possível para o ser que vive articulando-se com o passado e o presente através do futuro.

Não precisamos ir longe demais com nossas conjeturas sobre a questão do tempo, porque o que nos espera é o conjunto de estruturas e instituições de nossa cultura que constituem nosso convívio civilizado. Se a temporalidade nos determina, então, certamente, nosso modo de organizar todas as dimensões que nos permitem conviver também é marcado pelas três formas do tempo. É importante, para compreendermos o funcionamento de nossa liberdade e de nossa mobilidade, sermos capazes de representar o modo como somos e como se compreendem os outros seres humanos na sociedade do ponto de vista do tempo. Cada instituição, cada forma de relacionamento e cada decisão devem ser compreendidos como uma maneira de conviver e sobreviver.

III.

Não importa que seja a cultura mais primitiva, com a visão de mundo menos desenvolvida, e já aí se apresentam formas implícitas ou já claramente definidas de algum tipo de imperativo com pretensão de validade para aquele grupo humano. É claro que se pressupõe que haja alguma forma de escrita, que permita o registro da memória daquela cultura primitiva. Há milênios, portanto, a humanidade vive a partir de regulamentos, ordenações e imperativos a que o grupo de seres humanos presta obediência. É o Direito nas suas manifestações iniciais que está registrado nessas memórias gravadas em pedras. É por isso que podemos falar de uma ancestralidade do Direito e de uma complexificação progressiva de suas formas na cultura atual como representando um grande arco sobre as comunidades humanas. Muito antes de assumir formas definidas, e sobretudo, hierarquizadas, adivinhamos em mensagens escritas determinadas vontades, regulações e ordenamentos que pretendem intervir no cotidiano do ser humano.

Podemos distinguir dois modos de as sociedades humanas receberem esses imperativos. De um lado, temos os povos paratáticos que simplesmente recebem os imperativos e regem seus comportamentos a partir de uma fonte superior, da qual vem a palavra. Temos tantos exemplos desde milênios a. C. até nossos dias, podemos observar ou em monumentos antigos ou em textos escritos de séculos atrás, a mesma irradiação de imperatividade que exige que tal coisa se fale, se apresente ou se faça. É o que está presente na voz do Faraó que diz, nalgum monumento, através dos hieróglifos: "Então o Faraó disse", e todos repetem o que ele disse. Essa forma representa o Direito que quer receber obediência na sua forma mais rudimentar. É talvez nos gregos, que dispunham de uma certa quantidade de sinais com os quais compunham palavras, com as quais formavam frases, e dessa forma, mostravam a sua liberdade na originação da palavra humana. Eram seres livres que formavam seu discurso através de formas argumentativas que manejavam e contrapunham com outros discursos, e dessa maneira introduziram o modo de trazer razões ou aceitar razões. Isso se converteu em formas de argumentação livre que podiam ser tomadas para compor leis e códigos, a que, livremente os indivíduos se submetiam. A partir desse momento, temos os povos hipotáticos. Em vez de apenas cumprirem o que emanava do déspota, ou do Faraó, submetiam-se a formas de ordenação produzidas a partir de certos princípios que regiam as atitudes de submissão.

Quando falei em paratático e hipotático, apenas quis apontar para a origem de processos de submissão ou de autonomia na formação das regras e leis. Mas era o Direito entrando nas vidas humanas de formas diferentes e atingindo o modo de ser de seus comportamentos e de seus espaços de convivência. Se assim se atingiam os seres humanos e se esses seres humanos são marcados pelas condições dadas a partir da temporalidade, então, já acontecia algum tipo de intervenção que limitava ou direcionava o modo de o homem viver o seu tempo. Podemos imaginar o quanto a expansão do Direito pelas comunidades humanas foi produzindo e os limites de o ser humano viver a sua temporalidade. Mas o que aqui nos importa é percebermos como isso que, progressivamente, foi se aperfeiçoando, se tornou uma espécie de constante ajuste entre o tempo e o Direito.

Podemos resumir as relações que foram sendo estabelecidas com o tempo e no tempo, entre os seres humanos e as instituições, com a evolução e as transformações do Direito. Se, de um lado, a própria forma de o Direito constituir a sua amplitude, e, de outro lado, de o ser humano radicalizar cada vez mais a complexidade de sua relação com o tempo, quanto é sutil delicado o universo que se constitui na relação entre tempo e direito. Poderíamos imaginar, em primeiro lugar, o quanto o Direito apela ao tempo para legislar sobre as relações entre pessoas e pessoas, pessoas e coisas, pessoas com instituições, e coisas com as formas de intercâmbio. Toda forma de prazos, que se revelam em cumprir prescrições, e as múltiplas formas de acontecerem prescrições com o decurso do tempo, e tantas outras maneiras de criar uniformidade e harmonia de expectativas dos que se servem do Direito. Mas, de outro lado, temos o Direito como único instrumento de intervir não apenas na liberdade de comportamento no mundo civil, através de formas de tempo, mas de ele limitar, formatar e privar, através da pena, o tempo de seres humanos considerados como transgressores da ordem jurídica penal.

Se olharmos para o que foi dito, aqui estamos entrando num domínio em que a sociedade, através do Estado, interfere naquilo que é a essência do indivíduo, a privação da liberdade através da prisão ou de outros recursos de privar o indivíduo do livre uso do seu tempo. Aqui é atingido o núcleo do próprio ser humano, na medida em que se atinge o seu tempo e se o impede de ser livre na sua distribuição do tempo no presente e de realizar os seus projetos no futuro. E tudo isso em nome do que agora é passado, isto é, ações que foram julgadas suscetíveis de punição.

O tempo e o Direito atingem, portanto, a base do próprio funcionamento do Direito em todos os seus aspectos, mas, sobretudo, o tempo e o Direito interferem na essência da condição humana. A partir desse momento de nossa análise, estaríamos descerrando o horizonte em que se ampliam as relações fundamentais entre o tempo e o Direito. Estamos longe de entrarmos nas delicadas relações que cada instituto jurídico e cada decisão judicial estabelece com o modo de o ser humano realizar a sua existência.

Porto Alegre - 21/04/2015.

Ernildo Stein

Sumário

Introdução 17

Tema I – O direito como memória cultural
Stephan Kirste..21
Introdução..21
1. O conceito de memória cultural..22
2. Mecanismos de memórias..25
3. A memória do direito...26
   3.1. Direito consuetudinário e memória cultural..................................26
   3.2. A codificação e suas implicações na memória jurídica..................29
   3.3. A estrutura temporal do direito e sua função econômica..............30
4. A influência do direito na memória cultural..31
   4.1. O exemplo dos arquivos do Serviço Secreto da Alemanha Oriental..............32
5. Conclusão...33

Tema II – Temas polêmicos na jurisprudência sobre prescrição penal
Antonio Tovo Loureiro e Emília Klein Malacarne....................................35
Introdução..35
1. Prescrição de falta grave na execução criminal...................................35
2. Criação jurisprudencial de causa supralegal de suspensão prescricional..............42
3. Criação jurisprudencial de novo marco interruptivo da prescrição......46
Conclusão...49
Bibliografia..49

**Tema III – Prescrição e ato infracional. Um pano de fundo para a discussão sobre o
curto e o longo prazo do discurso infracional**
Paulo César Busato e Silvia de Freitas Mendes.......................................51
Introdução..51
1. Dos fundamentos penais da prescrição..53
2. Análise crítica dos fundamentos do controle social exercido por meio do ato
infracional...55
   2.1. A fraude de etiquetas. A nocividade do eufemismo em matéria penal juvenil..55
      2.1.1 A distorção dogmática..56
      2.1.2. A distorção criminológica..58
   2.2. Princípio de proteção integral e sua desvinculação da perspectiva de
prevenção especial..62
3. A prescrição em ato infracional...65
Bibliografia..67

Tema IV – A decisão no "caso Ustra" que reconheceu o crime de ocultação de cadáver como delito instantâneo para fins de prescrição: houve uma resposta judicial adequada?
Carlos Eduardo Scheid e *Marcelo A. R. Lemos*...69

1. Notas introdutórias sobre o nosso tempo vivido: a época da crise da motivação nas decisões judiciais...69
2. A resposta adequada como direito fundamental (art. 93, inc. IX, da Constituição Federal): uma necessária releitura daquele que se considera o atual princípio fundante do sistema acusatório (a gestão da prova)....................................78
3. A decisão de prescrição no "Caso Ustra": o crime de ocultação de cadáver como delito instantâneo (de efeitos permanentes) ou crime permanente?...................83
4. Houve uma resposta judicial adequada?...85
Bibliografia..89

Tema V – Do efeito da revogação da suspensão condicional do processo penal na contagem do prazo prescricional
Ney Fayet Júnior e *Amanda Gualtieri Varela*...91

1. Introdução..91
2. Aspectos gerais da suspensão condicional do processo.................................91
    2.1. Dos requisitos...93
    2.2. Das condições...98
    2.3. Da recusa do Ministério Público em propor a suspensão do processo...........98
    2.4. Na hipótese de ação penal privada, da recusa do querelante em propor a suspensão do processo..99
    2.5. Na hipótese de ação penal privada subsidiária da pública, da recusa do querelante em propor a suspensão do processo....................................100
    2.6. Da revogação do *sursis* processual..100
    2.7 Dos fundamentos e dos efeitos do *sursis* processual..............................101
3. Da prescrição penal...103
    3.1. Conceito..103
    3.2. Das modalidades da prescrição...103
4. Da decisão revogatória (do *sursis* processual) e de seus efeitos sobre a prescrição penal...104
    4.1. Da compreensão lógica...106
    4.2. Desdobramentos em face de a revogação do benefício dar-se durante ou ao depois da vigência do período de suspensão..107
        4.2.1. Revogação operada no curso do período de prova do benefício...........107
        4.2.2. Revogação operada posteriormente ao encerramento do período de prova do benefício..107
Considerações finais...109
Bibliografia..109

Tema VI – Da não aplicabilidade do instituto do crime continuado aos delitos de sonegação fiscal (único valor e único fato apurável na consolidação do crédito): modificações quanto ao instituto da prescrição penal
Paulo Fayet e *Felipe Hilgert Mallmann*..111

Introdução..111
1. A orientação da Súmula Vinculante 24: a exigência do lançamento definitivo do tributo...111

2. Da não aplicabilidade da *fictio juris* da cadeia continuada de crimes (art. 71 do Código Penal) aos delitos contra a ordem tributária..........................112
3. Modificações quanto ao instituto da prescrição penal..........................114
Considerações conclusivas..........................115
Bibliografia..........................116

Tema VII – Prescrição na Reforma Penal
Maria Elizabeth Queijo..........................117
1. Considerações iniciais..........................117
2. A Prescrição no anteprojeto de Código Penal: preservação da atual disciplina......118
3. A Prescrição no projeto de Código Penal em tramitação: as múltiplas propostas de modificação do instituto..........................118
   3.1. Nos Projetos de Lei já existentes no Congresso Nacional de tramitação conjunta..........................118
   3.2. No Relatório Preliminar do Projeto de Código Penal..........................120
   3.3. No Substitutivo ao Projeto de Lei 236/2012, aprovado na Comissão Temporária de Estudo da Reforma do Código Penal (Parecer 1576, de 2013)..126
4. Conclusões..........................127
ANEXO: Título VIII da Emenda nº 807 – CTRCP – Substitutivo ao Projeto de Lei do Senado nº 236, de 2012..........................128
Bibliografia..........................130

Tema VIII – A prescrição penal no ordenamento italiano
Antonio Vallini..........................133
1. A prescrição do crime e da pena: natureza e *ratio* entre Direito Penal substancial e processual..........................133
   1.1. Enquadramento geral..........................133
   1.2. A prescrição do crime em geral: instituto substancial ou processual?..........136
   1.3. Segue: as ideais oriundas do "diálogo entre as Cortes", constitucional e CEDU: o tema da retroatividade..........................137
   1.4. A *ratio* da prescrição do crime e da pena..........................141
2. A disciplina da prescrição no sistema italiano..........................147
   2.1. A duração do prazo..........................147
   2.2. Interrupção e suspensão da prescrição..........................152
   2.3. O *dies a quo*..........................155
   2.4. A renúncia à prescrição..........................157
3. Perfis processuais..........................158
4. Pormenores empíricos, criticidades, perspectivas de reforma..........................159
   4.1. *Status* empírico da prescrição da pena..........................159
   4.2. Contingências factuais e político-criminais da prescrição do crime..........160
   4.3. Advertências mínimas para intervenções de reforma desejáveis..........164
   4.4. A recente proposta de reforma apresentada pelo Governo italiano..........166
Bibliografia essencial..........................168

Tema IX – Prescrição penal, memória e esquecimento: mecanismos de minimização de danos no processo penal
Marçal Luís Ribeiro Carvalho..........................171
Introdução..........................171
1. Processo penal e pena..........................173

2. Algumas considerações sobre o tempo no processo penal.............175
3. Prescrição penal, memória e esquecimento.............176
Considerações finais.............179
Referências.............180

Introdução

Cumpre, antes de tudo, advertir que os estudos componentes do quinto volume da obra *"Prescrição penal*: temas atuais e controvertidos" objetivam apresentar os recentes debates envolvendo o tema da prescrição penal, tendo em vista não só os mais modernos posicionamentos da jurisprudência nacional, como também as mudanças legislativas envolvendo a temática dessa causa de extinção de punibilidade; e, neste volume, abrem-se as portas às contribuições doutrinárias estrangeiras, permitindo que o estudo possa ter uma dimensão ainda mais ampla.

Em razão de suas incontestes e relevantes consequências jurídicas, o instituto da prescrição penal continua a oferecer, como já se apontou nas edições que antecedem a esta, terreno para expressivas divergências doutrinárias, de cujo embate são, constantemente, aprimorados não apenas os seus fundamentos conceituais e a sua natureza jurídica, como também o seu âmbito de incidência; e, evidentemente, diversos pontos antagônicos de notável significado e expressão.

Neste quinto volume, pretendemos buscar o enfrentamento de temas que merecem destaque, tais como o debate relativo à prescrição penal no recente Anteprojeto de Código Penal e, também, o entendimento da prescrição penal em face de um enfoque político-criminal, inclusive, com um estudo comparado em relação ao ordenamento italiano.

De início, o jurista alemão *Stephan Kirste* inaugura o quinto volume a partir de uma abordagem da filosofia do Direito. O Professor *Kirste* propõe uma interessante reflexão a respeito da memória jurídica e sua influência na memória social. Em seu magnífico estudo – intitulado "O direito como memória cultural" –, está dada a largada para absorver os embates dogmáticos que o seguem, pois, como afirma o autor: durante o tempo de validade de suas normas, o direito se arvora ser atemporal.

O reflexo das divergências doutrinárias acerca desse instituto de extinção da punibilidade – tanto na jurisprudência brasileira quanto nas medidas político-criminais – está presente na análise do novel doutor *Antonio Tovo Loureiro* e de *Emília Klein Malacarne*, no estudo "Temas polêmicos na jurisprudência sobre prescrição penal".

Por sua vez, o Professor *Paulo César Busato* e a Professora *Silvia de Freitas Mendes* trazem inovadora reflexão no campo da prescrição penal: a que se refere ao ato infracional. Com o artigo intitulado "Prescrição e ato infracional. Um pano de fundo para a discussão sobre o curto e o longo prazo do discurso infracional", os autores partem de uma análise dos fundamentos do controle social exercido por meio do ato infracional para, então, pensar a aplicação da prescrição ao ato infracional, como exemplo de garantia conquistada no âmbito penal à esfera do direito infracional.

A seguir, o Professor *Carlos Eduardo Scheid*, com o auxílio de *Marcelo A. R. Lemos*, escreve sobre os desdobramentos da prescrição penal em se tratando de crimes conectados à justiça de transição no estudo denominado de "A decisão no 'caso Ustra' que reconheceu o crime de ocultação de cadáver como delito instantâneo para fins de prescrição: houve uma resposta judicial adequada?".

Na sequência, o Professor *Paulo Fayet*, em conjunto com *Felipe Hilgert Mallmann*, enfrenta o tema da prescrição penal nos crimes contra a ordem tributária (Lei 8.137/90) sob a ótica jurisprudencial atual, discorrendo acerca da discussão da não aplicabilidade do instituto do crime continuado aos delitos de sonegação fiscal em uma extensiva análise neste estudo chamado: "Da não aplicabilidade do instituto do crime continuado aos delitos de sonegação fiscal (único valor e único fato apurável na consolidação do crédito): modificações quanto ao instituto da prescrição penal".

Além dos referidos artigos, a Professora *Maria Elizabeth Queijo*, ainda uma vez, nos brinda com brilhante estudo acerca da prescrição penal no Anteprojeto do Código Penal, sob o viés das múltiplas propostas de modificação do instituto no estudo "Prescrição na Reforma Penal".

Da Itália, o Professor *Antonio Vallini* oferece importantíssimo artigo específico sobre "A prescrição penal no ordenamento italiano", iniciando o estudo a partir de um comparativo entre decisões das Cortes Constitucional Italiana e a Europeia dos Direitos Humanos, aprofundando a sua análise, em um segundo momento do estudo, para a verificação da recente proposta de reforma sobre o tema prescricional, apresentada pelo governo italiano no final de 2014.

E *last but not least, Marçal Luís Ribeiro Carvalho* traz uma abordagem do processo penal e do tempo, tratando de temas como memória e esquecimento sob o viés da "Prescrição penal, memória e esquecimento: mecanismos de minimização de danos no Processo Penal".

Com o lançamento deste novo volume da obra "Prescrição penal", esperamos poder contribuir, novamente, para o estudo de um instituto de tamanha importância e, sobretudo, tão controvertido no âmbito do Direito Penal; e que – como se pôde depreender desde o primeiro volume desta coletânea – está sempre sujeito a novas discussões e interpretações, especialmente em virtude de recorrentes mudanças legislativas.

Postas as coisas deste modo, pretendemos, pois, continuar prestando nosso auxílio a todos os profissionais que militam na área do Direito Criminal, muito particularmente aos estudantes.

Temos, derradeiramente, de agradecer, sem sombra de qualquer dúvida, à infatigável dedicação da Amanda Büttenbender Medeiros, do Matheus Tomé e do Cássio Rocha de Macedo.

Tema I

O direito como memória cultural[1]

Stephan Kirste

Introdução

Deixe-me começar com um exemplo: quando, em 1989, nos dias finais da República Democrática Alemã, os cidadãos viram fumaça saindo do prédio do quartel-general da polícia secreta (*Stasi*), perceberam que uma parte importante de seu passado estava em perigo de se perder. Funcionários da outrora temida polícia secreta estavam queimando arquivos, gravações e documentos pertinentes a suas investigações ilegais – pelo menos em relação aos parâmetros da ideia de império da lei no Estado de Direito.

Os cidadãos invadiram o quartel-general e tentaram se apossar desses documentos. Conseguiram resgatar uma grande quantidade deles, alguns já em pedaços. Com isso pretendiam assegurar a possibilidade de saber que informações o regime tinha reunido sobre eles, pois, durante o período da República Democrática Alemã, eles sequer eram informados sobre o passado pelo qual o regime os responsabilizava quando os colocava na prisão.[2]

Os documentos foram entregues a uma agência recém-fundada. Desde então, dentre outras atribuições, a agência reconstruiu os arquivos danificados, colocou-os em ordem e apoiou publicações sobre as atividades do serviço secreto. Sua tarefa mais importante, porém, é permitir aos antigos cidadãos, cientistas e jornalistas da RDA, dentre outros interessados, acesso aos dados. Esses arquivos se tornaram uma fonte importante para a investigação da história da RDA. Logo ficou óbvio que os arquivos também continham dados sobre "ocidentais", cidadãos e especialmente políticos ainda no cargo. A mídia, mas também um comitê de investigação do parlamento alemão, demonstraram interesse, especialmente nos arquivos referentes ao ex-chanceler Helmut Kohl. Em vários processos, Kohl teve sucesso ao impedir acesso e publicação desses dados.

Esse relato, na medida em que revela um problema especificamente alemão, mostra também como a memória individual e a memória social funcionam e po-

---

[1] Tradução de João Maurício Adeodato a partir de KIRSTE, Stephan. Der Beitrag des Rechts zum kulturellen Gedächtnis. *Archiv für Rechts – und Sozialphilosophie*, 94 (2008), Heft 1, S. 47-69, e *Law as cultural memory*, palestra proferida na Faculdade de Direito do Recife em 07 de junho de 2007.

[2] BIRTHLER, Marianne. Ohne Erinnerungskultur kein Selbstbewußtsein. Die Stasiakten und der Umgang mit der eigenen Vergangenheit. *In Vorgänge*, 2003, p. 22-30.

dem colidir.[3] Além disso, exemplifica a função do direito no desenvolvimento da memória cultural. Antes de explicar essa tese, o conceito de memória precisa ser colocado. Depois, a função do direito com respeito ao passado será analisada para, finalmente, voltar ao exemplo da Stasi.

1. O conceito de memória cultural

A memória é geralmente considerada uma habilidade individual, psicológica. Desde Maurice Halbwach, as ciências sociais e culturais investigam estruturas aparentemente análogas na sociedade, denominadas memória coletiva, cultural ou social.

O conceito de "memória cultural", especialmente, fornece uma perspectiva integrada e comparativa sobre as técnicas de determinados sistemas sociais no seu trato com a história.[4] Com raras exceções,[5] o conceito não tem sido recepcionado pela teoria do direito. Essa negligência tem duas razões: de um lado, os próprios estudos culturais mencionados omitem estruturas de memória do direito, embora considerem-no um fenômeno cultural; de outro, porque conceitos da teoria do direito, tais como "tradição",[6] "historicidade",[7] "mudança" ou "continuidade"[8] parecem fornecer fundamentos teóricos suficientes. Então, por que introduzir um novo termo?

Vamos então ao conceito de memória. Em geral, a memória pode ser definida como uma capacidade de representar informação relevante para o eu de cada um, com base em certas mídias e em uma seleção entre lembrar e esquecer. Essa definição não pressupõe um portador da memória determinado, ela toma a memória como uma função de um sistema. Se nós seguirmos o bem elaborado conceito da linguista Aleida Assmann e de seu marido, o egiptólogo Jan Assmann, podemos distinguir as memórias individuais, de geração, coletivas e culturais por meio de outros critérios.

---

[3] Para o caso particular, cf. BIRTHLER, Marianne. Ohne Erinnerungskultur kein Selbstbewußtsein. Die Stasiakten und der Umgang mit der eigenen Vergangenheit. *In Vorgänge*, 2003, p. 24. Aspectos gerais são discutidos em LANGENOHL, Andreas. Erinnerungskonflikte und Chancen ihrer 'Hegung'. *In Soziale Welt*, 52 (2001), p. 71-92.

[4] Os autores clássicos da sociologia usam o termo apenas de maneira aforística, sem um sentido sistemático. V. OLICK, Jeffrey K.; ROBBINS, Joyce. Social Memory Studies: From "Colective Memory" to the Historical Sociology of Mnemotic Practices. *In Annual Review of Sociology*, 24 (1998), p. 105-140, p. 107.

[5] LUHMANN, Niklas. *Gesellschaftsstruktur und Semantik,* Band 4. Studien zur Wissensoziologie der modernen Gesellschaft. Frankfurt a. M.: Suhrkamp, 1999, p. 42 s.; cf. também CONFINO, Alon. Collective Memory and Cultural History: Problems of Method. *In The American Historical Review*, 102 (1997), p. 1386-1403, p. 1389.

[6] SARAT, Austin; KEARNS, Thomas R. *History, Memory, and the Law.* Ann Arbor: The University of Michigan Press, 2002; KAHN, Paul W. *The Cultural Study of Law* – Reconstructing Legal Scholarship. Chicago: University of Chicago Press, 1999.

[7] KRYGIER, Martin. Law as Tradition. *In Law and Philosophy*, 5 (1986), p. 237-262.

[8] LLOMPART, José (S. J.). *Die Geschichtlichkeit des Rechts im Deutschland der Gegenwart.* Frankfurt a. M.: Metzner, 1968; LLOMPART, José (S. J.). *Die Geschichtlichkeit der Rechtsprinzipien.* Frankfurt a. M.: Klostermann, 1976; KIRSTE, Stephan. *Die Zeitlichkeit des positiven Rechts und die Geschichtlichkeit des Rechtsbewußtseins.* Momente der Ideengeschichte und Grundzüge einer systematischen Begründung. Berlin:, Duncker & Humblot, 1998.

Comparada às demais, a memória individual é limitada e fragmentada, constituindo uma perspectiva não transferível e, em seu caráter comunicativo, dependente de estabilização por meio da narração.[9] Omitimos a memória de geração porque ela pode ser conceituada mediante um índice temporal na memória coletiva. Na visão de Assmann, esta capacidade tem como característica distintiva a artificialidade: entes coletivos supostamente não obtêm memória, mas sim, numa maneira que Nietzsche descreveu em seu conceito de "memória da vontade", fazem-na por meio de símbolos, textos, ritos, imagens, calendários, práticas, associações a locais, monumentos e outras formas simbólicas.

A memória coletiva é integrada negativamente por delimitação e distinção de outras memórias culturais, criando assim identidades homogêneas.

Exemplos são memórias nacionais, suprimindo as memórias coletivas de minorias, pondo em perigo suas identidades. Fora isso, sua integração por meio de tradições e narrativas produz outras dicotomias: memórias de vítimas e memórias de culpados, memória dos vencidos e memória dos vencedores. Antagônicas são também as atitudes que se seguem a essas distinções: perdoar e esquecer ou memorizar e procurar vingança ou "justiça histórica".[10]

Na visão de Assmann, a memória cultural está situada "acima" da memória coletiva, aparentemente se referindo a comunidades mais amplas ou sociedades. Contudo, pretende também diferenciá-la estruturalmente da memória coletiva, que utiliza meios externos para preencher a função memorizadora: artefatos para arquivar dados, livros, filmes e instituições. O potencial dessa memória objetiva é uma perspectiva de longo prazo e uma função mais integradora. Sobre essa base pode-se fazer diferença entre uma memória de arquivo latente e uma memória ativa funcional.

É notável, nesse modelo, que não somente os indivíduos apareçam como portador da memória. Ele foi criticado com base no argumento de que somente indivíduos possuem um cérebro e outras capacidades necessárias à memória. Consequentemente, admitir outras memórias pode ser meramente metafórico ou analógico. Essa objeção, contudo, não poderia explicar formas de memória que transcendem o indivíduo, como os monumentos, a linguagem e a lei.

Isso poderia levar ao argumento contrário: considerando seu caráter comunicativo, não é a memória individual um simples reflexo das formas de memória social? Mas isso não explicaria a liberdade de os indivíduos manterem sua memória mesmo se a memória social pressionar no sentido do esquecimento. Essas objeções podem ser evitadas se distinguirmos, conforme sugerido, a função da memória, o meio de comunicação e o portador da memória. Então a questão é: onde encontramos formas de seleção de certos dados, que estão sendo posteriormente conformados e estabilizados?

---

[9] ENGISCH, Karl. *Vom Weltbild des Juristen.* Heidelberg: Winter, 1965.

[10] ASSMANN, Aleida. Vier Formen des Gedächtnisses. *In Erwägen – Wissen – Ethik*, 13 (2002), p. 183-9.

No modelo resumido acima, Assmann exagera o aspecto da lembrança. Não há dúvida de que a anamneses, essa lembrança de experiências anteriores, é parte da memória. Mas não é toda a memória. Mesmo essa função não consiste apenas na abertura de algo guardado,[11] mas também numa atividade que influencia esse algo. A lembrança tem que se concentrar em certos aspectos que serão trazidos à memória. Outros dados podem ser deixados inativos e mesmo ser esquecidos.

A filosofia antiga, especialmente Platão e filósofos até a Idade Média, ressaltaram a lembrança positivamente e o esquecimento negativamente. Parece que o filósofo místico alemão Master Eckhart é o primeiro a enfatizar o poder catártico do esquecimento, como um meio para trazer a mente de volta ao próprio eu. Kierkegaard segue esta ideia e fala do esquecimento como "um par de tesouras com o qual se elimina tudo o que não pode ser usado".[12]

O objetivo do poder de esquecer é liberar a ação de limitações. Esse aspecto foi mais desenvolvido por Friedrich Nietzsche em suas "Observações Atemporais":[13] o esquecimento possibilita ao ser humano concentrar-se em si mesmo como base para a criação do espaço livre para a ação. Numa perspectiva sociológica, a dimensão do esquecimento libera – como coloca Niklas Luhmann – "capacidades para processar informações no sentido de abrir o sistema a novas irritações".[14] Memória não é apenas manter impressões, mas também organizar o acesso aos dados. Essa atividade combina lembrar e esquecer.[15]

A discriminação ativa entre lembrar e esquecer, a capacidade de transformar informação em latência – sem perdê-la completamente – e ativar outros dados, pode explicar o desenvolvimento da especificidade da memória. Sistemas memorizam somente dados relevantes presentemente e deixam o resto para a memória de outros sistemas.

Isso tem duas consequências: mais do que a individual, a memória social parece ser uma capacidade construtiva ou ativa, selecionando informação de acordo

---

[11] AUGUSTINUS, Aurelius. *Bekenntnisse*. Mit einer Einleitung von K. Flasch. Übersetzt, mit Anmerkungen versehen und herausgegeben von K. Flasch u. B. Mojsisch. Stuttgart: Reclam, 1989, X, VIII, 12, p. 259, supunha ser a memória um arquivo e pensava na lembrança como uma atividade de selecionar os elementos úteis a partir dele.

[12] KIERKEGAARD, Sören. *Entweder-Oder*. Leipzig: Richter, 1885, p. 232: "O esquecimento é a tesoura com a qual se corta fora o que não se pode utilizar, mas sempre sob a máxima supervisão da lembrança. Esquecer e lembrar-se são por isso idênticos e constituem a identidade artificialmente produzida do ponto de Arquimedes, com o qual se levanta todo o mundo".

[13] NIETZSCHE, Friedrich. *Unzeitgemäße Betrachtungen II*. Vom Nutzen und Nachteil der Historie für das Leben. Werke, Bd. 1, COLLI, G. e MONTINARI, M. (Hrsg.). München: Beck, 1999, p. 243-334.

[14] LUHMANN, Niklas. Die Gesellschaft der Gesellschaft. Frankfurt a. M.: Suhrkamp, 1997, p. 579: "A principal função da memória está no esquecimento, em impedir o autobloqueio do sistema por meio de uma cristalização dos resultados de observações anteriores".

[15] ESPOSITO, Elena. Soziales Vergessen. Formen und Medien des Gedächtnisses der Gesellschaft. Frankfurt a. M.: Suhrkamp, 2002; ESPOSITO, Elena. Eine Erinnerung an das Vergessen. *In Erwägen – Wissen – Ethik* 13 (2002), p. 248 s.: "A memória não é... um depósito mais ou menos seletivo do passado... , mas sim uma reconstrução, em forma de lembranças, que só existem em oposição àquilo que inevitavelmente tem que ser esquecido".

com as exigências do respectivo sistema. Capacidade ativa significa ter alternativas. A consequência de ter alternativas é a abertura para critérios de escolha e isso resulta na possibilidade de influência normativa, especialmente jurídica, sobre o estabelecimento da memória. Em segundo lugar, se a memória é uma concentração ativa de informação útil para o "eu" – isto é, o respectivo sistema – então essa especialização permite memórias diferentes. Se houver memórias especializadas é mais fácil, e menos perigoso, esquecer mais, sendo assim capaz de relembrar mais informação relevante.

Nenhuma memória poderia então substituir a função de outra. A memória individual é deixada livre da memória social, ainda que se apoie no processo comunicativo para seu desenvolvimento. Como coloca Michael Stolleis: "Se o juiz encerra um caso está liberado do assunto. Esta é 'sua liberdade'". Mas sua decisão não será esquecida pelo sistema jurídico. Na sociedade há uma pluralidade de memórias pessoais e coletivas que trazem superposições ou podem competir, mas são primordialmente independentes.

Se a unidade entre lembrar e esquecer é central para a constituição do eu, então não há a alternativa de não ter uma memória. A memória parece ter um importante impacto no desenvolvimento da identidade. Experiências individuais e compartilhadas, tradições, ritos, sítios históricos, literatura e assim por diante – todos são pontos de identificação para indivíduos e também sistemas sociais. Os sistemas precisam ter a capacidade de memória para decidir quem eles são, como um ponto de partida de suas operações. Presentismo – uma atitude diante do passado que não aparece apenas em regimes ditatoriais – torna-se então uma atitude crítica para a coesão em qualquer sociedade. Um perigo da memória social é sua coesão, a qual constrói a identidade interna mas, em compensação, é externamente excludente, para aqueles que não pertencem ao grupo.

Esses aspectos lançam um primeiro olhar sobre a função que o direito tem com respeito à memória. Em primeiro lugar, considerando que, em memórias sociais, lembrar e esquecer se baseiam em decisão, tais decisões estão abertas a critérios fornecidos pelas leis. Elas podem evitar, por exemplo, a instrumentalização da memória cultural. Em segundo lugar, se há uma pluralidade de memórias, elas necessitam de coordenação, no sentido de facilitar certas memórias coletivas, mas também de proteger memórias minoritárias ou individuais. Contudo, se a memória é uma função necessária de todos os sistemas sociais, então temos que investigar as estruturas de memória do sistema jurídico como um sistema de normas e também de comunicações.

2. Mecanismos de memórias

Como funcionam então as memórias? A memória está baseada em mídias muito diferentes, tais como a escrita, monumentos, música, poesia, narrações e discursos públicos ou meros artefatos eletrônicos. Arquivar se torna uma forma cada vez mais importante, não apenas para armazenamento, mas também para organização da informação. Arquivos, contudo, são mídia de memória e não a própria memória, porque eles resultam dos critérios que decidem o que armazenar dentro deles e de outros critérios reguladores do uso da informação.

Para estabilizar o conhecimento, a memória emprega técnicas temporais como repetição, cadência e técnicas visuais, como fez a antiga mnemotécnica com a tópica ou o uso de símbolos. Detalhando suas ideias sobre a memória da vontade, Friedrich Nietzsche enfatiza a importância da dor e do castigo na constituição ou formação da memória. Em todas essas técnicas, a forma parece ser o meio mais importante para a criação da memória: o amorfo não pode ser lembrado.

O objetivo é estabelecer uma situação ampliada, na qual uma pluralidade de eventos pode ocorrer, todos relacionados ao "texto" como a base de comunicações não presenciais. "Cultura" significa a unidade global e mais genérica dessas situações ampliadas. Os "textos culturais" para estabilização de memórias sociais "são todos articulações semânticas ou simbólicas, comunicadas em uma dada sociedade, dentro da moldura de uma situação ampliada". Assmann considera esses textos vinculantes de duas maneiras: eles contêm comandos normativos para a vida em comum de um povo e vinculam as pessoas criando identidade.

Outro aspecto importante da memória social é a "canonização". O imperador romano Justiniano chamou atenção para sua significação na Antiguidade Clássica. Na introdução de suas Instituições, começa enfatizando a classificação exaustiva e a sistematização das instituições imperiais e os escritos da antiga jurisprudência. "Depois que isso foi conseguido com sucesso", continua ele, "nós comissionamos pessoas para compor essas instituições sob o poder de nossa autoridade e de acordo com nossas diretivas. Dessa maneira, não se precisa aprender os ensinamentos elementares sobre o direito a partir de velhas histórias, mas se é capaz de deduzi-los de um excelente trabalho imperial, e ouvidos e intelecto não assimilarão nada inútil e errado, mas apenas aquilo que é realmente válido na vida do direito".

A canonização do direito na concepção de Justiniano tem o papel de (1.) coletar o material jurídico, (2.) selecionar o relevante e separá-lo das regras irrelevantes, e (3.) colocá-lo em ordem, formando assim a base para a educação e também a prática do direito. Isso mostra bem como a canonização é um importante aspecto da memória de um sistema social.

3. A memória do direito

3.1. DIREITO CONSUETUDINÁRIO E MEMÓRIA CULTURAL

Esse aspecto ilumina os pré-requisitos da memória do sistema jurídico e também seu impacto em outras memórias sociais. A possibilidade de influenciar, contudo, depende da memória e esta, por sua vez, da autonomia temporal do direito. O mecanismo subjacente será mostrado em um pequeno resumo sobre a distinção entre direito consuetudinário e codificado.

Em sua forma costumeira, o direito é dependente da memória cultural. Uma visão clássica do direito como costume provém de Friedrich Carl von Savigny, que escreve, em seu famoso *Vom Beruf unserer Zeit für Gesetzgebung und Wissenschaft*: "Assim, conclui-se que todo direito emerge da forma que o uso prevalente chama de costumeira, significando que ele é produzido por costumes, crenças e, finalmente, pela doutrina, sempre por forças internas e silenciosas, não pelo arbítrio de um legislador". Em termos mais técnicos, o direito costumeiro é considerado válido sem uma legislação formal por causa do uso (*longa consuetudo*) e da convicção de necessidade de sua observância (*opinio necessitatis/opinio juris*).

Historicamente, o direito costumeiro pode ser mais antigo do que o direito codificado, embora não seja o direito mais antigo. Em sua forma original, o grego *agraphoi nomoi* tinha a estrutura das "boas e velhas leis", as quais, por sua longevidade, adquiriam caráter quase divino. Sua estrutura temporal era uma fixação quase absoluta a um passado indeterminado. Em comparação com isso, o direito costumeiro é um modelo histórico de direito: com os costumes sempre mudando, o próprio direito se torna variável.

No direito germânico medieval, os costumes jurídicos eram referidos na linguagem comum do povo, não no latim técnico e especializado, e tinham seu lugar na "coisa", o *locus fori* dessa tradição. A circunscrição a um local é uma característica central desse direito. Memorizá-los significava conectá-los a determinados lugares. A efetiva validade desses costumes jurídicos, portanto, dependia de memória topográfica e rítmica, também elementos importantes da antiga mnemotécnica retórica. A transmissão oral desses costumes jurídicos permanecia ligada à consciência individual dos portadores da memória e evitava qualquer forma independente da memória de um sistema.

A inserção de costumes jurídicos na cultura oral tem implicações importantes em sua temporalidade: o direito não pode ser uma antecipação ou estruturação do futuro, porque isso implicaria um curso linear do tempo. Como diz Gerhard Dilcher: "Uma cultura oral tende a se concentrar mais em identidades de níveis temporais – significando a presença do passado – e não pode nem pretende ter um controle racional de permanência e mudança".

Basicamente, presente e futuro não são separados, pois o presente é inteligível somente por causa das conquistas mnemônicas duradouras do costume.

Isso muda com o aparecimento de documentos escritos: não somente a longevidade e a autoridade da fonte individual de memória são importantes, mas a confiabilidade tem que ser atestada no momento presente e pode ser provada com base em outros documentos. Finalmente, o Sachsenspiegel de Eike von Repchow, como uma primeira forma de reduzir a termo o direito germânico, considerava-se um "espelho" (*Spiegel*) que pretendia registrar as normas tradicionais de seus ancestrais.

Isso não significava, contudo, que o espelho era apenas um artefato técnico. Nos passos de Gracián, Repchow colecionou somente os costumes genuínos, omitindo outras tradições. Assim, o registro tinha um conteúdo normativo, não era apenas um auxílio mnemônico. Nessa nova forma, os costumes jurídicos eram retirados de seus portadores originais e daí esclarecidos, ordenados e tornados facilmente transferíveis. O processo de abstração subjacente era óbvio quando os costumes eram recolhidos por agricultores querelantes e depois ordenados em "registros".

Em alguns casos, esses registros eram escritos em latim, uma linguagem que os agricultores não compreendiam. Dessa maneira, o senhor feudal poderia potencialmente usá-los contra eles. Aqueles que tinham sido costumes dependentes da memória individual dos agricultores foram transformados em uma nova mídia, que permitia não somente – talvez – uma lembrança mais confiável, mas também tornava possível o esquecimento. A memória jurídica tornou-se mais seletiva e específica em sua separação da memória individual.

Finalmente, profissionais da Escola de Direito de Bolonha assumiram cultivar a memória jurídica. A memória jurídica separou-se da memória cultural geral porque foi capaz de estabelecer critérios próprios de seletividade para o que deveria ser lembrado e o que poderia ser esquecido, deixado a uma tradição rural que não tinha qualquer relevância jurídica. As leis escritas permitem a abstração da situação concreta, na qual os sujeitos presentes se comunicam. A origem do texto perde relevância para determinação de seu conteúdo, deixando mais espaço para a interpretação, se a forma textual não for precisa o bastante para excluir essa possibilidade. A liberdade, ampliada no trato com o texto legal, pode ser usada para sistematizar determinações isoladas.

Em um ambiente que – pelo menos na Europa central – é dominado pelo direito codificado, o direito costumeiro pode ter alguma significação. Problemas fáticos, contudo, mesmo para o sociólogo Eugen Ehrlich, limitam a alta reputação que tinha o direito costumeiro. Primeiro, em uma sociedade que muda rapidamente, não há tempo suficiente para que os costumes ganhem a confiabilidade que pode ser a base para a validade legal. O segundo problema diz respeito a sua seletividade. Como afirma Theodor Geiger: "O costume não é uma fonte de validade legal porque há muitos costumes que não são obrigatórios e outros que o são extralegalmente; e aqueles que são legalmente obrigatórios não têm essa qualidade em virtude de costumes, mas sim de outros fatores". E, se eles são finalmente aceitos como legalmente obrigatórios, não têm a vantagem de um texto-norma confiável, como enfatizou Friedrich Müller. Assim, Max Weber estava certo em concluir que a rejeição do direito costumeiro é característica da ideia de codificação. Resumindo, o direito costumeiro perdeu sua função de memória jurídica para uma mídia mais especializada, mais apropriada: o direito codificado.

3.2. A CODIFICAÇÃO E SUAS IMPLICAÇÕES NA MEMÓRIA JURÍDICA

Na Europa continental, o direito codificado teve sucesso. Conceitos jurídicos em forma de direito costumeiro foram substituídos, em sua maior parte, por sistemas normativos com conceitos orientados para o futuro, especialmente como princípios constitucionais. Mas a novidade de seu conteúdo não é o aspecto principal. Hegel afirma, corretamente, que uma codificação legal pode ser distinguida de uma coleção de leis ou costumes, não pelo conteúdo – que pode ou não ser um costume – mas por sua forma. A forma da codificação é a recepção consciente que ordena esses comandos sob a forma geral de princípios jurídicos.

A antecipação que o direito faz do futuro é o fundamento da conduta jurídica. O direito feito pelo juiz e a dogmática jurídica substituem a origem costumeira do direito. Aquele "que encontra o julgamento" (*Urteilsfinder*), na condição de portador da memória jurídica no direito germânico, passou suas tarefas para um juiz profissional, treinado. A dogmática tem precisamente uma função de memória do sistema jurídico: ela desenvolve estruturas de significados, acúmulo de experiências e seleciona e mantém latentes os argumentos não escolhidos pelo sistema central, que assim são movidos para a periferia. A dogmática jurídica está em um constante trabalho de separar lembrança de esquecimento. O sucesso dessas interpretações não é dependente de um passado difuso, de uma transmissão de eventos (*Überlieferungsgeschehen*, Gadamer) aos quais o intérprete tem que se alinhar. O passado ao qual o trabalhador jurídico (Müller) se reporta tem um começo temporal claro e é dependente de seu momento presente.

O direito constitucional, contudo, tende a produzir uma crescente independência entre interpretação e texto. Assim a teoria constitucional e a jurisdição das cortes constitucionais não apenas permitem uma memória constitucional extralegal como também uma reintegração final entre as memórias jurídica e cultural. Isso também poderia ser novamente explicado pela tese de que a função da constituição é um "acoplamento estrutural" dos sistemas jurídico e político.

Paul W. Kahn descreveu o processo de mudança de atitude em relação à Constituição, por parte da Suprema Corte norte-americana e da teoria do direito constitucional, em quatro modelos.

A abordagem original da Constituição dos Estados Unidos era o que Kahn denominou o modelo do fazer: o ato de construir a moldura ocorreu em uma situação de crise, a qual foi experimentada em um momento de catarse, produzindo uma interrupção no círculo de paixões e partidos e permitindo uma visão esclarecida da política. "Para o fundador da Constituição, o tempo político é um futuro a ser moldado; para o continuador, o tempo político é um passado a ser preservado.".

Aqui surge uma nova atitude: memória. O que Kahn, em segundo lugar, chama o modelo da manutenção é um modelo mnemônico. Em rituais como discursos em ocasiões históricas (de que são exemplos os de Abraham Lincoln no Liceu e

29

em Gettysburg) e em mitos, a dependência do presente em relação ao passado é louvada para manter vivas e fazer crescer as sementes que os fundadores plantaram, no intuito de assegurar um desenvolvimento orgânico.

Depois da Guerra Civil, outro momento de crise, a Constituição passou a ser vista como um trabalho feito pelo homem, incompleto em comparação com a verdadeira Constituição, a "Constituição não escrita". Era o pensamento do direito natural sendo introduzido na interpretação constitucional. Não era o texto constitucional "letra morta" sem o espírito dessas normas? Na perspectiva desse terceiro modelo, o modelo do crescimento, o texto da Constituição servia apenas como "material bruto", um veículo para o crescimento moral, e posteriormente, numa "visão realista", para melhoria social do povo.

O modelo do crescimento, finalmente, possibilitou o modelo da comunidade, após a Segunda Guerra Mundial. Preocupados com a dificuldade contramajoritária (Bickel), conceitos como consenso e discurso fizeram a normatividade do direito dependente de uma aceitação no presente.

Isso mostra um desenvolvimento que, começando com a memória da moldura, faz com que, tanto mais se modifica a situação social, mais unidade seja produzida, uma unidade entre lembrança e esquecimento que abre espaço para a ação presente, mas também para questionar as limitações do passado, que permanecem. O estágio final é de presentismo, no qual a memória quase que perdeu sua função – quase, porque senão um novo processo de emolduramento teria que começar. Essa atitude para com as constituições faz com que desapareça sua forma normativa.

O aspecto principal da visão de Kahn sobre esse desenvolvimento da teoria constitucional é a dificuldade de manter a seletividade da memória jurídica, já que os textos legais visam a enrijecê-la. Na realização social dessa tarefa, eles dependem da apresentação de seus comandos na interpretação e na decisão. Essa reapresentação tende a ficar independente, chegando a um presentismo que questiona a função mnemônica e normativa do direito.

3.3. A ESTRUTURA TEMPORAL DO DIREITO E SUA FUNÇÃO ECONÔMICA

O direito objetiva enrijecer o futuro, como dito. Pretende interferir no curso dos eventos. Assim, o passado não é apenas recepcionado nos elementos fáticos da norma, mas já é a um passado selecionado que o direito se refere. E, também nas consequências jurídicas, o direito não aceita a relação causal natural, mas a substitui por uma consequência intencional. A seleção feita pela codificação significa que o passado é parcialmente lembrado e parcialmente esquecido e deve importar para o futuro apenas sob essa forma.

Dentro do sistema jurídico, a presença do passado depende de uma seleção. A normatividade da lei significa essa vinculação do futuro com base em um passado selecionado. A lei decompõe o passado, confere e avalia sua relevância e a necessidade de mantê-lo. Isso pode servir a demandas para proteger confiança ou à necessidade de construir arranjos temporais para suavizar as consequências das mudanças na lei.

Essa abordagem seletiva do passado seria vã, contudo, se a lei fosse arbitrariamente modificável. Sua estabilidade dependeria então da vontade dos detentores do poder, sujeitando a lei às mudanças culturais. No mesmo sentido, a mudança legal também precisa ser submetida a normas. Elementos centrais do direito codificado são as regras secundárias como fonte de validade para as regras primárias. Essas regras secundárias não somente estabilizam as primárias, mas também garantem as regras de modificação. Isso significa que até o passado, recepcionado seletivamente, não dura para sempre, mas – pelo menos potencialmente – apenas por algum tempo, até poder ser esquecido pelo direito. Essas regras de mudança são a base da autonomia temporal da lei em relação à alteração social. Elas constituem também os pilares da influência da lei sobre a memória social. Elas protegem a lei de mudança involuntária e assim criam um presente estendido que Assmann considera um objetivo primordial de qualquer memória.

Mediante sua função de esquecimento, o direito pode harmonizar uma sociedade no que diz respeito a uma história ditatorial ou totalitária de um Estado e aos crimes cometidos naquela época. Ou ele pode apoiar coercitivamente a justiça para as vítimas da ditadura, da segregação ou da discriminação racial ou sexual. Ele pode proteger o direito de se conduzir de acordo com os próprios costumes, isto é, como direito de minoria, promover a "justiça cultural". Hans Kelsen está certo em dizer que a validade dos costumes como direito depende de seu reconhecimento legal: a partir de sua forma criadora, o costume passou a ser o conteúdo protegido pelo direito.

4. A influência do direito na memória cultural

Um último aspecto ilumina mais adiante a função do direito para a memória cultural em geral. Conforme dito antes, com base em seleção (canonização), ritualização (Rudolf von Jhering: A luta pelo direito) e conformação, a memória é uma unidade de esquecimento e lembrança, uma capacidade ativa de indivíduos, assim como de sistemas sociais. Mediante a canonização de normas válidas e a conformação de sua mudança, mas também por meio da seleção de evidência relevante em julgamentos e da força legal de decisões judiciais, o direito mostra a mesma estrutura. É assim possível falar de uma memória jurídica.

Por causa de suas estruturas, que garantem autonomia temporal, o direito positivo pode transformar sua dependência dos costumes em costumes dependentes do direito. Por isso o sistema de memória do direito adquire relevância social: ele não apenas regula sua própria memória, mas também influencia outras memórias sociais expressas em tradições, costumes, rituais etc. Algumas de suas normas, inclusive, visam a influenciar diretamente a memória cultural.

4.1. O EXEMPLO DOS ARQUIVOS DO SERVIÇO SECRETO DA ALEMANHA ORIENTAL

Tudo isso agora será finalmente explicado por nosso exemplo. Quando recuperaram os arquivos, as vítimas de espionagem estavam ansiosas por recolher o material necessário para adquirir consciência de seu passado, de maneira a construir sua memória. A polícia secreta fez o melhor possível para fazer o passado ser esquecido. Numa ação coletiva, os cidadãos se apossaram dos documentos e ajudaram a si mesmos e ao público no sentido de recuperar soberania sobre o conhecimento de seu passado. O material que pôde ser salvo, base social daquele regime, não estava ainda preparado para a tarefa. Teria que ser reconstruído e posto em ordem. A memória individual sobre a real extensão da supressão de liberdade, sob o regime totalitário da República Democrática Alemã, dependia da ação coletiva.

Mas aí os arquivos foram colocados sob os cuidados do Estado. Permitindo acesso aos arquivos, o Estado tinha que respeitar direitos subjetivos daquelas pessoas às quais os arquivos se referiam. O desejo dos acusados de esquecer o passado tinha diminuído a quantidade de material. Mas não apenas os antigos funcionários do Serviço Secreto queriam deixar o passado ser esquecido; os arquivos continham informação muito pessoal sobre vítimas no leste e também sobre cidadãos da República Federal da Alemanha, como foi o caso do ex-chanceler Helmut Kohl. Nesses conflitos de memória, o direito tinha que equilibrar os interesses jurídicos afetados. Os direitos constitucionais de personalidade, garantidos na Alemanha pelo art. 1º (dignidade humana) e pelo art. 2º (liberdade geral de ação) da Lei Fundamental, permitem a cada pessoa decidir por si mesma sobre a imagem que quer ter em público.

A partir desse direito básico, o Tribunal Constitucional Federal deduziu um direito especial à autodeterminação informacional. Ambos lutam pelo esquecimento. Por outro lado, as liberdades de conhecimento, imprensa etc., protegidas pelo art. 5º da Lei Fundamental, não podem ter impedido seu trabalho em busca de informação. Uma comissão de inquérito do parlamento alemão tem também competência para obter informação, com base no art. 44 da mesma Lei. Ao sopesar esses direitos, tem-se que ter presente que as agências da Alemanha Ocidental jamais teriam permissão para obter esses dados de inteligência por causa da proteção à privacidade (arts. 10 e 13). É claro que a memória cultural das atividades do antigo Serviço Secreto da República Democrática Alemã e de seu impacto no sistema supressivo de liberdade é altamente dependente de decisões legais.

A partir da questão de quais documentos podem ser guardados, os que podem ser entregues ao público em geral, mídia, cientistas, e quais aqueles que podem ser entregues somente às próprias vítimas e de que maneira (anônima ou abertamente), o direito seleciona entre a possibilidade de lembrança e – pelo menos temporariamente – esquecimento (dirigindo-os à latência dos arquivos). Há também uma transformação da memória: primeiro encontramos a vontade individual de conseguir informação para sua memória. Depois, a ação popular constrói uma memória coletiva contra as tentativas dos antigos oficiais, no sentido de fazer esquecer a história da supressão de liberdades. Finalmente, a memória passa a ser institucionalizada em arquivos, e o direito começa a regular o acesso aos arquivos.

O direito tem a função de harmonizar as diferentes memórias, repita-se, de equilibrar lembrança e esquecimento. Esta é uma função que transcende o sistema jurídico. A memória do sistema jurídico influencia a memória de outros sistemas sociais, ou seja, influencia a memória cultural como um todo.

O exemplo provém da história alemã e de sua ordem legal, mas os problemas por trás dele são problemas de transições legais em geral. Numa mudança dos valores básicos dos sistemas jurídicos, o novo sistema tem que decidir sobre como lidar com seu passado e com as pessoas que cometeram "crimes" que não eram criminalizados no antigo regime e com a informação obtida nesses sistemas.

De qualquer modo, precisa decidir como o presente vai se comportar em relação ao passado. Pode proteger a memória – como fizeram os alemães, punindo a *Auschwitzlüge* –, pode usar a memória para punir os "criminosos" que, sob o antigo regime, se furtaram ao castigo, modelando suas leis nesse sentido, ou pode harmonizar a sociedade, analisando o passado, mas evitando punir – como fizeram os sul-africanos, em suas "comissões da verdade", e o Brasil, com sua anistia. A legislação, em primeiro lugar – e não a jurisdição – provê um fórum para obter critérios gerais para o esquecimento e a lembrança, dessa maneira influenciando a memória cultural geral.

5. Conclusão

Durante o tempo de validade de suas normas o direito se arvora ser atemporal. No presente estendido, antes de sua próxima mudança formalizada, ele provê os critérios para as distinções entre ações legais e ilegais. O elemento fático da norma permite a representação seletiva do passado e os elementos consequentes da norma regulam sua importância. Já que a mudança de normas legais é restringida pelas regras de mudança, o passado estendido não depende diretamente de outras forças sociais.

Especialmente a memória cultural em geral, que foi historicamente responsável pelo direito em forma de costumes jurídicos, perdeu sua importância. Ao contrário, com base nessa autonomia, o direito é capaz de estabelecer uma memória jurídica, que é uma função principal da dogmática jurídica. Ele também pode influenciar a memória cultural, harmonizando os conflitos entre a memória individual e a memória coletiva, desde que esses conflitos possam ser legalmente reformulados.

Os costumes jurídicos passam a referir-se à lei e não são mais a forma de sua validade. Falar de uma memória jurídica influenciando a memória social não é apenas uma expressão metafórica: a memória é a unidade de esquecimento e lembrança, com o objetivo de selecionar e estabilizar, e com base em mecanismos tais como ritualização, canonização e conformação. Essas funções podem ser encontradas na memória individual assim como na memória coletiva. O direito como memória cultural não significa que o direito é apenas memória, mas que ele tem um impacto importante na memória cultural.

Tema II

Temas polêmicos na jurisprudência sobre prescrição penal

Antonio Tovo Loureiro

Emília Klein Malacarne

Introdução

Para um observador mais desatento, pode soar curioso que um tema aparentemente simples como prescrição penal ocasione muitas celeumas. Em sua acepção mais abrangente, a prescrição penal é extinção do *ius puniendi* a partir do decurso de dado marco temporal para exercer o direito de ação ou para executar uma sentença condenatória.

A doutrina costuma afirmar que esta é uma "forma de impor ao Estado o rápido cumprimento do poder-dever de punir no interesse da sociedade, perdendo-o se não o ativar e o concretizar em determinado tempo".[1] Embora seja singela sua delimitação conceitual, a prescrição na seara penal é uma das mais prolíficas fontes de debates doutrinários, o que pode ser parcialmente tributado à variedade de hipóteses possíveis quando de sua efetiva aplicação.

Objetivando examinar pontos sensíveis da perspectiva judicial sobre a temática, selecionaram-se três pontos nevrálgicos da jurisprudência sobre prescrição penal. Estes julgados serão confrontados com a dogmática penal, para ao fim serem expostas algumas conclusões.

1. Prescrição de falta grave na execução criminal

Um dos tópicos que traz interesse ao presente articulado deflui da seguinte situação fática: quando há cometimento de outro delito no curso da execução criminal, qual o termo inicial do prazo prescricional da sanção disciplinar, bem como da interrupção do prazo para a concessão de novos direitos da execução penal?

É sabido que o cometimento de fato tipificado como crime, na forma dolosa, considera-se falta grave, conforme preceitua o art. 52 da LEP (Lei 7.210/84). Além das sanções disciplinares previstas para quaisquer faltas graves – art. 50 da LEP –, há a previsão de regressão do regime de cumprimento, bem como de

---

[1] REALE JR., Miguel, 2012, p. 518.

submissão do preso ao regime disciplinar diferenciado, por força da interpretação do art. 118, I, do referido diploma.

Há dúvida, contudo, quanto ao momento da aplicação da sanção disciplinar correspondente à falta grave: seria quando do conhecimento da prática, em tese, do tipo penal, ou, em contrapartida, seria necessário o trânsito em julgado de sentença condenatória? A relevância desta questão se mostra na definição do termo inicial para contagem do prazo prescricional para aplicação de sanção disciplinar administrativa e para a interrupção da contagem do prazo para a concessão de novos direitos na execução penal, à exceção do livramento condicional.

A jurisprudência diverge quanto a este aspecto. Os Tribunais Superiores têm adotado o entendimento da *prescindibilidade* de sentença condenatória para a aplicação da sanção disciplinar, o que fazem invocando a apuração administrativa do fato em tese delituoso, esfera submetida ao crivo da ampla defesa e do contraditório. A seguir reproduz-se um julgado do STJ que ilustra este posicionamento:

> HABEAS CORPUS SUBSTITUTIVO DE RECURSO ESPECIAL. DESCABIMENTO. RECENTE ORIENTAÇÃO DO SUPREMO TRIBUNAL FEDERAL. ALEGAÇÃO DE CONSTRANGIMENTO ILEGAL. EXECUÇÃO DA PENA. NOVO CRIME DOLOSO PRATICADO NO TRANSCURSO DO CUMPRIMENTO DA PENA FALTA GRAVE HOMOLOGADA. EFEITOS. NOVA DATA-BASE PARA A PROGRESSÃO. POSSIBILIDADE. (...) 3. É pacífica a orientação das Turmas componentes da Terceira Seção desta Corte no sentido de que a prática de crime doloso durante o transcurso do cumprimento da pena, resulta em cometimento de falta grave (art. 52, da Lei 7.210/84). 4. *Desnecessário o trânsito em julgado da condenação do novo delito para que se reconheça a falta grave, porquanto é de cunho administrativo e obedece aos mesmos parâmetros da ampla defesa e do contraditório exigidos no processo penal.* 5. É assente nesta Corte Superior de Justiça que a homologação da falta grave traz, como um dos efeitos, a alteração da data-base para fins de progressão de regime prisional. 6. *Habeas corpus* não conhecido.[2]

Do mesmo modo, o STF julgou dispensável o trânsito em julgado de sentença condenatória, considerando que tal entendimento não fere o princípio da presunção de inocência:

> PROCESSUAL PENAL. *HABEAS CORPUS.* REGRESSÃO DE REGIME PRISIONAL. FALTA GRAVE. FATO DEFINIDO COMO CRIME. SOMA OU UNIFICAÇÃO DE PENAS. BENEFÍCIOS DA EXECUÇÃO. ARTS. 111 E 118 DA LEI 7.210/84. REMIÇÃO. SÚMULA VINCULANTE 9 DO STF. PRINCÍPIO DA PRESUNÇÃO DE INOCÊNCIA. DIGNIDADE DA PESSOA HUMANA. VETOR ESTRUTURAL. ORDEM DENEGADA NA PARTE CONHECIDA. I. A prática de falta grave pode resultar, observado o contraditório e a ampla defesa, em regressão de regime. II. *A prática de "fato definido como crime doloso", para fins de aplicação da sanção administrativa da regressão, não depende de trânsito em julgado da ação penal respectiva.* III. A natureza jurídica da regressão de regime lastreada nas hipóteses do art. 118, I, da LEP é sancionatória, enquanto aquela baseada no inciso II tem por escopo a correta individualização da pena. IV. *A regressão aplicada sob o fundamento do art. 118, I, segunda parte, não ofende ao princípio da presunção de inocência ou ao vetor estrutural da dignidade da pessoa humana.* V. Incidência do teor da Súmula vinculante 9 do STF quando à perda dos dias remidos. VI. Ordem denegada.[3]

---

[2] STJ, *HC* 262932/MG, Rel. Min. Campos Marques, 5ª T., DJe 27.6.13.

[3] STF, *HC* 93.782/RS, Rel. Min. Ricardo Lewandowski, 1ª T., DJe 17.10.08.

No que tange ao entendimento do TJRS, não há consenso entre as Câmaras Criminais quanto à necessidade de trânsito em julgado de sentença condenatória para o reconhecimento de falta grave. A maioria, entretanto, decide pela desnecessidade do trânsito em julgado, configurando falta grave a mera informação de prática de delito no curso da execução penal. O julgado abaixo compõe esse conjunto de decisões:

> AGRAVO EM EXECUÇÃO. APENADO CONDENADO AO CUMPRIMENTO DE PENA NO REGIME ABERTO. PRÁTICA DE FATO DEFINIDO COMO CRIME DOLOSO, NO GOZO DE SAÍDA TEMPORÁRIA. FALTA GRAVE RECONHECIDA. REGRESSÃO A REGIME MAIS GRAVOSO (SEMI-ABERTO). POSSIBILIDADE. ALTERAÇÃO DA DATA-BASE. *Comete falta grave o reeducando que, no gozo de saída temporária, pratica fato definido como crime doloso (furto), independentemente do resultado de eventual ação penal relativa a tal fato,* a autorizar a regressão do regime de cumprimento da pena, ainda que mais gravoso do que o fixado na sentença condenatória transitada em julgado e, por conseguinte, a alteração da data-base para novos benefícios. Inteligência dos artigos 52, *caput*, 112, e 118, inciso I, todos da LEP. Agravo desprovido.[4]

Na pesquisa realizada, entre o período de 2008 a 2013, apenas a Quinta Câmara Criminal do TJRS manteve o entendimento de que a existência de sentença condenatória com trânsito em julgado é imprescindível para o reconhecimento de falta grave, em contraposição às decisões da Primeira, Segunda, Sétima e Oitava Câmaras Criminais. Em 2012, a Terceira Câmara do TJRS alinhou-se ao entendimento da Quinta:

> AGRAVO EM EXECUÇÃO. FALTAS GRAVES. FUGA E PRÁTICA DE NOVO CRIME DOLOSO. NECESSIDADE DE SENTENÇA CONDENATÓRIA TRANSITADA EM JULGADO. PRESUNÇÃO DE INOCÊNCIA. REGRESSÃO DE REGIME. ALTERAÇÃO DA DATA-BASE.
>
> 1. A prática de novo crime – a ensejar o reconhecimento de falta grave – é aquela infração cometida pelo apenado que já foi julgada definitivamente (com trânsito em julgado) e não a simples notícia de envolvimento em novo delito. Trata-se de interpretação conforme a CRFB, em estrita observância ao princípio da presunção de inocência. Falta grave do art. 52 da LEP afastada.
>
> 2. A evasão do apenado pelo período mais de um ano e meio, a captura por ação policial em estado de flagrância e a ausência de justificativa idônea, configura a falta grave consistente na fuga.
>
> 3. A regressão de regime pelo cometimento de falta grave, quando possível, ou seja, quando não importar em regime prisional mais rigoroso do que o fixado na sentença condenatória, é faculdade do magistrado, o qual, levando em consideração a gravidade concreta da infração, bem como as condições pessoais do apenado, deverá, em decisão fundamentada, aplicá-la ou não. Inadmissível impor a mesma penalidade – regressão de regime – para apenados distintos, que cometeram faltas disciplinares de gravidade também distintas. Leitura sistemática da LEP. Incidência do princípio da proporcionalidade, esculpido no art. 57, da LEP. *In casu*, esta é a quarta fuga empreendida pelo sentenciado, na qual permaneceu mais de um ano e meio foragido. Amplamente justificada, portanto, a regressão de regime do aberto ao semiaberto. 4. Havendo regressão de regime, por força do art. 112 da LEP, de rigor a alteração da data-base somente para concessão de futura progressão de regime. AGRAVO DEFENSIVO PARCIALMENTE PROVIDO. VOTO VENCIDO.[5]

O conjunto de arestos que dispensa o trânsito em julgado de sentença condenatória para o reconhecimento de falta disciplinar fundamenta-se, principalmente,

---

[4] TJRS, Agr 70029501707, Rel. Dálvio Leite Dias Teixeira, 8ª CC, j. 3.6.09.

[5] TJRS, Agr.70054888136, Rel. Francesco Conti, 5ª CC, j. 24.7.13.

na ausência de previsão infraconstitucional expressa dessa condição. Sustenta-se que a exigência foi explicitamente disposta no texto legal, nas hipóteses em que foi entendida necessária.

O exemplo por vezes utilizado nos votos é o do art. 118, I e II, da LEP.[6] Dispõe o artigo que poderá haver regressão de regime quando o condenado "praticar fato definido como crime doloso ou falta grave". Argumentam que, se fosse necessário aguardar o trânsito em julgado de sentença condenatória, o próprio inciso traria em seu texto tal condição, nos moldes do inciso seguinte, que se refere à "condenação, por crime anterior". Há doutrina que sustente este entendimento, como é o caso de MIRABETE e FABBRINI.[7]

Outra linha argumentativa utilizada pelos julgadores que comungam desse posicionamento é de ofensa ao princípio de isonomia no tratamento dos apenados. Segundo este raciocínio, igualar-se-iam os tratamentos conferidos àquele que comete falta grave durante a execução da pena e àquele que apresenta comportamento exemplar. Isso porque não haveria qualquer punição ao apenado que praticasse fato definido como crime doloso, sendo tratado, assim, da mesma forma que aquele que apresenta boa conduta, ferindo o princípio consagrado no art. 41 da Lei 7.210/84.[8]

Dentre os julgados que divergem dessa interpretação do art. 52, interpreta-se "prática de fato previsto como crime" pelo prisma do princípio constitucional de presunção de inocência (CRFB, art. 5º, LVII). A compreensão de só se considerar culpado aquele que tiver decisão condenatória passada em julgado em seu desfavor serve para todos os efeitos da condenação. Interpretação diversa tisnaria as garantias fundamentais consubstanciadas na Carta de 1988.

Cumpre mencionar que os julgadores que propugnam a indispensabilidade do trânsito em julgado para reconhecimento de falta grave agregam a seus fundamentos a interpretação extensiva da Súmula 444 do STJ. O enunciado da Súmula pontifica que não podem ser utilizados para agravar a pena-base inquéritos policiais e ações penais em curso. Analogicamente, propõem os julgadores que, se inquéritos policiais e ações penais não consistem em antecedentes criminais, não é possível que a execução da pena possa ser agravada sem passamento em julgado de condenação – em outras palavras, se há vedação ao menos, há vedação ao mais.

Entendem-se acertados os precedentes da Terceira e Quinta Câmara Criminal do TJRS. Com efeito, a simples suposição de que o *reeducando* tenha in-

---

[6] Art. 118. A execução da pena privativa de liberdade ficará sujeita à forma regressiva, com a transferência para qualquer dos regimes mais rigorosos, quando o condenado: I. praticar fato definido como crime doloso ou falta grave; II. sofrer condenação, por crime anterior, cuja pena, somada ao restante da pena em execução, torne incabível o regime (art. 111). § 1º O condenado será transferido do regime aberto se, além das hipóteses referidas nos incisos anteriores, frustrar os fins da execução ou não pagar, podendo, a multa cumulativamente imposta. § 2º Nas hipóteses do inciso I e do parágrafo anterior, deverá ser ouvido previamente o condenado.

[7] MIRABETE, Julio Fabbrini; FABBRINI, Renato N., 2014, p. 139.

[8] TJRS, Agr. 70029501707, Rel. Dálvio Leite Dias Teixeira, 8ª CC, j. 3.6.09.

corrido em delito não possui o condão de submetê-lo às sanções disciplinares previstas da LEP. Faz-se relevante mencionar a gravidade dessas sanções, dentre elas, a sujeição do apenado ao regime disciplinar diferenciado (art. 53, V, LEP), seu isolamento (art. 53, IV, LEP) ou, ainda, a regressão para regime mais rigoroso (art. 118, I, LEP), cujo prejuízo ao apenado é irreparável, em caso de absolvição posterior na respectiva ação penal. Leitura diversa implicaria a adaptação do texto constitucional à norma ordinária, o que encetaria grave distorção aos princípios reitores do ordenamento jurídico brasileiro.

Suficientemente expostas as premissas de fundo, passa-se à questão que mais interessa ao presente estudo. A partir do estabelecimento do marco inicial dos efeitos da falta grave, restam as indagações: i) quando inicia a prescrição da falta grave? ii) qual seria o prazo prescricional para a aplicação de sanção disciplinar administrativa?[9]

Com o fito de responder à primeira questão, deve-se solucionar primeiramente o segundo problema. Novamente a jurisprudência oscila entre soluções jurídicas distintas. Observando os julgados do TJRS, há especialmente dois grupos.

A primeira corrente sustenta dever ser aplicado o Regimento Disciplinar Penitenciário do Estado do Rio Grande do Sul – Decreto 46.534/09 –, que, em seu art. 36, alterado pelo Decreto 47.594/10, dispõe que "considerar-se-á extinta a punibilidade pela prescrição quando, a partir do conhecimento da falta, não ocorrer a instauração do Procedimento Disciplinar no prazo de 30 (trinta) dias". Neste caso, considera-se que lei posterior e específica, qual seja, o Decreto 46.534/09, modificado pelo Decreto 47.594/10, definiu que o prazo aplicável à apuração das faltas disciplinares e à definição da sanção disciplinar administrativa cabível é de trinta dias. Nesse sentido, decidiu, recentemente, a Quinta Câmara Criminal do TJRS:

AGRAVO EM EXECUÇÃO. FALTAS GRAVES. POSSE DE APARELHO TELEFÔNICO. PRELIMINAR DE NULIDADE DO PAD. TESTEMUNHAS OUVIDAS SEM A PRESENÇA DO APENADO E DE SUA DEFESA TÉCNICA. VIOLAÇÃO AOS PRINCÍPIOS CONSTITUCIONAIS DO CONTRADITÓRIO, DA AMPLA DEFESA E DO DEVIDO PROCESSO LEGAL. FUGA. *PAD NÃO INSTAURADO NO PRAZO DE 30 DIAS. PRESCRIÇÃO.* 1. A ausência do apenado e de sua defesa técnica na audiência de inquirição das testemunhas, no Procedimento Administrativo Disciplinar, fere a garantia do direito de defesa, de modo que restaram violados os princípios constitucionais do contraditório e da ampla defesa, bem como do devido processo legal. Nulo, portanto, o PAD efetuado para apurar a falta grave consistente na posse de aparelho celular. 2. Conforme assentado pelo 3º Grupo Criminal deste Tribunal de Justiça, é obrigatória a instauração do procedimento administrativo disciplinar para apuração de falta grave, inclusive de fuga, na forma do art. 59 da LEP, cabendo ao Regimento Interno Disciplinar do Estado dispor tão só sobre a forma do procedimento administrativo disciplinar e não sobre a sua dispensa. 3. *Não mais sendo possível a instauração de procedimento administrativo disciplinar pela prescrição prevista no art. 36, do RDP, em relação a ambas faltas graves imputadas ao apenado (fuga e posse de aparelho telefônico) resta inviabilizado o reconhecimento da falta grave pelo juízo da execução, devido à ausência de prévio e válido PAD, motivo pelo qual impositiva a declaração da extinção da pu-*

---

[9] A respeito das interseções entre a prescrição penal e administrativa, embora com outro enfoque, vide CURVELO, Alexandre Schubert, 2011, p. 195.

nibilidade do apenado pela prescrição quanto às faltas disciplinares a ele atribuídas. PRELIMINARES ACOLHIDAS. EXTINÇÃO DA PUNIBILIDADE PELA PRESCRIÇÃO. VOTO VENCIDO.[10]

Em contrapartida, há quem sustente que o prazo prescricional a ser adotado é o menor prazo previsto na legislação penal, qual seja, aquele previsto no art. 109, VI, do CP: três anos. Considera-se, nesse caso, que o diploma adequado para determinar o referido prazo prescricional seria a LEP, que se mostrou omissa quanto a este ponto. Não caberia, por Decreto Estadual, suprir-se essa omissão, uma vez que este diploma restringir-se-ia a prever as sanções disciplinares na esfera administrativa. Assim, diante dessa omissão legislativa, a partir de uma interpretação analógica do art. 109 do CP, o prazo prescricional a se considerar seria o menor previsto na Lei penal.[11] Nesse sentido:

AGRAVO EM EXECUÇÃO. FALTA GRAVE. PRELIMINAR, DO PROCURADOR DE JUSTIÇA, DE NULIDADE POR AUSÊNCIA DE INSTAURAÇÃO DE PROCEDIMENTO ADMINISTRATIVO DISCIPLINAR. ACOLHIDA. *PRAZO PRESCRICIONAL PARA INSTAURAÇÃO DO PAD. ART. 36 DO RDP. DESCABIMENTO.* I. É nula decisão que reconhece a falta grave e aplica a sanção correspondente sem a instauração prévia de Procedimento Administrativo Disciplinar. Precedentes. II. *O Regimento Disciplinar Penitenciário não pode suprir a omissão da LEP acerca do prazo prescricional, uma vez que esse está vinculado apenas às sanções disciplinares, sem qualquer efeito na esfera judicial. De qualquer forma, o prazo prescricional para apuração da falta grave é de 03 (três) anos, previsto no art. 109, VI, do CP, e não o do Regimento Disciplinar Penitenciário (Decreto 46.534/09), uma vez que não é competência do Estado disciplinar a prescrição em matéria penal, e, sim, da União (art. 22, I, da CRFB).* DECISÃO DESCONSTITUÍDA. AGRAVO PREJUDICADO.[12]

Perceba-se que a questão é tão controvertida, que a mesma Quinta Câmara Criminal, no mesmo dia, julgou de duas formas distintas situações semelhantes: na primeira decisão, votou-se pela aplicabilidade do Regimento Disciplinar Penitenciário; já no segundo precedente, negou-se vigência ao dispositivo do Decreto estadual e aplicou-se o art. 109, VI, do CP.

Entende-se que a posição mais adequada seria aquela que admite a aplicação do art. 36 do Decreto 46.534/09, tendo em vista que seria este a legislação específica e mais benéfica ao apenado. É de competência do Estado, em concorrência com a União, legislar sobre direito penitenciário, consoante art. 24, I, da CRFB. Assim, diferentemente do que sustenta a segunda corrente, não há incompetência legislativa relativa ao Decreto estadual, cabendo a ele, sim, suprir a omissão da LEP, ou especificar as normas gerais por ela fixadas, em razão de sua competência suplementar, consoante §§ 1º e 2º do dispositivo constitucional.[13] Assim decide a Sexta Câmara Criminal do TJRS:

---

[10] TJRS, Agr. 70056480585, Rel. Francesco Conti, 5ª CC, j. 9.10.13.

[11] MAYA, André Machado, 2009, p. 158.

[12] TJRS, Agr. 70056501984, Rel. José Luiz John dos Santos, 5ª CC, j. 9.10.13.

[13] Art. 24. Compete à União, aos Estados e ao Distrito Federal legislar concorrentemente sobre: I. direito tributário, financeiro, *penitenciário*, econômico e urbanístico; (...) § 1º. No âmbito da legislação concorrente, a competência da União limitar-se-á a estabelecer normas gerais. § 2º. A competência da União para legislar sobre normas gerais não exclui a competência suplementar dos Estados.

AGE 70.056.158.132AG/M 2.022 – S 19.09.2013 – P 48 AGRAVO DA EXECUÇÃO (ART. 197 DA LEP). PROCESSO ADMINISTRATIVO DISCIPLINAR PARA APURAÇÃO DE FALTA GRAVE. PRELIMINAR DE NULIDADE DO PAD. QUE APUROU A FALTA GRAVE IMPUTADA AO AGRAVANTE, POR AUSÊNCIA DE DEFENSOR TÉCNICO QUANDO DA SUA INQUIRIÇÃO. OFENSA FORMAL AO DIREITO DE AMPLA DEFESA DO APENADO. JURISPRUDÊNCIA CONSOLIDADA DO SUPREMO TRIBUNAL FEDERAL. EXTINÇÃO DA PUNIBILIDADE DO APENADO EM FACE DE PRESCRIÇÃO ADMINISTRATIVO DISCIPLINAR. 1. A ausência da defesa técnica do apenado, quando da sua inquirição, em procedimento administrativo disciplinar para apuração de falta grave, resulta na violação do devido processo legal atinente à espécie, corolário lógico da efetiva e ampla defesa da parte, seja no âmbito administrativo ou judicial. Entendimento pacífico do STF. Declaração de nulidade do PAD 10/2013, em face de vício formal insanável. 2. Ademais disto, a nulidade do procedimento administrativo disciplinar para apuração da falta grave imputada ao apenado, pelo diretor da Casa Prisional, conduz o caso sob exame à prescrição (ou decadência) administrativa, consoante prescrito, modo expresso, no art. 36 do Regulamento Disciplinar Penitenciário do Estado do Rio Grande do Sul. 3. *Nos termos do art. 24, inc. I (3ª hip.), e §§ 1º e 2º, da CRFB, a iniciativa legislativa pertinente às regras de "direito penitenciário" é da competência concorrente entre a União, os Estados e o Distrito Federal, âmbito em que à União incumbe a edição das regras gerais (nacionais) federativas (CRFB, art. 24, § 1º), ao passo que aos Estados é atribuído o exercício da competência concorrente suplementar na matéria (CRFB, art. 24, § 2º). No âmbito das competências constitucionais concorrentes sobre "direito penitenciário", a União estabeleceu as regras gerais (nacionais) federativas nos lindes da LEP – LEP (Lei 7.210/84), todavia não editando regras sobre decadência e prescrição de processos administrativos disciplinares e de procedimentos judiciais sumarizados para a apuração de falta grave imputada a apenado recolhido ao sistema penitenciário dos Estados e da União. Diante desta omissão, o Estado do Rio Grande do Sul exerceu a sua competência constitucional suplementar na matéria e editou o Regimento Disciplinar Penitenciário do RS (Decreto 47.594/10), regulamentando a prescrição (ou decadência) administrativa para a instauração de PAD, pelo Diretor de Casa Prisional, para a apuração de falta grave imputada a apenado do sistema penitenciário gaúcho. AGRAVO PROVIDO.*[14]

Analisada a questão de qual diploma é aplicável para a definição do prazo prescricional, passa-se à análise de qual o termo inicial para a contagem desse prazo.

Partindo-se do entendimento de que "o conhecimento da falta" deve ser interpretado conforme a CR e a legislação penal vigente, o termo inicial do prazo prescricional seria o do trânsito em julgado de sentença condenatória por novo crime no decorrer da execução. Neste caso, em que se entende por aplicar o Regimento Disciplinar Penitenciário, não haveria razoabilidade em supor que o termo *a quo* do prazo prescricional seria o momento do fato, tendo em vista que é sabido que processos criminais prolongam-se por período superior a trinta dias, o que acabaria por acarretar a inocuidade do art. 36 do Decreto 46.534/09.

Contudo, no caso de optar-se por aplicar o prazo prescricional de três anos, por interpretação analógica do art. 109, VI, do CP, tem-se que o prazo prescricional deverá ser contado da data do fato. Isso porque, deve-se manter a coerência sistemática; logo, uma vez aplicada a Lei penal para determinar o prazo, deve-se aplicá-la, também, para definir o termo *a quo*. Assim, dispõe o art. 111, I, do CP, que a prescrição começa a correr do dia em que o crime se consumou. Passados

---

[14] TJRS, Agr. 70056158132, Rel. Aymoré Roque Pottes de Mello, 6ª CC, j. 19.9.13.

três anos, sem que transite em julgado sentença penal condenatória, prescrita está a possibilidade de aplicação de sanção disciplinar.

2. Criação jurisprudencial de causa supralegal de suspensão prescricional

Outro ponto que merece atenção se vincula à prescrição penal dos crimes fiscais. É preceito comezinho de Direito Penal que o termo inicial do prazo prescricional da pretensão punitiva, como regra geral, ocorre no momento da consumação do delito, por força do art. 111 do CP.

Não havendo regra especial para definir outro termo *a quo* para contagem do prazo, toma-se por base o previsto no referido dispositivo. Com relação aos crimes contra a ordem tributária não é diferente: a prescrição penal passa a correr no momento em que há a supressão ou redução do tributo, isto é, no momento em que se verifica a realização dos tipos penais previstos no art. 1º e incisos da Lei 8.137/90.

Embora tal raciocínio pareça de conclusão simples, doutrina e jurisprudência têm divergido quanto ao momento em que se configura o delito contra a ordem tributária. Referida divergência decorre da complexidade relacionada ao momento da propositura de ação penal relativa a crimes contra a ordem tributária, suas condições de procedibilidade e de punibilidade e questões prejudiciais de mérito. Dessa forma, fundamental definir o momento da consumação dessa categoria de delitos, o que enseja o exame de alguns pressupostos relevantes.

Já está pacificado o entendimento que o crime tributário pode ser processado apenas após o lançamento definitivo do crédito tributário, o que é enunciado até mesmo na Súmula Vinculante 24 do STF. Este lançamento é operado na esfera administrativa, em processo autônomo e independente da seara criminal. É requisito para a comprovação da materialidade delitiva, haja vista ser prova da existência do tributo devido. O STF assim entende:

HABEAS CORPUS. CRIME CONTRA A ORDEM TRIBUTÁRIA (INCISOS I, II E IV DO ART. 1º DA LEI 8.137/90). DENÚNCIA OFERECIDA ANTES DA CONSTITUIÇÃO DEFINITIVA DO DÉBITO TRIBUTÁRIO. PEDIDO DE TRANCAMENTO DE AÇÃO PENAL. EXCEPCIONALIDADE CONFIGURADA. ORDEM CONCEDIDA DE OFÍCIO. 1. O pano de fundo ou a razão de ser da impetração não passou pelo crivo do STJ. Casa Superior de Justiça que se limitou a confirmar a intempestividade da apelação manejada pela defesa técnica do acusado. O que impede o conhecimento da ação constitucional por parte do STF. 2. *É pacífica a jurisprudência do STF quanto à necessidade do exaurimento da via administrativa para a validade da ação penal, instaurada para apurar as infrações penais dos incisos I a IV do art. 1º da Lei 8.137/90.* Precedentes: HC 81.611, da relatoria do Ministro Sepúlveda Pertence (Plenário); HC 84.423, da minha relatoria (Primeira Turma). *Jurisprudência que, de tão pacífica, deu origem à Súmula Vinculante 24:* "Não se tipifica crime material contra a ordem tributária, previsto no art. 1º, incisos I a IV, da Lei nº 8.137/90, antes do lançamento definitivo do tributo". 2. A denúncia ministerial pública foi ajuizada antes do encerramento do procedimento administrativo fiscal. *A configurar ausência de justa causa para a ação penal. Vício processual que não é passível de convalidação.* 3. *Habeas Corpus* não conhecido. Ordem concedida de ofício para trancar a ação penal.

O lançamento do crédito tributário, entretanto, por si só, não é meio hábil a demonstrar a ocorrência de ilícito penal. É mera prova de materialidade, devendo-se aguardar a resolução da respectiva ação penal para apurar autoria, dolo do agente, entre outras circunstâncias indispensáveis para sua configuração. Além de não ser o meio determinante de demonstração de conduta penalmente típica, o lançamento – não obstante haja entendimentos em contrário – não representa o momento da consumação do crime de redução ou supressão de tributos, porquanto as condutas típicas ocorreram em momento anterior.

Diante desse contexto dissonante entre doutrina e aplicadores, faz-se relevante analisar a natureza jurídica do lançamento tributário em relação à matéria penal. A doutrina diverge quanto ao caráter do lançamento tributário:[15] há quem sustente ser o lançamento *questão prejudicial de mérito* – posicionamento de MACHADO;[16] outros argumentam que se trata de *condição de procedibilidade da ação* penal (entendimento abandonado pela Súmula 609 do STF,[17] embora retomado no *habeas corpus* 81.611 da mesma Corte); e uma última corrente afirma que a constituição definitiva do crédito tributário constitui *elementar normativa* do tipo.[18]

Essa definição é de importância fundamental para a determinação do prazo prescricional em âmbito penal. Sendo prejudicial de mérito, enquanto não concluído o procedimento administrativo, encontra-se suspenso o prazo prescricional, por força do art. 116 do CP. Tratando-se de elementar normativa do tipo, a ação penal deve ser trancada por ausência de justa causa, de modo que o prazo prescricional correrá sem interrupção desde o momento da consumação do delito. Nesse último caso, considera-se que a conduta só configura fato típico a partir do lançamento do crédito tributário, de modo que o prazo prescricional tem, como termo *a quo*, a conclusão do referido procedimento administrativo.

A diferenciação desses aspectos se faz necessária para evitar a confusão, apontada por REALE JR., entre *comprovação da prática do crime* e a *consumação do crime*,[19] que implicaria equívocos na definição do momento da confi-

---

[15] WUNDERLICH, Alexandre; MAYORA, Marcelo, 2008, p. 11.

[16] Sustenta Hugo de Brito Machado (2009, p. 370): "Preferimos a interpretação que respeita a unidade do sistema jurídico e a supremacia constitucional, diretrizes que no conduzem ao entendimento segundo o qual a decisão, no juízo cível, da questão tributária é uma questão pré-judicial cujo deslinde é indispensável para que se possa saber se ocorreu, ou não o fato típico. É possível, sim, a propositura da ação penal, mas o respectivo processo deve ser suspenso até que definitivamente julgada a questão posta no juízo cível".

[17] Súmula 609: "É pública incondicionada a ação penal por crime de sonegação fiscal". Afirmam Kiyoshi Harada e Leonardo Musumecci Filho (2012, p.157): "O enunciado da Súmula 609 do STF deve ser entendido apenas no sentido da procedibilidade da ação penal, nunca na acepção de que o juiz pode condenar, por sonegação fiscal, aquele a quem a decisão administrativa reconheceu não ser devedor de tributo".

[18] Afirmam Alexandre Wunderlich e Marcelo Mayora (p. 5): "(...) considerando que compete privativamente à autoridade administrativa constituir o crédito tributário mediante o seu lançamento (art. 142, CTN), e que o fato só se torna típico após a constituição definitiva do crédito tributário, não há como o Ministério Público propor a ação antes da decisão administrativa definitiva. Isto, para a boa doutrina, vem sendo advogado há tempos".

[19] REALE JR., Miguel, 2013.

guração do delito e, consequentemente, do termo inicial de contagem do prazo prescricional.

Parte da doutrina sustenta que "o lançamento do tributo não constitui elemento do tipo do crime tributário, pois a norma penal refere apenas tributo, sendo o lançamento uma mera consequência no campo administrativo do reconhecimento da existência do tributo".[20] Assim, o crime contra a ordem tributária se consuma no momento em que o agente realizou qualquer das condutas descritas nos incisos do art. 1º da Lei 8.137, de modo a ter suprimido ou reduzido tributo. O lançamento é, neste caso, mero ato formal que atesta a existência de crédito tributário em favor do ente federativo competente. É a prova da materialidade delitiva. Não é o lançamento o momento da consumação do delito. Nessa esteira, REALE JR. sustenta que a existência da obrigação tributária originada a partir do fato gerador é pressuposto do crime, sendo a ação fiscal o meio de se constatar a sua existência.

Em contrapartida, GOMES e BIANCHINI[21] entendem que "sem a decisão final do processo administrativo, falta um dos elementos típicos do delito, qual seja, tributo devido e exigível". Poder-se-ia inferir que, diante de tal raciocínio, a consumação do crime tributário ocorreria no momento em que se desse o lançamento definitivo do crédito tributário, haja vista que só nesse momento de perfectibilizariam os elementos do tipo penal.

Contudo, os autores parecem concordar que o lançamento definitivo do crédito tributário constitui prova da existência do crime contra a ordem tributária. GUZELLA, citando PALHARES, explica de forma clara:

> O motivo para esta espera [pela conclusão do processo administrativo] pousaria no fato de que a existência, ou não, do débito tributário não poderá ser proferida pelo juízo criminal, em que o procedimento administrativo fiscal é antecedente lógico da ação penal, pois a consumação do crime só pode ser percebida e constatada pelo órgão competente que é o próprio Fisco. Salienta, ainda, que a decisão administrativa funcionaria como uma espécie de "corpo de delito", devendo ser tratada como questão prejudicial.[22]

O lançamento é, assim, elemento formal necessário para a comprovação da ocorrência de delito, uma vez que os crimes tributários são crimes de dano, isto é, é necessário que haja efetiva supressão ou redução de tributos. É dizer, os crimes contra a ordem tributária não são crimes formais, mas materiais, e para a comprovação do dano efetivo, o lançamento do crédito tributário é o instrumento hábil para prová-lo.

A Súmula Vinculante 24, editada pelo STF, em 11 de dezembro de 2009, mostrou, nestes termos, redação equivocada. De acordo com a Súmula "Não se tipifica crime material contra a ordem tributária, previsto no art. 1º, incisos I a IV, da Lei 8.137/90, antes do lançamento definitivo do tributo". Segundo REALE

---

[20] REALE JR., Miguel, 2013.

[21] GOMES, Luiz Flávio; BIANCHINI, Alice, 2005, p. 285-6.

[22] GUZELLA, Thatiane Laiz, 2011, p. 110.

JR.,[23] a redação mais apropriada da súmula deveria restringir-se ao seguinte: "a configuração do crime tributário depende da prova da existência do tributo no âmbito administrativo".

Ambas as redações, embora parecidas, carregam significados bastante distintos, sendo que a segunda não deixaria margens para interpretações equivocadas e prejudiciais ao réu, conforme vêm ocorrendo em alguns tribunais brasileiros. *Tipificação* e *configuração* de crime são conceitos bastante distintos. Enquanto o primeiro remete à consumação do delito, na esfera fática, ou seja, a prática de fato penalmente tipificado em norma legal anterior, a segunda expressão implica o preenchimento dos requisitos formais para o processamento do fato típico.

A partir da leitura da Súmula Vinculante 24, seria possível inferir que só há supressão ou redução de tributos quando do lançamento do crédito tributário, sendo este elemento integrante do tipo penal. Entretanto, uma leitura rápida do art. 1º da Lei 8.137/90 permite verificar que a consumação do delito se dá com a prática de alguma das condutas previstas nos incisos do respectivo artigo. Assim, ocorre crime contra a ordem tributária quando se suprime ou se reduz tributo mediante alguma das seguintes condutas:

I. omitir informação, ou prestar declaração falsa às autoridades fazendárias; II. fraudar a fiscalização tributária, inserindo elementos inexatos, ou omitindo operação de qualquer natureza, em documento ou livro exigido pela lei fiscal; III. falsificar ou alterar nota fiscal, fatura, duplicata, nota de venda, ou qualquer outro documento relativo à operação tributável; IV. elaborar, distribuir, fornecer, emitir ou utilizar documento que saiba ou deva saber falso ou inexato; V. negar ou deixar de fornecer, quando obrigatório, nota fiscal ou documento equivalente, relativa a venda de mercadoria ou prestação de serviço, efetivamente realizada, ou fornecê-la em desacordo com a legislação.

Percebe-se que o lançamento do crédito tributário não integra o tipo penal. A Súmula Vinculante, embora superficialmente pareça atribuir ao lançamento caráter de essencialidade para a configuração da tipicidade delitiva, deve ser interpretada em conformidade com a CRFB. É dizer, a competência para legislar sobre matéria penal é privativa da União, consoante art. 22, I, da CRFB. Assim, não tem o STF competência para criar elementos que componham tipos penais, de modo que se deve interpretar a Súmula conforme a redação proposta por REALE JR.[24]

Apesar de imprescindível para uma possível condenação criminal, o lançamento do crédito tributário não é elemento do tipo penal, mas prova da materialidade do delito. Deste modo, ausente o lançamento não há crime: não pelo fato não ter, necessariamente, ocorrido, mas pela ausência de provas da sua materialidade.

A solução encontrada, tanto pela doutrina quanto pela jurisprudência, no que tange à contagem do prazo prescricional da pretensão punitiva do Estado, seria a

---

[23] REALE JR., Miguel, 2012.

[24] Ibid.

suspensão do prazo enquanto não finalizado o processo administrativo. É esse o entendimento do STF, consagrado no paradigmático *HC* 81.611/DF:[25]

> Crime material contra a ordem tributária (Lei 8137/90, art. 1º): lançamento do tributo pendente de decisão definitiva do processo administrativo: falta de justa causa para a ação penal, *suspenso, porém, o curso da prescrição enquanto obstada a sua propositura pela falta do lançamento definitivo.* 1. Embora não condicionada a denúncia à representação da autoridade fiscal (ADInMC 1571), falta justa causa para a ação penal pela prática do crime tipificado no art. 1º da Lei 8137/90 – que é material ou de resultado –, enquanto não haja decisão definitiva do processo administrativo de lançamento, quer se considere o lançamento definitivo uma condição objetiva de punibilidade ou um elemento normativo de tipo. 2. Por outro lado, admitida por lei a extinção da punibilidade do crime pela satisfação do tributo devido, antes do recebimento da denúncia (Lei 9249/95, art. 34), princípios e garantias constitucionais eminentes não permitem que, pela antecipada propositura da ação penal, se subtraia do cidadão os meios que a lei mesma lhe propicia para questionar, perante o Fisco, a exatidão do lançamento provisório, ao qual se devesse submeter para fugir ao estigma e às agruras de toda sorte do processo criminal. 3. No entanto, enquanto dure, por iniciativa do contribuinte, *o processo administrativo suspende o curso da prescrição da ação penal por crime contra a ordem tributária que dependa do lançamento definitivo.*

Assim, entende-se o lançamento do crédito tributário como uma questão prejudicial de mérito, respeitando-se o art. 116, I, do CP, que dispõe que "antes de passar em julgado a sentença final, a prescrição não corre: I. enquanto não resolvida, em outro processo, questão de que dependa o reconhecimento da existência do crime". Diferente esta solução daquela que seria atribuída ao se considerar o lançamento como elementar normativa do tipo penal, em que se definiria como termo inicial do prazo prescricional a conclusão do processo administrativo, situação que prejudicaria o acusado de crime contra a ordem tributária.

3. Criação jurisprudencial de novo marco interruptivo da prescrição

O ponto final que abordará este estudo concerne à criação de novo marco interruptivo prescricional pela jurisprudência, mais objetivamente, quanto ao termo inicial de contagem do prazo prescricional da pretensão executória. No *Habeas Corpus* 0025643-59.2010.404.0000, do TRF4, decidiu-se, por maioria, que o prazo prescricional da pretensão executória deve ser contado do trânsito em julgado da sentença condenatória para *ambas as partes*, e não apenas para a acusação.[26]

Contudo, esta não é a previsão que deflui da norma específica. O art. 112, I, do CP, dispõe: "No caso do art. 110[27] deste Código, a prescrição começa a correr: I. do dia em que transita em julgado a sentença condenatória, para a acusação, ou a que revoga a suspensão condicional da pena ou o livramento condicional". Deste modo, percebe-se que o legislador não deixou margens para ampliação, tendo

---

[25] STF, *HC* 81.611/DF, Rel. Min. Sepúlveda Pertence, TP, DJu 10.12.03.

[26] Essa divergência tem sido tratada, também, pela doutrina, como expôs MAYA, André Machado, 2009.

[27] CP, art. 110. "A prescrição depois de transitar em julgado a sentença condenatória regula-se pela pena aplicada e verifica-se nos prazos fixados no artigo anterior, os quais se aumentam de um terço, se o condenado é reincidente. § 1º A prescrição, depois da sentença condenatória com trânsito em julgado para a acusação ou depois de improvido seu recurso, regula-se pela pena aplicada, não podendo, em nenhuma hipótese, ter por termo inicial data anterior à da denúncia ou queixa".

definido que, para a contagem do prazo prescricional, considera-se o trânsito em julgado para a acusação, e não para ambas as partes.

Tal posicionamento respalda-se em uma ilação a partir da premissa de que a parte geral do Código antecede a Constituição em quatro anos. Argumentam os defensores da tese seguida pelo referido julgado que o art. 112, I, do CP, deve ser interpretado de acordo com a Constituição, e que, em razão disso, conclui-se que o termo *a quo* de contagem do prazo da prescrição executória não seria aquele da norma legal.

Advoga-se que o dispositivo do CP fere o princípio constitucional da isonomia entre a acusação e a defesa, que assegura a igualdade de forças entre as partes no processo penal. Isso porque, ao primar pela garantia da ampla defesa, prejudica-se a pretensão do Estado de punir, uma vez que, impossibilitado de executar a pena antes do trânsito em julgado da sentença para a defesa, em razão do princípio do estado de inocência do art. 5º, LV, da CRFB, ao Estado não resta senão aguardar pela conclusão da ação, sendo descabido que a prescrição executória corra já nesse período.

Os adeptos dessa posição fazem, ainda, referência ao art. 105 da LEP, sustentando que é este que merece aplicabilidade. O artigo dispõe que "Transitando em julgado a sentença que aplicar pena privativa de liberdade, se o réu estiver ou vier a ser preso, o Juiz ordenará a expedição de guia de recolhimento para a execução". O dispositivo da LEP traz em seu texto o trânsito em julgado da sentença, implicando o reconhecimento de que deve transitar para ambas as partes e não só para a acusação. A Quinta Turma do STJ, no julgamento do *HC* 137924/SP, dispôs:

> Assim sendo entendido, o termo inicial que deve ser considerado é o da data que transitar em julgado sentença final condenatória (CP, art. 110, *caput*) para ambas as partes, para a acusação e para a defesa, porquanto somente neste momento é que surge o título penal passível de ser executado pelo Estado, em respeito ao princípio contido no art. 5º, LVII, da CF, sendo forçosa a adequação hermenêutica do disposto no art. 112, I, do CP, cuja redação foi dada pela Lei 7.209/84, ou seja, é anterior ao atual ordenamento constitucional (STJ, *HC* 137924/SP, Rel. Min. Jorge Mussi, 5ª T., DJe de 2.8.10).

Refere, desse modo, um conflito entre os arts. 110 e 112 do CP, que deve ser resolvido em consonância com os princípios e garantias da Constituição. Nessa esteira, poder-se-ia concluir que, diante da vigência da CRFB/88, o art. 112 da legislação penal não tem aplicabilidade, utilizando-se como termo *a quo* o trânsito em julgado da sentença para ambas as partes.

Conclui-se, no voto do Desembargador Relator do *Habeas Corpus* 0025643-59.2010.404.0000, que o entendimento de que deva ser mantido o disposto no texto legal constitui:

> Manifesto contrassenso, pois, mesmo suspenso o poder-dever do Estado de executar a pena em concreto, mesmo que não haja inércia do Estado (caracterizador do instituto da prescrição), continua correndo o prazo prescricional da pretensão executória.

Acrescenta, ainda, que "não havendo que se falar em inércia do titular da pretensão executória (Estado), resta impossibilitado, por conseguinte, o início da contagem do respectivo prazo prescricional antes da formação definitiva do título judicial condenatório".

No julgamento do referido *Habeas Corpus*, diverge o Desembargador Federal MÁRCIO ANTÔNIO ROCHA. Refere o julgador que a lei é clara no sentido de apontar, como marco inicial da contagem do prazo prescricional, o trânsito em julgado da sentença para a acusação. Salienta que, quando da edição da Lei 12.234/10, o legislador teve a oportunidade de modificar a redação do art. 112 do CP, e seus incisos, tendo optado por mantê-la. Isso implica o reconhecimento do dispositivo legal, uma vez que válida a opção do legislador. De acordo com o Desembargador Federal, entendimento diverso decorreria de interpretação *in malam partem*, o que não é admitido na seara penal.

Entende-se que este último posicionamento é o mais adequado. As garantias penais e processuais penais dos acusados, somando-se à observância da segurança jurídica, implicam que se adote um posicionamento pelo respeito ao princípio da legalidade estrita no âmbito criminal. O legislador, dentro de sua liberalidade, optou, claramente, por manter dispositivo que beneficia o réu. Assim, não sendo inconstitucional tal disposição, não cabe aos Tribunais exercer sua restrita competência legislativa, de modo a alterar a lei penal.

Não há, ainda, qualquer incompatibilidade entre o art. 112 do CP e a CRFB. O entendimento de que o termo inicial do prazo prescricional seria o trânsito em julgado da sentença condenatória somente para a acusação não fere o princípio da presunção de inocência, uma vez que só se pode falar em prescrição executória após o trânsito em julgado para ambas as partes. Contudo, quando preenchidos os requisitos para tal modalidade de prescrição, ela retroage para o momento do trânsito em julgado para a acusação.

Não se fere, igualmente, o princípio da isonomia entre acusação e defesa no processo penal, tendo em vista que tal princípio veio para dar especial proteção à parte mais vulnerável do processo, qual seja, o réu. Assim, optou o legislador por priorizar a garantia de ampla defesa e o princípio do estado de inocência, em detrimento do poder do Estado de executar a pena. Esta garantia toma maior vulto quando examinada sob o espectro da duração razoável do processo.

Dispõe o art. 22, I, da CRFB, que "Compete privativamente à União legislar sobre: I. direito civil, comercial, penal, processual, eleitoral, agrário, marítimo, aeronáutico, espacial e do trabalho". Já o art. 48 da CRFB refere que "Cabe ao Congresso Nacional, com a sanção do Presidente da República, não exigida esta para o especificado nos arts. 49, 51 e 52, dispor sobre todas as matérias de competência da União (...)". Não cabe aos julgadores, pois, diante de uma norma clara e constitucional, modificar o mandamento legal, sob pena de extrapolarem sua competência constitucional. Ainda, MAYA[28] afirma o seguinte:

Nos dias de hoje, porém, encontra eco na parcela majoritária da doutrina a compreensão de que o trânsito em julgado para ambas as partes processuais é requisito da prescrição da pretensão executória, muito embora seu termo inicial seja o trânsito em julgado somente para a acusação. Isso se justifica na medida em que, caso o termo inicial fosse considerado como o trânsito em julgado também para a

---

[28] MAYA, André Machado, 2009, p. 134.

defesa, o réu estaria sendo prejudicado pelo exercício do direito de recorrer, compreendido como uma das faces da garantia da ampla defesa. Ao fazer uso dos recursos de que dispõe, o acusado estaria prorrogando o *jus executiones* do Estado. Assim, durante o trâmite dos recursos da defesa, fluem dois prazos prescricionais, o da prescrição da pretensão executória e o da prescrição da pretensão punitiva intercorrente, muito embora só esta última possa ser reconhecida nesse momento processual.

Conclui-se, portanto, que o termo inicial de contagem do prazo prescricional da pretensão executória do Estado é aquele estabelecido no art. 112, I, do CP: o dia em que transita em julgado a sentença condenatória, para a acusação. Não cabe ao Judiciário estender em prejuízo do imputado norma que limita o poder punitivo.

Conclusão

Conforme buscou demonstrar este breve articulado, embora não seja um tema novo na doutrina penal, a prescrição penal dá azo a muitas polêmicas na praxe forense. Evidentemente, no contexto de recrudescimento repressivo em que está inserida nosso país, as medidas político-criminais de mitigação do impacto da norma penal tendem a sofrer fustigações a sua essência.

Os três casos expostos possuem um liame comum: trata-se de artifícios retóricos usados pelos magistrados buscando incrementar a capacidade punitiva do Estado, demonstrando também uma luta do Judiciário para não se tornar inoperante em razão de suas conhecidas mazelas, dentre as quais a morosidade e o crescimento galopante do número de processos apreciados. Neste ponto, referenda-se a afirmação sublinhada por FAYET JÚNIOR e BRACK:[29]

A criação de novos marcos interruptivos não é a solução correta para impedir a prescrição; deve-se, sim, buscar uma prestação judicial mais célere, que proporcione a razoável duração do processo, direito fundamental acrescido à Constituição Federal pela Emenda Constitucional 45.

À guisa de conclusão, não poder-se-ia deixar de registrar a louvável iniciativa do Professor NEY FAYET JÚNIOR na renitente coordenação desta coleção: é nos debates acadêmicos que se contesta e se renova a aplicação do direito. Por isso, ao observador desavisado, fica consignado o alerta que a aridez da prescrição penal é simplesmente aparente.

Bibliografia

FAYET JÚNIOR, Ney (coord.). *Prescrição penal*: temas atuais e controvertidos. Vol. 2. Porto Alegre: Livraria do Advogado, 2009.

GOMES, Luiz Flávio; BIANCHINI, Alice. "Prévio exaurimento da via administrativa e crimes tributários." *In* PEIXOTO, Marcelo Magalhães; ELALI, André; SANT'ANNA, Carlos Soares (coords.). *Direito penal tributário*. São Paulo: MP Editora, 2005.

GUZELLA, Thatiane Laiz. *Crimes tributários*: aspectos e crítica. Curitiba: Juruá, 2011.

HARADA, Kiyoshi; MUSUMECCI FILHO, Leonardo. *Crimes contra a ordem tributária*. São Paulo: Atlas, 2012.

MACHADO, Hugo de Brito. *Crimes contra a ordem tributária*. 2ª ed. São Paulo: Atlas, 2009.

---

[29] FAYET JÚNIOR, Ney; BRACK, Karina, 2009, p. 46.

MAYA, André Machado. "Considerações sobre a prescrição da pretensão executória e a hipótese de prescritibilidade da sanção disciplinar aplicada em sede de execução penal." *In* FAYET JÚNIOR, Ney (coord.). *Prescrição penal – temas atuais e controvertidos*. Vol. 2. Porto Alegre: Livraria do Advogado, 2009.

MIRABETE, Julio Fabbrini; FABBRINI, Renato N. *Execução penal*: comentários à Lei nº 7.210, de 11.7.1984. 12ª ed. rev. e atual. São Paulo: Atlas, 2014.

REALE JR., Miguel. *Instituições de direito penal*. 4ª ed. Rio de Janeiro: Forense, 2012.

—. "Restrição ilegal." *In Boletim do IBCCRIM*, nº 245, abril/2013.

WUNDERLICH, Alexandre; ALVES, Marcelo Mayora. *Desde os reclamos da doutrina até o leading case do STF*: *HC* 81.611/ DF e o exaurimento da esfera administrativa nos crimes tributários. Disponível em: http://www.garantismopenal.com. br/artigos/o%20exaurimento%20da%20esfera%20administrativa%20nos%20crimes%20tribut%C3%A1rios.pdf.

Tema III

Prescrição e ato infracional.
Um pano de fundo para a discussão sobre
o curto e o longo prazo do discurso infracional

Paulo César Busato

Silvia de Freitas Mendes

Introdução

Há muito tempo temos debatido com os Promotores de Justiça, Juízes, advogados e professores que atuam na área da Infância e Juventude a respeito do que ousamos qualificar de "a questão penal".

É sabido que a estrutura do Estatuto da Infância e Juventude (Lei 8.069/90) se equilibra no princípio da proteção integral[1] e é com base neste argumento fundamental que geralmente[2] se tentam afastar do âmbito da infância e juventude os conceitos e a terminologia própria do Direito penal. Pretende-se, com isso, obviamente, afastar o coeficiente simbólico do Direito penal e todos os seus efeitos deletérios tão bem identificados pela Sociologia Criminal norte-americana e postos à mostra pela Criminologia Crítica. Evidências, como o processo de etiquetamento (*labeling approach*[3]) ou os processos de criminalização pelo estereótipo que são claramente perniciosos.

---

[1] A proteção integral "é baseada nos direitos próprios e especiais das crianças e adolescentes que, na condição peculiar de pessoas em desenvolvimento, necessitam de proteção diferenciada, especializada e integral." LIBERATI, Wilson Donizeti, 1991, p. 2. Ainda sobre doutrina da proteção integral vide NOGUEIRA, Paulo Lúcio, 1991, p. 12.

[2] Exceção honrosa se faça à excelente obra *Introdução Crítica ao Ato Infracional*, de Alexandre Morais da Rosa.

[3] "Esta direção de pesquisa parte da consideração de que não se pode compreender a criminalidade se não se estuda a ação do sistema penal, que a define e reage contra ela, começando pelas normas abstratas até a ação das instâncias oficiais (polícia, juízes, instituições penitenciárias que as aplicam), e que, por isso, o *status* social de delinquentes pressupõe, necessariamente, o efeito da atividade das instâncias oficiais de controle social da delinquência, enquanto não adquire esse *status* aquele que, apesar de ter realizado o mesmo comportamento punível, não é alcançado, todavia, pela ação daquelas instâncias. Portanto, este não é considerado e tratado pela sociedade como 'delinquente'. Neste sentido, o *labeling approach* tem se ocupado principalmente com as reações das instâncias oficiais de controle social, consideradas na sua função constitutiva em face da criminalidade. Sob este ponto de vista tem estudado o efeito estigmatizante da atividade da polícia, dos órgãos de acusação pública e dos juízes.". BARATTA, Alessandro, 2002m, p. 86. Vide também HASSEMER, Winfried e MUÑOZ CONDE, Francisco, 2001, p. 161-2; ANDRADE, Vera Regina Pereira de, 2003, p. 39 e seguintes.

Assim, ao adotar – voltamos a frisar: ao amparo do princípio de proteção integral – terminologia frontalmente diversa da penal, por exemplo, "ato infracional" em vez de "delito", "representação" em vez de "denúncia", "medidas socioeducativas" em vez de "penas", "internamento" em vez de "prisão", o objetivo era afastar o estigma penal do adolescente de modo a evitar o etiquetamento e o processo de criminalização pelo estereótipo.

Pensamos, e nisso o nosso confronto com os operadores jurídicos mais afetos à área, que é chegado o momento de refletir sobre se esta providência meramente terminológica efetivamente logrou os objetivos pretendidos e, mais do que isso, se diante da evolução dos conceitos e da própria hermenêutica penal, ainda vale a pena ou se justifica a negação à evidência de que, no campo infracional, estamos tratando de aplicar, à luz do Estatuto da Criança e do Adolescente, na verdade, um "Direito penal do menor". Mais ainda, é necessário refletir sobre as evidentes diferenças entre a adoção do princípio de proteção integral e a perspectiva correcionalista inspirada por um modelo de prevenção especial. Isso porque, há uma contínua tendência de confundir as duas perspectivas, tratando-as de um modo siamês onde se obriga ao uso de medidas próprias da prevenção especial sob o pálio da ideia de proteção integral e se rejeita as críticas ao modelo correcionalista através daquele mesmo princípio.

Com isso não queremos dizer, obviamente, que compactuamos com a proposição de uso de Direito penal como a melhor solução para os atos infracionais praticados pelos adolescentes. Apenas colocamos à lume que não é razoável esconder-se por trás de uma fraude de etiquetas a realidade forense do enfrentamento da questão e dar por justificada a vedação de uma série de garantias já oferecidas no âmbito penal aos adultos, sob o conveniente pálio da pretensão utópica abolicionista. Estamos de acordo com a manutenção de uma pretensão abolicionista no que tange aos atos infracionais a longo prazo. No mesmo sentido em que para o próprio Direito penal já vaticinava Radbruch ao dizer que o futuro do Direito penal não está em um Direito penal melhor, mas em algo melhor que o Direito penal, algo mais humano e mais justo do que ele.[4] Porém, é necessário não descurar de atitudes a curto prazo. Há uma série de atos infracionais sendo julgados agora mesmo, ao amparo de uma estrutura que legislativa e principiologicamente viola garantias fundamentais do ser humano. É necessário atentarmos também para isso.

O tema vem a lume a propósito, especialmente, de estar acesa a discussão sobre a aplicação de algumas garantias penais aos casos de atos infracionais, cuja possibilidade depende, essencialmente, do reconhecimento do seu caráter penal. Referimo-nos aqui, tomado como um exemplo, à aplicação da regra de extinção da punibilidade da prescrição, recém reconhecida pela súmula 338 do STJ. Ao

---

[4] "[...] o desenvolvimento do direito penal está destinado a dar-se, um dia, para além já do próprio Direito penal. Nesse dia, sua verdadeira reforma virá a consistir, não tanto na criação de um direito penal *melhor* do que o atual, mas na dum direito de *melhoria* e de conservação da sociedade: alguma coisa de melhor que o Direito penal e, simultaneamente, de mais inteligente e mais humano do que ele". RADBRUCH, Gustav, 1979, p. 324.

reconhecer textualmente que "a prescrição é aplicável às medidas socioeducativas", o Tribunal tomou uma atitude direta de reação contra os abusos diariamente cometidos contra os adolescentes e abriu, novamente, a discussão sobre os termos em que se há de considerar a matéria do ato infracional.

1. Dos fundamentos penais da prescrição

Os fundamentos que a doutrina apresenta para justificar a existência do instituto da prescrição estão todos associados à ideia de punibilidade.

Comenta Eduardo Reale Ferrari[5] que, malgrado hajam inúmeros fundamentos pelos quais se procura doutrinariamente justificar a prescrição, estes podem ser agrupados fundamentalmente sob nove distintas teorias: do esquecimento, do arrependimento, da piedade, da prova, da emenda, da alteração psicológica, político-criminal, da presunção de negligência e, finalmente, da exclusão do ilícito.

A teoria do esquecimento justifica a prescrição pelo fato de que a sociedade esqueceu do fato criminoso, razão pela qual a punibilidade deve também ser esquecida.[6] A teoria da expiação do criminoso justifica a prescrição pelo castigo que já sofre o criminoso ao enfrentar-se com a longa e penosa tramitação do processo.[7] A teoria da piedade, subsidiária da do esquecimento, sustenta que a prescrição deriva de que o tempo faz despertar compaixão na sociedade para com aquele cuja pena se persegue.[8] A teoria da dispersão das provas justifica a prescrição pela falibilidade da prova incriminadora, obtida muito tempo depois do fato, o que torna duvidosa a justiça da sentença nela apoiada.[9] A teoria da emenda sustenta que durante o andamento do processo é dado ao réu a oportunidade de redimir o mal praticado, sendo desnecessária a imposição de sanção com finalidade de ressocialização,[10] principalmente, se neste período, o réu não voltou a delinquir.[11] A teoria psicológica, que encontra raízes na Criminologia Sociológica de Gabriel Tarde, entende que a passagem do tempo com o peso do processo fará com que o réu se converta em outra pessoa, psicologicamente alterada em face daquela que

---

[5] FERRARI, Eduardo Reale, 1998, p. 25.

[6] Nesse sentido, entre outros ORTS BERENGUER, Enrique e GONZÁLES CUSSAC, Jose Luiz, 2004, p. 209; FERRARI, Eduardo Reale, 1998, p. 25; e BITENCOURT, Cezar Roberto, 2007, p. 716.

[7] FERRARI, Eduardo Reale, 1998, p. 27.

[8] ORTS BERENGUER, Enrique e GONZÁLES CUSSAC, Jose Luiz, 2004, p. 209; e FERRARI, Eduardo Reale, 1998, p. 28.

[9] ORTS BERENGUER, Enrique e GONZÁLES CUSSAC, Jose Luiz, 2004, p. 209; MIR PUIG, Santiago, 1998, p. 781; SANTOS, Juarez Cirino dos, 2007, p. 677; FERRARI, Eduardo Reale, 1998, p. 29; e BITENCOURT, Cezar Roberto, 2007, p. 717.

[10] FERRARI, Eduardo Reale, 1998, p. 31; SANTOS, Juarez Cirino dos, 2007, p. 677; MIR PUIG, Santiago, 1998, p. 781; e ORTS BERENGUER, Enrique e GONZÁLES CUSSAC, Jose Luiz, 2004, p. 209.

[11] BITENCOURT, Cezar Roberto, 2007, p. 716.

cometeu o crime, pelo que, não se justificaria mais a punição.[12] A teoria orientada por princípios de política criminal, entende que a prescrição é um instrumento que auxilia na diminuição da criminalidade, atuando através da não punição tardia de condutas.[13] A teoria da presunção de negligência é aquela segundo a qual a prescrição se justifica por ser ela mesma uma espécie de punição contra a estrutura persecutória, que não deu conta de perseguir o criminoso em tempo hábil.[14] Finalmente, a teoria da exclusão do ilícito, entende que após muitos anos, o bem jurídico afligido pela conduta criminosa deixa de ter relevância social, de modo que materialmente perde sentido a punição.[15]

Como é fácil notar, todos os fundamentos que se apresentam como justificadores da prescrição são vinculados, de algum modo, aos fins da pena, especialmente às ideias de prevenção especial e retribuição. Isto porque, as próprias modalidades de prescrição existentes são vinculadas a duas pretensões essenciais do Estado: a pretensão *punitiva* e a pretensão *executória da pena*. Isso só já faz denotar o caráter penal da prescrição.[16]

Dessa forma, o Estado não pode ter a possibilidade de punir alguém eternamente. Há que se ter um limitador para que o Estado saiba qual é o seu prazo para aplicar a pena. Isso faz com que o indivíduo que está sujeito a um inquérito policial ou a uma ação penal saiba que o detentor do *jus puniendi* terá que lhe dar uma resposta dentro de um lapso temporal, e não o fazendo perderá esse direito.

Em sendo assim, é óbvio que a prescrição se justifica como um instituto controlador da pretensão de aplicação e de execução de pena. Sua existência depende do reconhecimento de uma pretensão de controle social do intolerável através da aplicação de uma sanção.[17]

---

[12] ORTS BERENGUER, Enrique e GONZÁLES CUSSAC, Jose Luiz, 2004, p. 209; e FERRARI, Eduardo Reale, 1998, p. 32.

[13] FERRARI, Eduardo Reale, 1998, p. 33.

[14] ORTS BERENGUER, Enrique e GONZÁLES CUSSAC, Jose Luiz, 2004, p. 209; FERRARI, Eduardo Reale, 1998, p. 34; no mesmo sentido, BITENCOURT, Cezar Roberto, 2007, p. 717.

[15] FERRARI, Eduardo Reale, 1998, p. 35-6.

[16] Por todos BITENCOURT, Cezar Roberto, 2007, p. 715-8. "Com a ocorrência do fato delituoso nasce para o Estado o *ius puniendi*. Esse direito, que se denomina *pretensão punitiva*, não pode eternizar-se como uma espada de Dámocles pairando sobre a cabeça do indivíduo. Por isso, o Estado estabelece critérios limitadores para o exercício do direito de punir, e, levando em consideração *a gravidade da conduta delituosa e da sanção correspondente*, fixa lapso temporal dentro do qual o Estado estará legitimado a aplicar a sanção penal adequada [...] com o trânsito em julgado da decisão condenatória, o *ius puniendi* concreto transforma-se em *ius punitionis*, isto é, a pretensão punitiva converte-se em pretensão executória".

[17] "Com efeito, convém destacar que o Estado, em um dado momento, busca intervir nas relações sociais para controlá-las. E Estado, sim, é o agente do Direito Penal, o que leva a efeito a pena, ainda que se trate de uma ação penal de iniciativa privada. O conhecimento sobre quem intervém torna possível conhecer suas motivações. O Estado é uma figura criada com um propósito fundamental e absolutamente claro: o de manter viva a sociedade. Ao Estado pertence a atribuição fundamental de regular as inter-relações sociais de um modo tal que tal que impeça a autodestruição desta mesma sociedade. O Estado tem início como uma figura cujo dever único e absoluto é manter a sociedade sob controle.". BUSATO, Paulo César e MONTES HUAPAYA, Sandro, 2007, p. 207.

A questão de sua aplicação ao ato infracional faria parecer, a partir de tais considerações, que se estaria dando simploriamente uma *tratativa penal* à questão do adolescente autor de ato infracional.

Parece-nos, no entanto, que a questão não é tão simples assim. Isto porque, por um lado, a transferência de garantias para a seara do ato infracional não tem porque levar junto a estigmatização penal. O penal, no caso, serve apenas de exemplo delimitador. Vale dizer: se até mesmo no mecanismo mais recrudescente de controle social existe um processo limitador pela prescrição, porque este mesmo instituto não se haveria de aplicar a outras formas de controle social. Por outro lado, é necessário somar a isso que, no âmbito do ato infracional a prescrição como instituto pode justificar-se sob outro fundamento que não o mesmo empregado no sistema penal. Ou seja, se no sistema penal a justificação da prescrição deriva dos fins da pena, no sistema de controle social destinado ao ato infracional não há porque justificar-se sob os mesmos fundamentos.

Assim, não há qualquer justificativa crítica cabível à distensão oriunda da matéria sumulada.

2. Análise crítica dos fundamentos do controle social exercido por meio do ato infracional

O controle social de práticas de atos infracionais derivado do Estatuto da Criança e do Adolescente merece cuidadosa análise desde dois pontos de vista, pelo menos. Em primeiro lugar, é necessário evidenciar os pontos de contato entre os sistemas penal e infracional, pondo à lume a evidência de que, malgrado haja uma evidente evolução legislativa nos institutos que tratam da matéria no Brasil, ainda estamos muito longe de apresentar verdadeiramente um modelo de garantias. Depois, resulta também fundamental deixar claro que a opção pelo princípio de proteção integral não implica a adoção de uma perspectiva de prevenção especial no campo do ato infracional, senão todo o contrário.

2.1. A FRAUDE DE ETIQUETAS. A NOCIVIDADE DO EUFEMISMO EM MATÉRIA PENAL JUVENIL.

Conquanto a doutrina brasileira no âmbito dos estudos jurídicos sobre a criança e o adolescente mantenha-se prevalentemente posicionada contra o reconhecimento da dimensão penal da intervenção na seara do ato infracional, é impossível deixar de reconhecer tratar-se de um mecanismo estatal-jurídico de controle social.

Nesse sentido, vale citar a lúcida crítica de Alexandre Morais da Rosa, no sentido de que "é preciso respeitar-se as opções do adolescente. Para isso é necessário que se o respeite como sujeito, abjurando a posição de inferioridade, para o tomar como outro".[18] Cremos firmemente que a inclusão do outro é a base de qualquer sistema discursivo que se pretenda minimamente justo.

2.1.1 A distorção dogmática

É necessário reconhecer, porém, que o Estado interfere nestes casos somente a partir da prática do ato infracional. Ou seja, o comportamento de um adolescente, tipificado na esfera penal é o gatilho que deflagra a intervenção estatal em sua vida. Evidentemente existe uma relação entre o fato e a intervenção. Uma contraposição própria do esquema norma-processo-sanção. Tanto é verdade, que as medidas socioeducativas não podem ser aplicadas senão através de um procedimento apuratório de ato infracional que, por sua vez, depende da existência prévia da prática de um fato delitivo praticado por criança ou adolescente.

O problema é que esta regra, evidentemente estigmatizante, é tomada somente por este lado simbólico-deletério e completamente abandonada em sua perspectiva de proporcionalidade ou do ponto de vista da delimitação negativa através da afirmação de garantias. Na verdade, deflagrado o ato infracional, "a bondade que movimenta as ações na seara da infância e juventude é totalitária".[19]

É que a delimitação negativa pela afirmação material (princípio de intervenção mínima) e formal (princípio de legalidade) não entram em discussão na seara da infância e juventude, mediante a simplória alegação de que "aqui não se está tratando de direito penal". Este simplesmente não é o perfil teórico que o Estatuto da Criança e do Adolescente pretende dar àquilo que eufemisticamente chama de "medidas socioeducativas". Teoricamente, estas medidas estão presentes, tão somente como atitudes protetivas-correcionais-educativas por parte do Estado. Ou seja, sua razão de existir jamais se coaduna com outra pretensão para além da mera sociabilização e educação. Não há, nem pode haver, qualquer caráter sancionatório ou vinculado à ideia de controle social. A respeito do fundamento das medidas socioeducativas:

> As medidas socioeducativas são aquelas atividades impostas aos adolescentes, quando considerados autores de ato infracional. Destinam-se elas à formação do tratamento tutelar empreendido, afim de reestruturar o adolescente para atingir a normalidade da integração social.[20]

Nesse sentido, ainda:

> Sob o ângulo das ciências humanas, as medidas socioeducativas vão constituir o tratamento tutelar. O tratamento tutelar define-se como uma ação socioeducativa empreendida junto à personalidade do menor, com o objetivo de modelá-la para alcançar a integração social e evitar a recidiva.[21]

Em virtude deste perfil, justificado com ao amparo da ideia de proteção integral, o fundamento da prescrição e de uma série de outras garantias penais, com a

---

[18] ROSA, Alexandre Morais da, 2007, p. 2.

[19] Ibid.

[20] LIBERATI, Wilson Donizeti, 1991, p. 55.

[21] ALBERGARIA, Jason, 1991, p. 121.

função garantidora da tipicidade, o princípio de intervenção mínima, as causas de exclusão da culpabilidade como a potencial consciência da ilicitude, a decadência, o perdão judicial, a renúncia ao direito de queixa, a representação como condição de procedibilidade, etc., resultam deslocadas da instância infracional. Como resultado, "o autismo da 'pretensão pedagógica' da medida socioeducativa produz vítimas, a todo momento".[22]

É neste ponto, em busca quiçá dos mesmos fundamentos e garantias, que cremos não ser possível partilhar – sem desconhecer o valor que algum ponto de vista possui – a constatação daqueles que entendem a partir do advento do Estatuto da Criança e do Adolescente, já ter havido uma verdadeira autonomia do Direito infracional.[23] Com efeito, não cremos que este marco legislativo represente, por si só, qualquer sorte de autonomia. Senão todo o contrário. Acreditamos, isso sim, que o Direito Infracional, como disciplina demanda ainda ser iniciado no Brasil e passa pela necessária transformação dos Juizados da Infância e Juventude do país.[24] A pretensão de estabelecer garantias a partir de um Direito infracional desprezando completamente a referência penal proposta de boa intenção por alguns,[25] resvala para o mesmo problema que as vertentes radicais abolicionistas penais, ou seja, para o âmbito de um sistema de controle social *que não contempla as garantias penais e que é muito mais intervencionista do que aquele.* Iconoclastia parnasiana nunca construiu soluções. A postura de insistir na aplicação das garantias penais não pode ser levianamente classificada de "deficiência criminológica",[26] salvo se pregue a suficiência dessas mesmas garantias. É, sem dúvida, necessário afirmar garantias no âmbito infracional para além das garantias penais. O que não é lógico, nem muito menos digno das posturas garantistas é voltar as costas às garantias penais no afã de – um dia, quem sabe – afirmar outras.

É preciso denunciar que persiste no Estatuto a utilização de categorias abertas, de cunho estigmatizante e intervencionista, como "situação irregular", "necessidade imperiosa da medida" e mesmo "proteção integral", as quais favorecem "a construção de um sistema paralelo, mais agudo que o sistema penal".[27]

Acreditamos, como entende a parcela mais cética – e não por isso menos crítica da doutrina, que as benesses que o Estatuto da Criança e do Adolescente

---

[22] ROSA, Alexandre Morais da, 2007, p. 5.

[23] Veja-se, neste sentido, por todas, a opinião de Alexandre Morais da Rosa, 2007, p. 5.

[24] Nesse sentido o reconhecimento de Alexandre Morais da Rosa, 2007, p. 6.

[25] Acreditamos ser utópico – ainda que nobre – pensar que "não se precisa aproximar tanto o Direito penal do Direito Infracional para que ele se torne garantista. Um Processo Infracional pode se construir de maneira autônoma porque significa o manejo do poder estatal, com repercussões nos Direitos Fundamentais do adolescente, mas nem por isso é Direito penal". ROSA, Alexandre Morais da, 2007, p. 13. Acreditamos que o Direito Infracional precisa de um ponto de partida em termos de garantias. A existência de um perfil marcadamente penal no que tange à forma de intervenção está a *exigir e não apenas recomendar* a aplicação das garantias penais. Isso sem prejuízo, obviamente, do acréscimo de um novo perfil especializante que adicione novas garantias.

[26] A observação crítica de Alexandre Morais da Rosa em ROSA, Alexandre Morais da. *Introdução crítica ao ato infracional*: princípios e Garantias Constitucionais, p. 9.

[27] SPOSATO, Karyna, 2006, p. 194.

trouxe no âmbito da matéria infracional são justamente "a incorporação do devido processo legal e dos princípios constitucionais como limites objetivos ao poder punitivo sobre jovens em conflito com a lei"[28] ou seja, "trata-se do direito penal juvenil, que se constrói a partir do Estatuto da Criança e do Adolescente".[29]

É curioso notar que um dos maiores ganhos para o adolescente infrator com o advento do Estatuto da Criança e do Adolescente, foi justamente o estabelecimento de um processo,[30] ou seja, a garantia da produção probatória em âmbito contraditório, em um verdadeiro processo penal! Ou seja, não há quem se atreva a medir diferenças essenciais entre uma representação e uma denúncia entre o formato da instrução de ato infracional e do rito sumário do processo penal, da remissão e da transação da Lei 9.099/95.

Entretanto, ainda que esta conquista seja um avanço significativo, "a resistência em reconhecer a natureza penal das medidas e do procedimento de sua imposição, faz que muitas garantias hoje consolidadas no campo do direito penal não sejam estendidas aos adolescentes".[31] É necessária, neste momento, "a construção de uma 'dogmática processual infracional garantista' como propugna Salo de Carvalho em relação ao Direito penal",[32] vale dizer, é nas garantias exigidas contra a intervenção discriminatória penal que se deve buscar o ponto de partida para a criação de um sistema de garantias na seara infracional.

Seria de perguntar por que existe garantia de produção probatória da existência de um fato, cujo enquadramento legal estampado na representação é buscado justamente na lei penal incriminadora, se ao final, as medidas aplicáveis serão fundamentadas, tão somente na necessidade de proteção do adolescente. Em que a existência ou não de fato típico e antijurídico altera a necessidade de educação e reinserção do adolescente? Se não altera em nada, porque submetê-lo ao processo? Se, ao contrário, for reconhecida a necessidade de existência de fato típico e antijurídico para a aplicação da medida, como negar que seu fundamento transcende a mera pretensão protetiva?

2.1.2. A distorção criminológica

Este paradoxo não se revela unicamente pela via de uma análise meramente processual ou mesmo dogmática, mas também criminológica. Refiro-me à cifra

---

[28] Nesse sentido, a relevante opinião de Karyna Sposato, não por acaso representante do ILANUD, em São Paulo durante largo período, expressada na obra SPOSATO, Karyna, p. 62.

[29] SPOSATO, Karyna, p. 62.

[30] No sentido da aplicação das garantias processuais aos adolescentes: CABRERA, Carlos Cabral; WAGNER JÚNIOR, Luiz Guilherme da Costa; FREITAS JÚNIOR, Roberto Mendes de. *Direitos da Criança, do Adolescente e do Idoso: doutrina e legislação*. Belo Horizonte: Del Rey, 2006, p.64; NOGUEIRA, Paulo Lúcio. *Estatuto da Criança e do Adolescente Comentado*, p. 135-6; PRADE, Péricles. *Direitos e Garantias Individuais da Criança e do Adolescente*. Florianópolis: Obra Jurídica, 1995, p. 49-54.

[31] SPOSATO, Karyna, p. 194.

[32] ROSA, Alexandre Morais da. *Introdução crítica ao ato infracional*: princípios e Garantias Constitucionais, p. 162.

negra. É de todos sabido que a criminalidade real é muitos números superior àquela registrada, e que a passagem pelas agências de controle social penal judicial e penitenciária não corresponde à realidade da prática delituosa. Hassemer e Muñoz Conde referem que "há um bom número de delitos e delinquentes que não chegam a ser descobertos ou condenados. É o que constitui a chamada cifra negra, ou zona obscura da criminalidade".[33] Não há razão para crer que entre os adolescentes os índices sejam completamente diferentes. Senão, todo o contrário. Isso porque, conforme já largamente demonstrado pela criminologia crítica, em sendo o crime uma criação humana, a eleição de condutas em um processo de criminalização, não se pode negar que o mesmo perfil se adote em outras dimensões do controle social. Assim também no âmbito infracional. Tanto é assim, que o que o Estatuto da Criança e do Adolescente faz é estabelecer uma relação direta entre intervenção estatal e a prática justamente daquelas condutas elencadas no catálogo penal. Assim, a "cifra negra" criminal se repete, nos mesmos padrões discriminatórios no âmbito infracional. É o que demonstra, justamente o estudo empírico realizado pelo ILANUD,[34] em São Paulo.

Os estudos desenvolvidos no Instituto demonstraram, por exemplo, a repetição, no âmbito da seara infracional, dos preconceitos arraigados no sistema penal, em face de certos grupos, como os negros, os moradores de rua, os moradores da periferia, preferencialmente do sexo masculino. É que a pesquisa evidenciou flagrante disparidade entre o perfil social daqueles que sofriam a intervenção da justiça da infância e do adolescente e aqueles que, de uma técnica de *self report crime*, admitiam ter praticado algum ato infracional. Daí que os dados oficiais que se reportam unicamente às estatísticas judiciais formam a imagem distorcida de que a atividade infracional corresponde à prática de tipos penais considerados graves. Em resumo: os dados estatísticos revelam que o perfil da justiça infracional – *baseada na proposta do Estatuto da Criança e do Adolescente* – obedece o mesmo perfil estigmatizante e discriminatório da instância penal.

De ser assim, é possível concluir que, de um lado, a instância penal não exerce efetivo controle social do intolerável, porque não alcança a realidade do crime, assim como a instância da infância e juventude não cumpre o seu papel reeducador e sociabilizante, já que não trabalha com índices reais de práticas de "atos infracionais".

E isso ainda não é o pior. É possível afirmar, com alguma segurança, que sequer a justificativa fundamental do afastamento entre o Direito penal e o Direito da Infância e Juventude foi alcançada. Ou seja, o objetivo de evitar a estigmati-

---

[33] HASSEMER, Winfried e MUÑOZ CONDE, Francisco, 2001, p. 137. No Brasil, veja-se THOMPSON, Augusto, 2007, p. 1-20.

[34] O ILANUD – Instituto Latino Americano das Nações Unidas para a Prevenção do Delito e tratamento do Delinquente – é um organismo técnico voltado à realização de pesquisa, produção de conhecimento e difusão de informações nas áreas da justiça criminal, prevenção e controle do crime, tratamento do delinquente e promoção dos Direitos Humanos, especialmente focado na questão da prática do ato infracional. A revista nº 22 do Instituto publicou interessante trabalho sociológico e estatístico relacionado ao tema do ato infracional.

zação e o etiquetamento não só não foram logrados como vimos foram sensivelmente piorados, já que os objetivos de socialização e educação não estão sendo atingidos.[35] Basta verificar entre os casais pretendentes a adoção, quantos estariam dispostos a receber uma criança ou adolescente infrator em suas famílias e quantas pessoas ao oferecer vagas de estágio de ensino médio optariam por um adolescente egresso de uma internação por prática de ato infracional.

Não é preciso grande esforço hermenêutico para perceber o quanto o estigma e o preconceito resistiram à retórica e à terminologia eufemística.[36] Além disso, houve um efeito colateral agravante: como o discurso visa a afastar a dimensão simbólica penal, a carga de controle social inserta no estatuto – certamente mais grave, em alguns casos,[37] do que o penal – não é percebida pela população em geral, que tem a falsa ideia de que "com menor não acontece nada". O efeito pernicioso disso é uma falsa sensação de inoperância do sistema infracional, que leva as pessoas a não acionarem os mecanismos de controle judiciais da infância e juventude, e procurarem elas mesmas por odiosas iniciativas de vingança privada.

Isso contribui por um lado para o incremento da cifra negra no âmbito infracional e, por outro, para um reforço do processo de estigmatização/etiquetamento, já que qualquer medida aplicada pela Vara da Infância e Juventude, sempre parecerá, aos olhos do leigo, insuficiente. Esse descrédito em relação à atuação das Varas da Infância e Juventude aumenta consideravelmente quando a comunidade tem conhecimento de um ato infracional cometido por adolescente, sabe que este é o estopim que deflagra um procedimento na Vara da Infância e Juventude. No entanto, não compreende o alcance do que deve ser a instância protetiva do adolescente e, esperando uma mera reação punitiva – já que a seus olhos, o ponto de partida da intervenção foi a existência de um delito – o vê livre, quando foi determinada em sentença a aplicação de medida socioeducativa diversa da internação.[38]

---

[35] "Na verdade, ainda que essas finalidades sejam próprias da internação, cujo objetivo deveria ser realmente a educação, preparação e encaminhamento do interno à vida exterior e social, as entidades de recolhimento têm padecido de várias falhas, o que impossibilita a educação ou recuperação de qualquer infrator que venha a ser internado.". NOGUEIRA, Paulo Lúcio, 1991, p. 163.

[36] "As ideologias de reeducação e substituição do conceito de pena pelo de medida de segurança permitiram, no mundo da infanto-adolescência, a criação de uma semântica ocultadora das consequências e sofrimentos reais, muitas vezes idênticos aos imperantes no mundo dos adultos.". GARCÍA MENDEZ, Emílio, 1991, p. 42.

[37] Em determinadas hipóteses, a penalidade prevista no estatuto pode ter consequências mais graves que as provenientes das consequências penais aplicáveis aos adultos. Pois bem, dada a imprecisão na aplicação das medidas socioeducativas pode-se aplicar uma penalidade mais gravosa a um adolescente que cometeu um ato infracional não tão grave do que outro adolescente que cometeu um mais grave. Outro ponto a ser destacado é que com o que deveria ser uma grande mudança decorrente do Estatuto não se vê na prática: o respeito das garantias processuais. Nesse caso, é possível mencionar que a ampla defesa em muitos casos não resta efetivada, já que ao adolescente não é garantido uma entrevista com o advogado ou em audiência não está acompanhado do mencionado profissional. O contraditório também se vê suprido, pois em função da socialização e educação decorrentes da doutrina da proteção integral, argumentos defensivos não são aceitos em prol de tais finalidades.

[38] D'AGOSTINI afirma que: "Os meios de comunicação de massa dão um caráter sensacionalista à questão da prática de atos infracionais por crianças e adolescentes gerando uma 'histeria social' que acaba legitimando no imaginário social uma resposta violenta aos adolescentes ou mesmo às crianças que venham a cometer uma infração legal, *'indo desde a redução da responsabilidade até a pena de morte'*" (D'AGOSTINI, Sandra Mári Córdova, 2006, p. 75).

Ou seja, uma mera substituição terminológica, sem mudança na essência, não conduz a evolução alguma. Nossa atuação na área infracional ainda é tímida, não ousa abandonar a instância penal, promover uma ruptura definitiva e, pior ainda, sequer se ocupa de – ao menos por ora – tratar de aplicar a dimensão limitadora do próprio direito penal. Na verdade, a imposição de medidas socioeducativas tem caráter seletivo e discriminatório, bem como um efeito simbólico de reprovação social, interferindo diretamente na esfera de liberdade dos adolescentes,[39] exatamente como funcionam o sistema penal. No entanto, as garantias e princípios limitadores não estão presentes.

Enfim, o Estatuto da Criança e do Adolescente preserva uma vertente interventora, mascara seu próprio caráter penal e recorta, apoiado em um discurso retórico, as mínimas garantias oferecidas pelo sistema criminal. Nesse sentido, afirma Karyna Sposato:

> O estudo da construção do direito da criança e do adolescente, da organização do sistema de justiça da infância e da juventude brasileira e da matéria pertinente à responsabilização de adolescentes autores de ato infracional no Estatuto da Criança e do Adolescente apontam para a existência de um direito penal juvenil brasileiro. Desde as primeiras disposições pelos Códigos Penais retribucionistas, passando pelas legislações de menores, até a entrada em vigor da Lei 8.069/1990, conhecida como Estatuto da Criança e do Adolescente, a disciplina sobre o exercício do poder punitivo do Estado diante do cometimento de delitos por menores de 18 anos *tem-se utilizado de conceitos neutralizadores de sua natureza penal, garantindo, no entanto, maior controle. A discricionariedade, característica marcante historicamente do funcionamento da justiça da infância e juventude em nosso país, especialmente no que tange à atribuição da autoria de atos infracionais aos adolescentes e consequente imposição de medidas socioeducativas, revela um sistema altamente arbitrário e totalizante, em nome de suposta "proteção"*.[40]

Por isso, sem perder de vista a necessidade de afirmação de um direito infracional de futuro completamente descolado da instância penal, resulta imprescindível a afirmação, agora, ao menos das garantias penais contra o desbordo do estado de coisas, deixando de lado a hipocrisia e reconhecendo que o que vivemos legislativamente e na instância forense é um "Direito penal do menor" ou "Direito penal juvenil". O reconhecimento disso serve para afirmar garantias mínimas e não tem porque inviabilizar o avanço para um modelo independente e próprio de tratativa do tema. É necessário romper com a fraude de etiquetas para afirmar garantias.

> A desmitificação dessa realidade punitiva tem como consequência, de um lado, o reconhecimento para os adolescentes de garantias e princípios essenciais ao Estado democrático e social e direito, presentes na aplicação do chamado direito penal de adultos e, de outro, a consolidação de princípios especiais, constitucionalmente previstos.[41]

É muito importante, contudo, ressaltar que com isso não se pretende confirmar uma estigmatização que pré-existe, mas sim emprestar ao âmbito da apuração

---

[39] SPOSATO, Karyna, p. 193.

[40] Ibid.

[41] Ibid.

61

de ato infracional, todas as garantias que são hoje em dia aplicáveis ao Direito Penal e ao Processo Penal.[42]

Aliás, como antes aventado, é justamente a garantia do processo penal – que é parte do sistema penal como um todo – um dos logros mais importantes do Estatuto da Criança e do Adolescente na superação do nefasto Código de Menores.

Pois bem. Hoje em dia é voz corrente na seara penal que o conceito de ciência penal ou de Direito penal em sentido amplo abrange também o Processo Penal. Ambos hão de ser instâncias garantidoras. Institutos como o princípio de inocência, o princípio de culpabilidade, o princípio de legalidade, o princípio de intervenção mínima e as causas extintivas de punibilidade são absolutamente compartilhados pelo Direito Penal e o Processo Penal. Deste modo, ao defender o reconhecimento das garantias penais para o adolescente infrator, fazemo-lo pela via da conexão inquestionável do processo penal. E justamente incorporando esta perspectiva, o Superior Tribunal de Justiça Brasileiro editou recentemente a Súmula 338, a qual admite a aplicação da prescrição às medidas socioeducativas.[43]

Obviamente, o avanço das garantias na seara infracional não há de parar por aí, ou seja, não deve limitar-se à importação pura e simples do modelo penal. Até porque, esta sim seria uma postura altamente criticável. O modelo deve avançar. Este avanço, a nosso sentir, ronda uma questão essencial e de fundo: a necessidade de dissociação da hermenêutica do modelo de proteção integral no âmbito infracional da ideia de prevenção especial. Ou seja, a necessidade de abandono do modelo pedagógico.

2.2. PRINCÍPIO DE PROTEÇÃO INTEGRAL E SUA DESVINCULAÇÃO DA PERSPECTIVA DE PREVENÇÃO ESPECIAL

Há uma crítica fundamental em que coincidimos com a perspectiva mais lúcida dos críticos de uma aproximação do Direito Infracional das garantias penais,[44] é o fato inarredável de que o perfil antigarantista do modelo de controle social infracional reside na postura pedagógica, na ideia de associação entre prevenção especial e proteção integral. Na verdade, somente um perfil democrático que não guarde pretensão de moldar o adolescente infrator, que o respeite enquanto afirmação de sua individualidade, pode pretender ter alguma legitimidade.

Importa destacar que o princípio de proteção integral diz respeito à necessidade de filtrar os conteúdos de regras (normas) à criança e ao adolescente segundo uma perspectiva mais benéfica possível para crianças e adolescentes, especialmente no que se refere a situações conflituosas. Isso não quer dizer que, quando se

---

[42] Partilhamos, pois, a pretensão de que um elenco de garantias penais e processuais penais tão amplo quanto aquele apresentado em ROSA, Alexandre Morais da, 2007, p. 163-8 seja implantado no âmbito infracional.

[43] Súmula 338 do STJ: "A prescrição penal é aplicável nas medidas socioeducativas.".

[44] Referimo-nos a ROSA, Alexandre Morais da, 2007, p. 14.

trata de aplicação de medidas socioeducativas, estas devam ser aplicadas segundo uma dinâmica de prevenção especial, em sentido curativo.

Aliás, esta é justamente uma perspectiva ultrapassada[45] associada à doutrina da situação irregular, oriunda de Platão e acolhida mais tarde por São Tomás de Aquino, baseada na ideia de livre-arbítrio e que a sanção deve ser uma *poena medicinalis*, ou seja, o Estado não deve apenas castigar o delinquente, mas sim constrangê-lo a tornar-se bom.[46]

Esta ideia de pena pedagógica, totalmente acolhida pelo modelo infracional pedagógico estava no pensamento de Thomas More, Giambattista Vico, Hobbes, Grotius, Pufendorf Thomasius e Bentham[47] e acaba formando a escola correcionalista Alemã, através de Karl David August Röder, que "considera o delinquente um ser incapaz de fazer bom uso de sua liberdade exterior. Por isso deve ser educado e emendado moralmente, para que recobre esta capacidade".[48] Assim também derivou do mesmo pensamento a escola correcionalista espanhola com Francisco Giner de los Rios, Luís Silvela, Concepción Arenal e principalmente Pedro Dorado Montero, que propunha um "direito de proteção dos criminosos".[49] O que se propunha era o abandono da ideia de castigo aos delinquentes para a adoção simplesmente de medidas de proteção tutelar.[50]

Esta lógica da tutela em matéria criminal foi justamente o modelo adotado pelas primeiras legislações que cuidaram dos delitos praticados por adolescentes no Brasil. Tratava-se de perspectivas "fundadas na lógica da mera imputação criminal, ou na lógica da tutela, sempre com vistas a coibir a criminalidade infanto-juvenil".[51] "A Doutrina da Situação Irregular foi inaugurada no ano de 1927, com o Código Mello Matos, sendo também adotada pela Lei 6.697/79, o chamado Código de Menores".[52]

A adoção de uma perspectiva correcional fez com que estivessem justificadas todas as intervenções praticadas em relação às crianças e aos adolescentes, ainda que, para tanto, se estivesse cerceando direitos e garantias fundamentais. Desde modo, "como as medidas eram consideradas benéficas, ou seja, uma oportunidade dada ao jovem de reeducar-se, afastavam-se de sua aplicação quaisquer garantias, utilizando-se o jovem como mero instrumento da vontade Estatal".[53] O ato ilícito aplicado não era considerado um fato delitivo isolado que merecia resposta proporcional e a ele vinculada, mas sim um sintoma de falta de adaptação

---

[45] ARAÚJO, Fernanda Carolina de, 2008, p. 13.

[46] FALCÓN Y TELLA, María José; FALCÓN Y TELLA, Fernando, 2005, p. 195.

[47] Id., p. 196.

[48] Ibid.

[49] Id., p. 196-7.

[50] Id., p. 197.

[51] SPOSATO, Karyna, 2006, p. 26.

[52] Nesse sentido ARAÚJO, Fernanda Carolina de, 2008, p. 13.

[53] ARAÚJO, Fernanda Carolina de, 2008, p. 13.

social, apto a justificar uma intervenção sem limites de proporção nem quanto ao tempo, nem quanto à intensidade.

Com projeto do novo Estatuto da Criança e do Adolescente, a proposta de proteção integral deveria se contrapor frontalmente ao modelo incriminatório, reconhecendo crianças e adolescentes como sujeitos de direitos, titulares de garantias positivas.[54] O Estatuto da Criança e do Adolescente deveria, portanto, ser interpretado sistematicamente, de modo a atingir o modelo infracional. Ou seja, a parte do Direito da Infância e Juventude que cuida do ato infracional deveria considerar este ato "como fato social, para além dos marcos estreitos da lei e do direito penal".

Não é isso que se fez e se faz, nem no âmbito da criminalização primária, nem no âmbito da criminalização secundária. Do ponto de vista da criminalização primária, o Estatuto continua se servindo do catálogo penal para contrapor a interposição de medidas socioeducativas e utiliza uma contraposição processual equivalente ao processo penal. No ponto de vista da criminalização secundária, a postura forense continua herdeira de um modelo correcionalista baseado no "bom-senso" didático do "Juiz de Menores".

Obviamente, esta realidade interventiva desmedida não representa senão uma contraposição para com a ideia de prevenção integral, e não seu corolário.

De modo contrário, a perspectiva penal que arranca do pós-guerra em todas as democracias ocidentais, a ideia primordial de valoração de direitos humanos converte-se em filtro hermenêutico penal, que fica ainda mais evidente a partir da ideia de Roxin[55] de aproximação entre a política criminal e a dogmática, visando a correção das distorções legislativas, tudo com o fito de afirmar as garantias fundamentais no âmbito criminal.

Assim, não é admissível que as garantias já oferecidas e afirmadas no âmbito penal não transcendam ao modelo infracional sob o pretexto de gerar estigmatização e sob o argumento de incompatibilidade entre a ideia de proteção integral e o oferecimento das garantias derivadas do sistema penal democraticamente concebido. Isso porque, como visto, a estigmatização existe à margem do sistema penal e mesmo sem aproximação dele e o sistema infracional, no modo como é concebido emprega boa parte da carga seletiva e discriminatória do sistema penal, sem levar consigo um mínimo de garantias.

O rompimento ditado pelos tratados internacionais[56] e pela própria Constituição Federal,[57] plasmado finalmente no Estatuto da Criança e do Adolescente[58]

---

[54] SPOSATO, Karyna, p. 49.

[55] Veja-se ROXIN, Claus, 2002.

[56] Referimo-nos, aqui, à Convenção sobre os Direitos da Criança, Diretrizes de Riad para a Prevenção da Delinquência Juvenil, Regras das Nações Unidas para os Menores Privados de Liberdade e Regras de Beijing ou Regras Mínimas das Nações Unidas para a Administração da Justiça de Menores. ARAÚJO, Fernanda Carolina de, 2008, p. 14.

[57] Art. 227.

[58] Lei Federal 8.069 de 13 de julho de 1990.

não é uma rasa negativa da dimensão penal, senão um caminhar na direção daquele âmbito e que, por errado, deve, do mesmo modo que o sistema penal, ser contraposto às garantias fundamentais até que se possa afastar definitivamente qualquer relação com este e afirmar sua superação por um modelo menos intervencionista.

É claro que não se há de exigir dos menores o mesmo nível de responsabilidade penal, nem mesmo uma idêntica resposta de parte do Estado, mas sim a adoção de uma relação limitada para com o ato infracional e principalmente de transposição de garantias penais para as medidas socioeducativas como medida de emergência, como paliativo para o que acontece agora. Isso não significa o abandono de prosseguir na senda afirmativa de superação do modelo penal. Tal recomendação é dirigida também ao próprio sistema penal, posto que a história do Direito penal – malgrado sobressaltos e passos atrás – foi e há de ser a história progressiva da sua saída de cena.

Assim, é preciso reconhecer que "negar o caráter repressor das reprimendas destinadas aos jovens e fazê-lo significa regredir a um período no qual a autonomia das crianças e adolescentes foi suprimida e negligenciada".[59] É fundamental a adoção de uma perspectiva garantista, que vise afastar do cotidiano do adolescente infrator um modelo tutelar que se traduz literalmente em um Direito penal do autor,[60] posto que igualmente às penas, as medidas socioeducativas não podem ser fundamentadas em algo que, em realidade, não é mais do que uma faceta dos seus efeitos. Vale dizer, é necessário afastar a ideia de ressocialização ou reeducação, enfim, a proposta *pedagógica*, posto que esta, ainda que se produza, não é mais do que um efeito, não necessariamente (inclusive raramente) ocorrente, e como tal, não tem o condão de servir como fundamento justificador de algo.[61]

A atividade de controle social referida a ato infracional há de obedecer à ideia de intervenção mínima, ou de controle social reservado apenas para o intolerável. Sendo assim, as garantias penais que impedem que uma acusação tenha transcendência para além dos limites do tempo tem também aplicabilidade à situação de ato infracional.

3. A prescrição em ato infracional

E aí se chega ao pano de fundo do presente escrito: a afirmação da transmissão à seara infracional, dos direitos e garantias penais, entre eles a da prescrição.

---

[59] ARAÚJO, Fernanda Carolina de, 2008, p. 14.

[60] Ibid.

[61] Nesse sentido, refere Fernanda Araújo ser "evidente que se da reprimenda surge algum benefício para o adolescente isso é apenas um valor agregado à sanção e não mais seu fundamento ou justificação, tal qual ocorria no modelo anterior". ARAÚJO, Fernanda Carolina de, 2008, p. 14. No que tange às penas, a identificação da prevenção especial como um mero efeito e não como fundamento veja-se, em detalhes, BUSATO, Paulo César; MONTES HUAPAYA, Sandro, 2007, p. 205 e seguintes.

O reconhecimento do caráter marcantemente penal do sistema infracional requer, em sentido emergencial, o controle de um sistema de garantias. Nesse sentido:

> O não reconhecimento da prescrição, a cumulação de medidas, a falta de proporção e humanidade das sanções, e a ausência de indícios suficientes de autoria e materialidade são exemplos cotidianos no nosso sistema. Sem mencionar a brutalidade da execução das medidas socioeducativas, cujo conteúdo pedagógico é sistematicamente vilipendiado pela violência das instituições. Portanto, esta é nossa primeira e mais desafiante tentativa: destacar que no texto da Lei 8.069/90 encontram-se disposições penais e sanções que, aplicadas, produzem os mesmos efeitos das penas. Daí a necessidade de introduzir, na aplicação das regras e princípios que norteiam a imposição das medidas socioeducativas, critérios de política criminal, e sobretudo construir bases científicas mais sólidas sobre a matéria. Assim como o ato infracional é crime, a medida socioeducativa é sanção jurídico-penal. Resta, portanto, fazer valer também para os adolescentes brasileiros as regras democráticas do devido processo legal.[62]

Nossa pretensão hermenêutica, em razão dos argumentos acima transcritos, de reconhecimento do caráter penal da interferência das Varas da Infância e Juventude, em casos de atos infracionais, conduz inarredavelmente ao reconhecimento da prescrição em tais situações. É que o controle social exercido através das medidas socioeducativas não pode ser perpétuo, posto que perde qualquer sentido e fundamento. As ideias de prevenção e socialização – pretensões tão somente discursivas – se perdem. De outro lado, a afirmação de um controle social subordinado a regras de garantia, igualmente se dilui diante da passagem do tempo, pela própria acomodação social.

Em resumo: a passagem do tempo esgota o sentido da medida socioeducativa quer se considere de um ponto de vista da proposição retórica do Estatuto, quer se considere diante da realidade intervencionista e estigmatizante efetivamente produzida. Ou seja, mesmo os arautos da pretensão pedagógica ou os arautos do modelo de lei e ordem não têm argumentos lógicos para perseguir a não aplicação da prescrição ao Direito infracional.

Resta apenas o vazio discurso das etiquetas. A crítica cabível se reduz a negativa meramente retórica e totalmente cega da nocividade da aplicação de garantias penais ao Direito infracional. Se isso não pode ser negado, por constituir garantias, chega-se ao impasse.

Se considerarmos que as garantias processuais e penais devem ser aplicadas no âmbito do Direito infracional, não podemos afastar a extinção da punibilidade pela via da prescrição. Inadmissível pretender eternizar um direito de intervenção estatal, afirmando-se que aos adolescentes infratores não se aplicam penas determinadas, mas sim medidas que visam sua recuperação ou socialização, graças ao discurso fundado na proteção integral.

A súmula é, portanto, bem-vinda, lúcida e apropriada. Mas apenas um pequeno passo da longa estrada a ser percorrida para a afirmação da identidade do menor enquanto sujeito. O que não se pode negar é que este passo dado é um passo adiante!

---

[62] SPOSATO, Karyna, p. 194-5.

Bibliografia

ALBERGARIA, Jason. *Comentários ao Estatuto da Criança e do Adolescente*. Rio de Janeiro: Aide Editor, 1991.

ANDRADE, Vera Regina Pereira de. *Sistema Penal Máximo x Cidadania Mínima*: códigos da violência na era da globalização. Porto Alegre: Livraria do Advogado, 2003.

ARAÚJO, Fernanda Carolina de. "Análise histórica acerca das finalidades das medias socioeducativas." *In Boletim do IBCCrim*, ano 15, n° 185, abril de 2008. São Paulo: IBCCrim, 2008.

BARATTA, Alessandro. *Criminologia Crítica e Crítica do Direito Penal*: introdução à sociologia do Direito Penal. 3ª ed. Trad. Juarez Cirino dos Santos. Rio de Janeiro: Editora Revan, ICC, 2002.

BITENCOURT, Cezar Roberto. *Tratado de Direito Penal*: parte geral, vol. I. 11ª ed. São Paulo: Saraiva, 2007.

BUSATO, Paulo César e MONTES HUAPAYA, Sandro. *Introdução ao Direito penal. Fundamentos para um sistema penal democrático*. 2ª ed., Rio de Janeiro: Lumen Juris, 2007.

CABRERA, Carlos Cabral; WAGNER JÚNIOR, Luiz Guilherme da Costa; FREITAS JÚNIOR, Roberto Mendes de. *Direitos da Criança, do Adolescente e do Idoso*: doutrina e legislação. Belo Horizonte: Del Rey, 2006.

D'AGOSTINI, Sandra Mári Córdova. *Adolescentes em Conflito com a Lei ... e a Realidade*. 4ª ed. Curitiba: Juruá, 2006.

FALCÓN Y TELLA, María José e FALCÓN Y TELLA, Fernando. *Fundamento y finalidad de la sanción*: ¿un derecho a castigar? Madrid/Barcelona: Marcial Pons, 2005.

FERRARI, Eduardo Reale. *Prescrição da ação penal*. São Paulo: Saraiva, 1998.

GARCÍA MENDEZ, Emílio. *Liberdade, Respeito, Dignidade*: notas sobre a condição sócio-jurídica da infância-adolescência na América Latina. CBIA: Brasília, 1991.

HASSEMER, Winfried e MUÑOZ CONDE, Francisco. *Introducción a la Criminologia*. Valencia: Tirant lo Blanch, 2001.

LIBERATI, Wilson Donizeti. *O Estatuto da Criança e do Adolescente*: comentários. Rio de Janeiro: Marques Saraiva, 1991.

MIR PUIG, Santiago. *Derecho penal*. Parte General. 5ª ed., Barcelona: Reppertor, 1998.

NOGUEIRA, Paulo Lúcio. *Estatuto da Criança e do Adolescente Comentado*. São Paulo: Saraiva, 1991.

ORTS BERENGUER, Enrique e GONZÁLES CUSSAC, Jose Luiz. *Compendio de Derecho Penal*. Valencia: Tirant lo Blanch, 2004.

PRADE, Péricles. Direitos e Garantias Individuais da Criança e do Adolescente. Florianópolis: Obra Jurídica, 1995.

RADBRUCH, Gustav. *Filosofia do Direito*. Trad. de Cabral de Moncada, Coimbra: Armênio Amado Editor, 1979.

ROSA, Alexandre Morais da. *Introdução crítica ao ato infracional*: princípios e Garantias Constitucionais. Rio de Janeiro: Lumen Juris, 2007.

ROXIN, Claus. *Política criminal y sistema del derecho penal*. 2ª ed., tradução de Francisco Muñoz Conde Buenos Aires: Hammurabi, 2002.

SANTOS, Juarez Cirino dos. *Direito penal*. Parte Geral. 2ª ed., Rio de Janeiro/Curitiba: Lumen Juris/ICPC, 2007.

SPOSATO, Karyna. *O Direito penal juvenil*. São Paulo: Revista dos Tribunais, 2006.

THOMPSON, Augusto. *Quem são os criminosos? Crime e criminosos*: entres políticos. Rio de Janeiro: Lumen Juris, 2007.

Tema IV

A decisão no "caso Ustra" que reconheceu o crime de ocultação de cadáver como delito instantâneo para fins de prescrição: houve uma resposta judicial adequada?

Carlos Eduardo Scheid

Marcelo A. R. Lemos

1. Notas introdutórias sobre o nosso tempo vivido: a época da crise da motivação nas decisões judiciais

Inicialmente, mostra-se crucial observar que o reconhecimento da prescrição no "caso Ustra" se encontra dentro de um debate jurídico-penal que revela a crise nas motivações judiciais, na medida em que se discute a possibilidade de mais de uma resposta judicial – vale indicar: ou se trata de delito instantâneo (com efeitos permanentes), ou se cuida de crime permanente. Essa (suposta) dualidade de soluções projeta consequências diversas sob o enfoque da prescrição. Pela primeira, haveria a extinção da punibilidade já na década de 70, conforme a conclusão da decisão judicial. Pela segunda, enquanto o corpo seguisse oculto, não se poderia cogitar em prescrição, como sustenta a Acusação Pública. Na base disso, seria ingenuidade demasiada não crer que essa diversidade se encorpa, na nossa quadra atual da história, também em virtude de acontecimentos políticos e jurídicos que procuram encampar uma transparência sobre os crimes cometidos na época da ditadura militar brasileira. Sendo assim, há um levante em prol de punições a fatos passados em linha exata de colisão com a estrutura principiológica do Direito Penal. Inviável negar-se que essas forças, de certa forma, acabam tencionando o Poder Judiciário, para pendê-lo ora para um lado, ora para o outro, dando vazão à discricionariedade judicial.

Dentro desse prisma, importa analisar o motivo pelo qual, hodiernamente, se debate (e, inclusive) se aceita múltiplas respostas para um caso sob o crivo jurisdicional. Em certo sentido, parte disso tem origem no pensamento iluminista, o qual, na tentativa de tornar o Direito uma ciência exata (como a matemática), mitigou a capacidade reflexiva do juiz, fazendo-o "esquecer do caso em si", para, uma vez preso na metafísica dos conceitos dogmáticos, aventar à situação fática mais de uma solução jurídica (discricionariedade).

69

É impossível negar a importância do Iluminismo como lapso da racionalização permissiva da criação de um Direito Penal mais humanitário, porquanto a base principiológica do moderno Direito Penal encontra seu gérmen nesse período. Com efeito, pode-se perceber que, paulatinamente, a razão burguesa – amparada no cientificismo das ciências exatas e na ideia de um individualismo extremado – foi ganhando espaço na estrutura da sociedade, projetando-se, inclusive e sobremaneira, ao Direito Penal. No campo da incriminação dos comportamentos, passou-se (em especial a partir de Beccaria) a adotar tipos taxativos, que, ao menos em tese, seriam despidos de qualquer aspecto moral ou religioso. Também as punições foram contaminadas pela racionalidade, contendo traços de proporcionalidade e de humanidade, por meio da abolição de sanções cruéis. À evidência, esses aspectos colocaram-se como um grande salto evolutivo no campo do Direito Penal. São inegáveis os seus benefícios, pois muitos conceitos modernos foram sistematizados nesse período, como, por exemplo, os princípios da legalidade e da proporcionalidade das penalidades.

À luz disso, as reformas trazidas pela Ilustração, no campo do Direito Penal, visaram a criar uma relação entre o poder punitivo e o direito de resistência, equilibrando-a com filtros de proteção (garantias), de sorte a ter o acusado voz ativa e influente, no processo referente ao delito que lhe acusam, ostentando, assim, a condição de sujeito e não mais aquela de objeto. Contudo, não se pode perder de vista o (relevante) dado de que as teorizações do racionalismo e do Iluminismo não acarretaram, apenas, benéficos corolários ao Direito Penal, como crê o imaginário coletivo dos juristas dessa área. Nessa perspectiva, denota-se que parte significativa da (atual) crise derivada da insuficiência de motivação das decisões penais pode ser debitada à sua conta.

Veja-se que se encampou um ideal de (extrema) legalidade (secular e laicizada), ao ponto de ser vedada aos juízes a interpretação da lei – e, de igual forma, a própria leitura dos fatos encontrados à base das causas postas em julgamento. É crucial lembrarmos, aqui, que o Iluminismo não trouxe a garantia da motivação das decisões judiciais; em verdade, o juiz era "a boca da lei", o que bem demonstrava seu mero papel de servir como instrumento da efetividade da vontade geral. Em grande medida, isso estiolou a retórica, tentando passar a impressão de que os juízes, por serem meros aplicadores da lei, seriam neutros, e o Direito (Penal), de quebra, uma instituição capaz de gerar, por si só, segurança social e jurídica. Nesse lanço, o próprio sistema acusatório, em sua sistematização original, delegou para segundo plano o dever de motivar as decisões judiciais.[1]

---

[1] Veja-se, nesse sentido, por exemplo, que, ainda hoje, o cerne da discussão entre os sistemas acusatório e inquisitivo se ampara na questão do poder de gestão da prova, nada se dizendo sobre a importância da motivação das decisões. Por todos, leia-se PACELLI, o qual assim evidencia as principais características desses modelos: "a) no sistema acusatório, além de se atribuírem a órgãos diferentes as funções de acusação (e investigação) e de julgamento, o processo, rigorosamente falando, somente teria início com o oferecimento da acusação; b) já no sistema inquisitório, como o juiz atua também na fase de investigação, o processo se iniciaria com a *notitia criminis*, seguindo-se a investigação, acusação e julgamento" (PACELLI, Eugênio, 2012. p. 10).

Anote-se, de outro giro, que não se apresenta correto acreditar que o Direito Penal tenha sofrido, com o Iluminismo, uma separação brutal em relação a aspectos religiosos. Pode-se perceber, em realidade, que os burgueses eram, em sua maioria, protestantes, com o que visos religiosos foram codificados na legislação penal. Principalmente ao se proporcionar assaz importância aos crimes contra o patrimônio, herança que hoje presenciamos no nosso próprio Código Penal, tendo em vista que esses delitos possuem pena mais elevada que alguns dos ilícitos contra a integridade física, por exemplo. É que, ao contrário dos católicos (os quais pregavam uma classe de estamentos), os protestantes tinham a perspectiva (bem capitalista, aliás) de ascensão econômica por intermédio do trabalho, o que fez, por certo, despertar o interesse na proteção dos bens materiais de ordem individual.

Ademais, com a teoria do bem jurídico-penal, cuja criação é de natureza liberal/burguesa, codificaram-se punições levando-se em linha de conta apenas interesses particulares, bem representando o individualismo (exacerbado) do pensamento iluminista. Nisso reside, entre outros, o motivo pelo qual (ainda hoje) se coloca difícil projetar uma resposta adequada aos delitos de natureza coletiva, como, apenas para citar, a sonegação fiscal, a evasão de divisas e a lavagem de dinheiro. Afirma-se que o Direito Penal moderno não se desenvolveu a partir dessa base coletivista, sendo, desse modo, defeso o seu ingresso agora nesse território, sob pena de inversão de todo o conjunto de ideias que o conceberam. Há, nitidamente, o mergulho na concepção liberal de um Estado mínimo para se sustentar essa conspícua linha de pensamento.

Relevante destacar-se o uso do Direito (liberal-burguês) para o desenvolvimento da economia. Isso porque seria impossível conceber o desenvolvimento econômico extraordinário, na formação do moderno Estado Industrial, sem que existisse uma jurisdição segura e previsível, em que fossem afastadas as oscilações e os subjetivismos derivados de uma livre criação jurisprudencial do Direito.[2] Assim, o Direito Penal foi direcionado à proteção de interesses burgueses. Com a criação da teoria do bem jurídico-penal de caráter individual, projetaram-se as censuras, em grande escala, no caminho de punir crimes contra o patrimônio, assegurando o desenvolvimento e o enriquecimento dessa nova classe social, a burguesia. Serviu o Direito Penal para separar e controlar as classes sociais faltas de propriedade (e isso no sentido de Locke, bens materiais e trabalho), sendo um instrumento importante de controle social. O Estado liberal-burguês não desenvolvia o crescimento social uniforme da sociedade, e, por meio de um Direito Penal direcionado aos pobres, fortalecia a divisão entre aqueles que possuem bens (ou capacidade de compra) dos outros carentes das necessidades básicas e que, de alguma forma, se insurgiam contra o sistema.

A par desse quadro, é de rigor se repensar o Direito Penal, colocando-o à luz da nossa realidade prática, e isso influenciou, sobremaneira, a forma pela qual

---

[2] SILVA, Ovídio A. Baptista da, 2007, p. 91.

são construídas as decisões judiciais. Tirá-lo do dogmatismo[3] e do individualismo (gerador de respostas descompassadas com o modelo atual de Estado, assim como ponto de apoio do juiz solipsista), como se o homem vivesse sozinho em sociedade e os manuais jurídicos pudessem solucionar todos os problemas do mundo. Dentro dessa linha, cabe demonstrar que tanto bens jurídicos individuais como os coletivos merecem, em nossa sociedade, a devida proteção penal. Ainda que, na busca por esse implemento, sejam respeitadas as garantias individuais dos investigados em sede policial e dos acusados em juízo, tudo a partir da (importante conquista humana) do devido processo legal,[4] assim como o (de igual sorte relevante) ideal liberal da proporcionalidade das penas. Tem-se como certo que realizar um balanço entre o poder punitivo e as garantias constitucionais certamente representa um grau elevado de civilidade de um povo, sendo essencial que a decisão judicial seja reavaliada, passando a espelhar uma resposta a partir de princípios. Por isso, a questão é saber como o juiz criminal, no ato de decidir (ou seja: no da síntese hermenêutica da aplicação, como no "caso Ustra"), irá equilibrar esses dois fatores (individual e coletivo), pois sua resposta não terá apenas um caráter interno ao processo (em especial na hipótese em exame, pois se trata de fato inerente à época da ditadura militar, estando, assim, exposto à mídia e, de quebra, à sociedade, as quais debatem e avaliam a decisão).

---

[3] Não se discute, aqui, a importância de conceitos dogmáticos para o estudo e para o desenvolvimento do Direito (Penal e Processual Penal). Afinal de contas, eles são indispensáveis quando se vai, por exemplo, enfrentar temas difíceis, como os elementos típicos de diversos delitos (penal) e todas as hipóteses de determinação da competência criminal (processo penal). O enfoque da crítica, em realidade, direciona-se àquela dogmática exemplificativa de situações da vida distantes da realidade, ou seja, àquela que descreve Tícios e Mévios em situações longínquas da complexidade do nosso mundo atual, como se estado de necessidade só houvesse em uma briga de náufragos pela tábua da salvação. Ademais, àquelas que apenas colacionam verbetes jurisprudenciais descontextualizados, os quais, depois, ainda mais descontextualizados (porque colacionados do "manual" sem o estudo do caso que os originou, são lançados com razões de fundamentações em diversas decisões judiciais). Em síntese, àquela metodológica e metafísica que reduz a capacidade de reflexão do intérprete, conseguindo, ademais, esconder sua real finalidade, que é a manutenção de uma ordem valorativa pré-existente. Entende-se que WARAT a indica satisfatoriamente, quando afirma: "O que se entende por dogmática jurídica? Aproximando-nos do uso mais generalizado, diríamos que é a atividade que tem a pretensão de estudar, sem emitir juízos de valor, o direito positivo vigente. É a pretensão de elaborar uma teoria sistemática do direito positivo. A atitude científica do Direito estaria na aceitação inquestionada do direito positivo vigente... A dogmática é uma atividade que não só acredita produzir um conhecimento neutralizado ideologicamente, mas também desvinculado de toda a preocupação seja de ordem sociológica, antropológica, econômica ou política. Por outro lado, os dogmáticos se desinteressaram, quase que completamente, pela construção de uma teoria geral que lhes servisse de suporte... Desta forma, as teorias jurídicas adquirem o "status" de uma racionalização ideológica através da qual se explicitam as duas funções básicas da ideologia: o controle social e a reconstrução cognoscitiva. Para cumprir com estas funções, o dogmático do Direito constrói um discurso aparentemente científico, mas que, no fundo, está prenhe de categorias pseudo-explicativas, que encobrem a cosmologia valorativa com a qual se pretende, no fundo, a reprodução da ordem social. Com seu trabalho, a dogmática consegue, para o Direito, que o valor retórico adquira uma aparência analítica e o interesse uma aparência de legalidade". WARAT, Luis Alberto, 2002, p. 41-2.

[4] Vale destacar-se que os consectários do *due process of law* se configuram no "devido processo penal" (TUCCI, Rogério Lauria; CRUZ E TUCCI, José Rogério, 1993, p. 19), segundo o qual se estabelece, constitucionalmente, que nenhum cidadão pode ser privado de sua liberdade sem a observância destas específicas garantias: "a) de acesso à Justiça Penal; b) do juiz natural em matéria penal; c) de tratamento paritário dos sujeitos parciais do processo penal; d) da plenitude de defesa do indiciado, acusado ou condenado, com todos os meios e recursos a ela inerentes; e) da publicidade dos atos processuais penais; f) da motivação dos atos decisórios penais; e g) da fixação de prazo razoável de duração do processo penal" (TUCCI, Rogério Lauria; CRUZ E TUCCI, José Rogério, p. 19).

Com o advento do Estado Democrático (e Social) de Direito, a dimensão política da motivação ganha particular relevo. Em um estágio de plena tensão (pelo decisionismo ainda reinante e pela expansão do Direito Penal), as observações (das partes e da sociedade) estão voltadas ao papel do juiz, que terá de dar uma resposta adequada (como, logo mais, se analisará no "caso Ustra"). Em uma análise bem detida da situação, nota-se que, em realidade, o Poder Judiciário, na esfera do Direito Penal, está no centro das atenções.

Dessa arte, é de todo o indispensável proceder a uma releitura do princípio acusatório, readequando-o às exigências do Estado Democrático (e Social) de Direito, a fim de que ele possa ser a base de uma decisão judicial adequada. Inviável coloca-se admitir, hodiernamente, um sistema acusatório que não coloque, como fundamento primordial, o dever de motivar as decisões judiciais (o qual foi esquecido pelo Iluminismo, quando combateu o modelo inquisitivo), porque a motivação se apresenta como uma "garantia das garantias". Através dela, portanto, as demais irão se manifestar, sendo possível de se perceber (aqui, em uma análise tanto das partes e como da sociedade) se o magistrado observou as garantias constitucionais processuais quando da sua decisão. Em se tratando, assim, da resposta adequada de uma teoria para uma decisão de princípios, imperioso convir-se que o Estado Democrático (e Social) de Direito impõe essa modificação. Dentro dessa concepção de Estado, a resposta adequada deverá ser conteudística (no que tange à análise da prova), embasada em princípios e produzida no seio do sistema acusatório, no qual a motivação tenha importância salutar, sendo vista como a síntese hermenêutica da aplicação com nítido caráter produtivo e de desvelamento do caso com suas particularidades (não reprodutivo e objetificante).

Imperioso admitir-se que os ideais de segurança e previsibilidade (que marcaram a consolidação do positivismo jurídico) construíram um mundo jurídico afastado da realidade fática, possibilitando múltiplas respostas (veja-se, nesse sentido, que o "caso Ustra" teria duas: ou é crime instantâneo com efeitos permanentes ou permanente). O Iluminismo pretendia equiparar o Direito a uma ciência exata e precisa. Nesse aspecto, resta bem marcada, além da discricionariedade, outra característica problemática do positivismo jurídico, qual seja: a ideia da eternização de conceitos,[5] que apartou o Direito dos fatos.[6]

---

[5] ENGELMANN, Wilson, 2007, p. 197-8.

[6] Significativo exemplo disso pode ser notado pela interpretação corriqueira de Desembargadores e Ministros sobre as Súmulas dos Tribunais Superiores que regulam o exame fático nas vias extraordinárias (07 do Superior Tribunal de Justiça e 279 do Supremo Tribunal Federal). Seus textos (são em essência idênticos e) compreendem o seguinte verbete: "para simples reexame de prova não cabe recurso especial (extraordinário). Na base disso, inúmeros recursos, que debatem, por exemplo, a qualificação jurídica de um fato (dolo eventual ou culpa consciente) ou, ainda, alguma nulidade processual, têm seu seguimento negado ao (vazio) argumento segundo o qual as teses importariam reexame da matéria fático-probatória. Trata-se, à evidência, de nítido caso da separação metafísica do Direito do mundo vivido. Ora, é evidente que a matéria de direito somente acontecerá na (e pela) matéria dos fatos e vice-versa. Impossível separá-las, como se uma estivesse em um mundo e a outra em outro, ou seja, como se fossem matéria objetificadas e estanques. Nesse passo, a qualificação jurídica de um fato exige, sim, a análise normativa (interpretação) do texto (sujeito), a qual somente ocorre com o estudo da faticidade do caso, pois ele, o caso, visto a partir de princípios, dará o significado adequado à norma. Portanto, a leitura mais

A toda evidência, não se desconhece, de outro curso, a importância da quebra paradigmática resultante da separação entre o sistema jurídico e a tradição religiosa à formação do Estado de Direito (aspecto positivo do Iluminismo). Questiona-se, nesse caminho, o fato de o estudo da Filosofia do Direito se revelar uma simples descrição científica da realidade, motivo pelo qual o caráter reflexivo do fenômeno jurídico perdeu campo, ficando à sua ilharga o conjunto de fatores que, em verdade, o compõem como parte integrante e inseparável. Ou seja: o estudo do fenômeno jurídico foi, indevidamente, separado do seu sentido de acontecimento humano, social, moral, político e histórico.[7]

Com isso, ao invés de uma segurança jurídica, há, na realidade, a possibilidade de múltiplas respostas para casos semelhantes (e para um mesmo caso, segundo defensores da discricionariedade judicial), ficando a escolha a cargo da consciência do magistrado, que, por decidir sem compromisso constitucional (estando longe, assim, dos domínios do Estado de Direito), se assemelha em muito às definições sobre crimes lançadas na Idade Média e no Absolutismo. No campo jurídico-penal, por força do positivismo, o sujeito solipsista, que residia no senhor feudal e no monarca, se traduz, hodiernamente, na figura do magistrado. Houve, apenas, uma "passagem do bastão". A hermenêutica filosófica, nesse passo, coloca-se como o resgate do mundo vivido ao fenômeno jurídico, sendo essencial para a quebra de tradição metafísica e metodológica que ainda está enraizada no ensino das universidades e na prática dos fóruns e tribunais. Por meio dela, a decisão jurídica receberá validez constitucional, porque a reflexão do magistrado, presente no discurso justificativo (motivação), fará uma análise do caso em si a partir de pré-juízos autênticos reveladores da interpretação adequada do texto legal e do encontro das particularidades probatórias. Defende-se, assim, que somente com a introdução da hermenêutica filosófica no Direito Penal produzir-se-á a resposta jurisdicional adequada, na medida em que ela encampa uma análise casuística do conjunto fático produzido sob o crivo do contraditório (busca o ser do ente), assim como evita arbitrariedades na interpretação (por estar embasada na relação sujeito-sujeito e na consequente incindibilidade entre texto e norma). Trata-se, pois, de romper, a par do uso da hermenêutica filosófica, com toda cultura da modernidade que construiu o Direito apenas como um mecanismo burocrático organizacional, como resume Warat:

> Através da organização racional da sociedade, da produção de uma engenharia social, o Estado moderno é soberano, centralizador e burocrático. Como o Direito formal passa a instrumentalizar tecnicamente o controle das relações sociais, tudo passa a ter um caráter normativo. Uma das consequências dessa nova organização é o monopólio e a justificação da violência através da aplicação legal da norma jurídica e, simultaneamente, por sua legitimação através das instituições burocráticas do Esta-

---

adequada das súmulas seria que, nos Tribunais Superiores, não se enfrente questões acerca da culpabilidade ou inocência do acusado, pois, a esses aspectos, já se lhe projetaram o duplo grau de jurisdição. Todavia, as portas dessas Cortes de Justiça sempre deverão estar abertas para os demais casos nos quais haja debates de matérias federais ou constitucionais, pouco importante se, nesses momentos, irá se avaliar a prova, como nos exemplos citados acima.

[7] WARAT, Luis Aberto, 2004, p. 51.

do. Nessa perspectiva, o Direito foi sendo limitado à condição de um simples meio de organização e aplicação das normas, distanciando-se das ações legítimas relacionadas com a Justiça e seu caráter genuíno de Direito.[8]

De outro ângulo, "enquanto a Idade Média viveu sob a inspiração religiosa do catolicismo, nossa cultura, queiramos ou não, navega na nova galáxia nascida da Reforma Religiosa e da ética do capitalismo. Até porque os filósofos e juristas de maior influência na formação do pensamento moderno eram luteranos, quando não calvinistas".[9] De quebra, o estudo do processo (seja civil ou penal):

Tem seu núcleo de interesse centrado na concepção do Direito como uma ciência demonstrativa, sujeita à metodologia própria da matemática. Este foi, de fato, o fator responsável pela eliminação da Hermenêutica e, conseqüentemente, da Retórica forense, em favor da racionalidade das 'verdades claras e distintas' de Descartes, que nosso processo ainda persegue compulsivamente, numa ridícula demonstração de anacronismo epistemológico.[10]

Nesse sentido, importante conclusão está em Weber, para quem

a racionalização do Direito Privado, por exemplo, se considerada como uma simplificação lógica e como uma reorganização do conteúdo do Direito, foi atingida no mais alto grau conhecido até agora pelo Direito Romano da baixa Antiguidade Clássica. Permaneceu, porém, mais atrasado em alguns dos países como o mais alto grau de racionalização econômica, notadamente na Inglaterra, onde o Renascimento do Direito Romano foi superado pelo poder das grandes corporações, ao passo que ele sempre reteve sua supremacia nos países católicos da Europa meridional. A filosofia racional e laicizante do século XVIII não foi acolhida favoravelmente, principalmente nos países de mais alto desenvolvimento capitalista. As doutrinas de Voltaire até hoje são propriedade comum das camadas superiores, e, o que é praticamente mais importante, nos grupos de classe média nos países católicos-romanos. Finalmente, se sob a denominação de racionalismo prático foi compreendido o tipo de atitude que encara e julga o mundo conscientemente em termos dos interesses mundiais, do ego individual, então esta visão da vida foi e é a peculiaridade especial de povos do liberumarbitrium, como os italianos e os franceses.[11]

Para a doutrina em exame, os juízes deveriam ser apenas "a boca da lei". Isso refletia a ideia de neutralidade do Estado, "como um dispositivo 'técnico' capaz de servir a todas as possíveis ideologias e, em virtude da tolerância que uma tal concepção pressupunha, abrigar em seu seio as mais variadas e contraditórias correntes de opinião".[12] Assim, tendo uma organização estatal ideologicamente neutra sobre valores, ela poderá abrigar – como tem abrigado – tanto a liberal democracia ocidental, como regimes totalitários.[13]

Contudo, é digno de nota que os juízes não são hodiernamente neutros,[14] como se pretendia a partir do iluminismo. Esse *status* não condiz com suas fun-

---

[8] WARAT, Luis Aberto, 2004, p. 53.

[9] SILVA, Ovídio A. Baptista da, 2006, p. 64.

[10] Ibid.

[11] WEBER, Max, 1985, p. 51.

[12] SILVA, Ovídio A. Baptista da, 2007, p. 95.

[13] Id., p. 96.

[14] De há muito se defende a concepção segundo a qual o juiz deveria se portar com neutralidade no que diz respeito às relações de conhecimento travadas pelas partes ao longo do processo. Por meio dessa distância, pensava-se, em grande escala, que o saber do juiz não se encontraria atingido pela imperfeição humana. Em essência,

ções, porque o decidir não se coaduna com qualquer ideal de neutralidade (muito menos de discricionariedade, como se verá logo mais). Além do mais, ao pensarem dessa forma, os racionalistas e os iluministas tentaram ignorar que os juízes – como todos os homens – têm pré-juízos derivados da sua historicidade, ou seja, da sua condição de ser-no-mundo, que os incute determinados posicionamentos (no caso, deveriam ser autênticos no sentido da adoção constitucional).

Ademais, o ideal de uma segurança jurídica a partir do método científico no Direito Penal também não vinga. O que se verifica, hoje, é justamente uma insegurança no que tange ao conteúdo das decisões judiciais, ou seja, um arbítrio pela ausência de uma adequada motivação. Esse vício certamente decorre de vários aspectos, em especial de pontos iniciados com o Racionalismo e com o Iluminismo, os quais, ao tornarem o Direito uma ciência exata, extirparam qualquer possibilidade de a reflexão se desenvolver. Sem dúvida,

> o repúdio ao individual, ao estudo do caso e à tradição foram os pressupostos para o normativismo e a conseqüente recusa da busca da justiça do caso concreto, pois o critério para a determinação do justo e do injusto passara a ser tarefa do legislador, não do juiz. Sendo o direito uma ciência racional que prescinde da experiência, exata como as verdades matemáticas e como a geometria criação arbitrária do homem, elimina-se do horizonte teórico do Direito todo o probabilismo inerente às concepções clássicas, à filosofia aristotélica e aos juízos retóricos.[15]

Daí dizer-se que "a eliminação da retórica e sua substituição pelas certezas matemáticas, de que provém o dogmatismo jurídico de nossa formação universitária, é a consequência do racionalismo".[16] Como os juristas preocupam-se em

---

esse entendimento se derivou do método (perfeito) proposto pelo empirismo (COUTINHO, Jacinto Nelson de Miranda, 2001. p. 42), tendo a busca pela neutralidade estes motivos específicos: "1.º, a crença em uma razão que tivesse validade universal, servindo de paradigma para todos (crença esta que, de certa forma, seguiu todo o pensamento da história moderna no Ocidente, desde o discurso da Igreja – por influência de Descartes, Bacon, Kant, até chegar em Augusto Comte); 2.º, a necessidade de legitimar o discurso do Estado moderno nascente, que vinha falar em nome de toda a nação, uma vez que os sujeitos da história passaram a ser " iguais" e não era mais possível sustentar os privilégios do clero e da nobreza: o Estado agora é de todos e, finalmente; 3.º, a urgência em ocultar que os interesses do Estado, ao contrário do que se acreditava, eram de classes; e não do povo como um todo" (COUTINHO, Jacinto Nelson de Miranda, 2001, p. 42). Ocorre, entretanto, que a época de aceitar discursos universalistas (como, por exemplo, a ideia do juiz como órgão neutro) já passou. É que, em realidade, o Estado se desenvolveu; e o sujeito, nessa quadra, sabe da sua capacidade de construir sua história social e pessoal, por meio das suas escolhas axiológicas que toma por referência (COUTINHO, Jacinto Nelson de Miranda, 2001, p. 45). Daí que "não por outro motivo as epistemologias contemporâneas, principalmente as críticas, vêem o sujeito do conhecimento como um agente participativo, construtor da realidade, que não tem mais motivos para esconder sua ideologia e escolhas diante do mundo. Torna-se, então, insustentável a tese da neutralidade do sujeito e vige, para todos os efeitos, a idéia de dialética da participação" (COUTINHO, Jacinto Nelson de Miranda, 2001, p. 45). Ademais, a motivação, assim como serve para instrumentalizar as garantias do cidadão, coloca-se, ainda, de outro lado, como um meio de desmistificação da tese da neutralidade do juiz, porque o magistrado, ao justificar sua decisão, elege uma das versões propostas pela partes (seja sobre a culpabilidade, seja acerca da inocência do acusado), ou, no mínimo, analisa suas pertinências no que tange à solução da causa, o que se lhe retira a dita posição neutra, ou seja, de "distância" sobre os argumentos e concepções desenvolvidos pelo Ministério Público e pela Defesa (técnica e pessoal). Veja-se, por fim (mas não menos importante), que o próprio Direito não é neutro, pois ele resulta de lutas entre os grupos detentores do poder, sendo marcado pela vontade política e pela dimensão valorativa, inexistindo, na ideia de justiça, qualquer nota de neutralidade (PORTANOVA, Rui, 1992, p. 64-5).

[15] SILVA, Ovídio A. Baptista da, 2007, p. 110.

[16] Id., p. 58.

desvelar a "natureza" dos conceitos, tratando-os como realidades, há um claro compromisso de nosso direito processual com as epistemologias das ciências exatas.[17] Por consequência, a formalização do jurídico em busca da segurança para fugir das incertezas da vida humana fez com que o Direito se tornasse o "caudatário do raciocínio das matemáticas. Somente o que não se transforma será digno de levar o nome de ciência. O conceitualismo jurídico, dominante em nossa formação, exerceu o papel de coveiro da retórica aristotélica. Trata-se de Platão assumindo o domínio do pensamento moderno".[18]

Como os magistrados franceses estavam ligados ao antigo regime, o objetivo pela *certeza do direito* conduziu os revolucionários franceses a criarem um sistema burocrático de organização judiciária, por meio do qual os juízes se tornaram funcionários públicos comuns, sendo submetidos ao controle rigoroso dos órgãos de governos e das cortes superiores. Tornaram-se, portanto, servidores públicos em uma carreira burocrática, na qual se lhes falta criatividade, porquanto sua função judicial é estreita e mecânica. A função judicial deveria reduzir-se a simples aplicação do texto legal, sob pena de se violar a divisão dos Poderes (Legislativo, Executivo e Judiciário). Com isso, o valor segurança prevaleceu em detrimento do valor justiça, sendo a ideia de Direito desenvolvida à luz do espírito científico moderno, com o pensamento jurídico submetido aos métodos e princípios das ciências lógicas.[19]

Tem-se como certo, dentro desse cenário, que os pressupostos da hermenêutica jurídica (tradicional) foram forjados, em grande medida, a partir do Iluminismo, que teve como ideia central a formalização de regras capazes de suprir necessidades de múltiplas perspectivas fáticas, negando a individualidade existente em cada situação. Buscava-se uma verdade absoluta e eterna, recusando a modificação nas situações já constituídas.[20] Nesse campo de acontecimentos,

a interpretação do Direito estava equiparada a uma operação matemática, de tal modo que o resultado poderia ser obtido previamente, com sua aplicação automática aos fatos da vida, sem considerar as suas características peculiares. A resolução de um caso da vida era equiparada a organização de uma formula matemática; o aspecto humano do Direito estava ligado ao formalismo de uma simples operação matemática.[21]

Não há, pois, apenas vantagens com o Iluminismo e a vitória da burguesia liberal, de sorte que, em rigor, parte significativa da crise, vivenciada hoje por decisões em desacordo de fundamentação com a Constituição Federal de 1988, deve ser creditada a sua conta. Paradoxalmente, o Iluminismo lutou contra o arbítrio do Direito Penal (lançando garantias penais e processuais); todavia, fomentou-o ao eliminar a atividade reflexiva do ato de decidir. Com efeito, presencia-se, como

---

[17] SILVA, Ovídio A. Baptista da, 2006, p. 70.

[18] Ibid.

[19] Id., p. 88-9.

[20] ENGELMANN, Wilson, 2007, p. 197.

[21] Id., p. 198.

corolário disso, decisões absolutamente arbitrárias por ausência ou deficiência do discurso justificativo, que escondem a singularidade do caso através do arcabouço da cientificidade gerada pelo positivismo, possuindo o dogmatismo um relevante papel nisso (a partir do seu resgate pelos glosadores do baixo Império Romano).

2. A resposta adequada como direito fundamental (art. 93, inc. IX, da Constituição Federal): uma necessária releitura daquele que se considera o atual princípio fundante do sistema acusatório (a gestão da prova)

Em vista de todo o exposto acima, exsurge uma crise instaurada pela discricionariedade permitida pelo positivismo kelseniano, encontrando-se o ensino jurídico e a atividade forense inseridos em um estado da arte em que o intérprete impõe juízos arbitrários aos textos legais e esconde as particularidades do caso por meio de coberturas conceituais abstratas criadas por um dogmatismo. Dessa sorte, defende-se a possibilidade de decisões com múltiplas respostas.

Em outro giro, o Direito Penal ainda apresenta sua base principiológia assentada quando da Ilustração, ou seja, ainda com um escopo individualista e "rodeado pelo ideal de certeza matemático", com o que, por um ângulo, encontra dificuldades no enfrentamento da criminalidade globalizada (podendo, assim, haver respostas com deficiências de proteção, já que está em descompasso com os interesses coletivos), e, por outro, gera inúmeros decisionismos decorrentes da "morte" da retórica (que era característica do Direito Romano do Alto Império, mas foi afastada pelos revolucionários franceses), assim como de fatores como a mídia (que pressiona por respostas de índole punitivistas).

Dentro desse campo, é crucial se entender que a legitimidade do Poder Judiciário está assentada na defesa da Constituição Federal. Sendo assim, as duas perspectivas da motivação têm relevo acentuado. A resposta, nesse passo, deve observar as garantias do acusado (dimensão endoprocessual); todavia, tem de ter presente sua dimensão política, porque, em um Estado Democrático (e Social) de Direito, seus efeitos se projetam para toda a sociedade, que tem o direito de fiscalizar o andamento do Poder Judiciário. Sobretudo se estiver bem claro que os crimes econômicos lesam bens jurídicos coletivos e outros têm repercussão social (como o do "caso Ustra"), motivo pelo qual há a inserção do interesse da sociedade no resultado do processo penal.

Por isto – por a legitimidade do Poder Judiciário estar na defesa e na aplicação da Constituição Federal –, a decisão judicial deve se fundar em um princípio, no caso, o acusatório, realizando-se na síntese hermenêutica da aplicação. A motivação judicial terá sua racionalidade demonstrada hermeneuticamente, por intermédio da relação sujeito-sujeito, trazendo-se a tradição (traço de integridade) do intérprete fundada em pré-juízos autênticos (constitucionais). Sua racionalidade, então, estará no "encontro do caso em si", seja pela interpretação adequada da lei penal e processual penal, seja pelo desvelamento do seu acontecer particular no exame da matéria de fato. Nesse ângulo, a retórica, antes existente com os romanos e, em seguida, esquecida no Medievo e na Ilustração, não poderá ser compreendida como "um jogo de argumentos para se alcançar um fim de justificar convincentemente uma decisão", mas, antes, como parte do processo interpretativo/aplicativo do Direito na e pela hermenêutica filosófica.

Com efeito, cumpre-se, em um primeiro instante, projetar a motivação ao primeiro patamar dentro da sistemática do princípio acusatório, modificando sua estrutura (ainda em curso e) levada a efeito pelo Iluminismo, na direção segundo a qual o relevante é a capacidade de gestão da prova. Inquestionavelmente, a garantia da motivação válida deve ser o ponto fundante desse princípio. Isso porque é por meio da motivação que se demonstrará o efetivo respeito pelas garantias das partes e pela Constituição Federal.

Por força de o texto constitucional exigir uma motivação válida (art. 93, inc. IX), coloca-se claro que o magistrado não pode ter a gestão da prova, porque se lhe quebraria a imparcialidade e estiolaria a ampla defesa, o direito de acusar e o contraditório, o que geraria uma decisão nula. Com a capacidade de produzir provas de ofício, o magistrado, por primeiro, decidiria, e, depois, buscaria a prova para amparar sua conclusão. Com isso, ele poderá pender mais para um lado do que para o outro (mais para a defesa do que para a acusação, ou o contrário). E, o pior: ele frustraria o direito que as partes têm de influenciarem a decisão final através da produção de suas provas, riscando do cenário do debate qualquer efetividade da ampla defesa, do direito de acusar e do contraditório. Em síntese, a proibição de produzir provas de ofício decorre da exigência constitucional de uma motivação válida, razão por que a resposta vinculada à Constituição Federal deve ser a base do princípio acusatório, seu diferencial em relação a outros modelos.

Primeiro vem o dever fundamental de o magistrado ofertar a resposta adequada, depois, como consequência disso, a vedação à produção de ofício de elementos probatórios. Não o inverso. Por isso, a exigência de motivação válida deve fundar o princípio acusatório.

Imprescindível compreender-se que, ao longo da história, a humanidade sempre buscou o ideal de uma decisão adequada. Em visão bem detalhada da evolução humana, isso faz parte de sua historicidade (no sentido de Gadamer). Entende-se que esse desiderato se traduz no móvel, inclusive, do texto incluso no art. 93, inc. IX, da Constituição Federal. Desde o Iluminismo (não obstante seus corolários negativos antes apontados), luta-se por uma escolha judicial que tenha o condão de afastar arbitrariedades e se defende ser a decisão adequada aos valores insertos no pacto social o objetivo principal. Aqui, percebe-se a decisão conforme a Constituição Federal presente na moral pública[22] formadora do discurso jurídico

---

[22] "Nesse sentido, é necessário (re)afirmar o seguinte: o vínculo entre princípio e moral tem seu ponto de estofo exatamente no momento em que se percebe que a inserção do mundo prático representa um compromisso dos juízes

(co-originariedade entre o Direito e a Moral[23]). Nesse aspecto abordado (o qual, evidentemente, não importa a punição de condutas imorais), cabe entender-se "o direito como um segmento da moral, não como algo separado dela".[24] O princípio acusatório marcado com decisões adequadas constitucionalmente é uma conquista da civilização, algo de bem, garantidor da dignidade humana dos acusados em juízo criminal. Não se pode esquecer que "o Direito enquanto Direito reflete uma ideia parametrizadora de bem (a dignidade humana ou 'igualdade fundamental de todos na humanidade comum')".[25] Inviável, assim, colocar essa historicidade em segundo nível quando se formula o princípio acusatório. A motivação revestida de amparo constitucional é o ponto fundante do princípio acusatório.

De quebra, torna-se forçoso concluir-se que as respostas proferidas no sistema inquisitivo serão sempre hermeneuticamente inadequadas, porque se amparam no pré-juízo inautêntico de que a motivação válida não é algo fundante, a ponto de se admitir como correta a manifestação jurisdicional resultante de procedimento no qual o magistrado realize a prova que, ao fim e ao cabo, amparará sua escolha.

De outro giro, vale consignar-se que a resposta adequada constitucionalmente deve afastar uma proteção deficiente,[26] porque essa situação também conduz a um Estado de Exceção.

Em face do exposto, pode-se, em síntese, concluir que a legitimidade da jurisdição penal está assentada na necessidade da produção de decisões amparadas em princípios, compreendidos como o conjunto de valores que impulsionaram a feitura da própria Constituição Federal e que possibilitarão uma resposta, em termos de conteúdo, adequada tanto ao acusado, como à sociedade. É indispensável, assim, a releitura do princípio acusatório, construindo-o na direção segundo a qual seu ponto fundante cinge-se à exigência de uma motivação válida, deixando-se para segundo plano o entendimento segundo o qual "o elemento acusatório – no sentido da tradição histórica do processo penal reformado – se encontra identificado na função e na posição que ocupa o Ministério Público, como única autoridade que pode iniciar o processo e que formula a acusação",[27] isto é, na capacidade de parte do magistrado.

---

no momento da decisão. Ou seja - e isto é uma questão de democracia –, a cooriginariedade entre direito e moral, que tem seu enraizamento no todo principiológico da Constituição, impõe um dever de correção ao órgão judicante. Isto significa que, mais do que uma pauta ideal para os juízes, a tese da resposta correta (ou constitucionalmente adequada) impõe-lhes um dever: o de demonstrar a legitimidade de suas decisões." STRECK, Lenio Luiz, 2011, p. 546.

[23] STRECK, Lenio Luiz; OLIVEIRA, Rafael Tomaz de, 2012, p. 11.

[24] DWORKIN, Ronald. *A justiça de toga*, 2010, p. 51.

[25] COUTINHO, Luís Pedro Pereira, 2009, p. 551.

[26] "Como se pode perceber, nesta quadra do tempo, já não tratamos (apenas) de direitos individuais, e, sim, passamos (ou estamos) a tratar destes a partir de um processo em que se agregam os direitos de segunda e terceira dimensões. Não há cisão ou compartimentalização: há, sim, agregação. Nesse contexto, o papel do Estado passará a ser a de proteger, de forma agregada, a esse conjunto de dimensões de direito. Às conquistas iluministas, soma-se a necessidade de proteção estatal pós-iluminista" (STRECK, Lenio Luiz, 2007, p. 96).

[27] AMBOS, Kai; LIMA, Marcellus Polastri, 2009, p. 38.

Sua (antiga) visão de gestão da prova como marco divisor (entre sistemas acusatório e inquisitivo) descabe no desenrolar de um Estado Democrático (e Social) de Direito. Isso porque tem uma dimensão apenas focada na passagem do Absolutismo ao Iluminismo, com a vitória do último contra as graves nódoas da Santa Inquisição.

Sem sombra de dúvida, exige-se mais no Estado Democrático (e Social) de Direito), o qual assenta uma nova perspectiva jurídica que reclama uma reflexão em outro viés:

A toda evidência, tais questões devem ser refletidas a partir da questão que está umbilicalmente ligada ao Estado Democrático de Direito, isto é, a concretização de direitos, o que implica superar a ficcionalização provocada pelo positivismo jurídico no decorrer da história, que afastou da discussão jurídica as questões concretas da sociedade. Na verdade, sob pretexto de proteger o indivíduo contra os arbítrios do Estado, o direito – mormente o penal e o processual penal – institucionalizou-se como protetor das camadas dominantes da sociedade. Não se pode olvidar que, se o Estado era visto como adversário dos direitos fundamentais, essa mediação 'protetora' era feito por esse mesmo Estado. Daí a revolução copernicana provocada pelo novo constitucionalismo compromissório e dirigente, estabelecendo uma profunda transformação nas relações sociais. Os textos constitucionais passaram a dar guarida às promessas da modernidade contidas no modelo do Estado Democrático (e Social) de Direito. Isso implicou a introdução de valores, abrindo espaço para a própria positivação dos princípios.[28]

Hodiernamente, deixa-se de compreender que a motivação das decisões judiciais seja uma garantia das garantias. Vale dizer, representa aquela por meio da qual se pode analisar se todas as demais (inclusive, no ponto, a imparcialidade) foram respeitadas. Em sendo assim, em toda a motivação válida, o conjunto principiológico da Constituição Federal será levado em consideração, o que força a conclusão de que o enfoque deve ser dado a partir de sua análise.

Nesse passo, o princípio acusatório está atrelado à exigência de uma resposta constitucionalmente adequada, que, por corolário lógico, implica o afastamento, por revelar parcialidade, de um magistrado gestor da prova.

Além disso, a visão da diferença pela capacidade de gestão da prova possibilita que se releve apenas o caráter endoprocessual da motivação, ignorando o papel da democracia na atual quadra da história. Além disso, o Direito Penal também tutela interesses coletivos (crimes econômicos), havendo interesse da sociedade na validez da entrega da prestação jurisdicional.

Com efeito, a motivação das decisões judiciais deve, por imperativo democrático, ultrapassar os interesses das partes no processo penal, recebendo sua dimensão política idêntica relevância à processual, na medida em que todos devem fiscalizar o Poder Judiciário, sobretudo porque ele julga delitos que ultrapassam a esfera do individual.

A motivação válida (que dá azo à resposta adequada) tem exigência constitucional. Sob pena de nulidade insanável, as decisões devem apresentá-la, encontrando-a com esteio no sistema acusatório (também eleito constitucionalmente), a partir dos ditames do devido processo legal. A sanção constitucional de nulidade,

---

[28] STRECK, Lenio Luiz, 2007, p. 102.

só por si, já demonstra ser indispensável um discurso justificativo judicial idôneo, que, desse modo, se concretize na direção de uma dupla face do garantismo: proteção do individual e desenvolvimento social. Cabe destacar-se, aqui, que:

O Estado assume nova função, problemática que pode ser verificada, facilmente, pelo conteúdo do texto constitucional. Essa nova feição afasta o olhar de desconfiança para com o Estado, que passa de 'tradicional inimigo dos direitos' a 'protetor e promovedor da cidadania'. Parece razoável afirmar, assim, que o direito penal e o direito processual penal não podem ficar imunes a esses influxos. Altera-se a feição do Estado; conseqüentemente, altera-se o direito (não mais ordenador e nem simplesmente promovedor: agora e transformador, bastando, para tanto, examinar o texto da Constituição).[29]

Dizendo de modo mais claro: não se pode, atualmente, prestar uma proteção deficiente no sentido de limitar a incidência do Direito Penal, muito menos desenvolver um excesso punitivo. Mostra-se inadequado cercear a defesa, mas também é incorreto cercear a acusação pública (ou privada). Pretende-se dizer, com isso, que um discurso de um garantismo apenas voltado ao acusado é inconstitucional, pois fere o devido processo legal quanto à paridade de armas com a acusação. Ainda, porque retira a relevância da representação da sociedade na figura do Ministério Público. Em síntese, o garantismo de dupla face tem valor por harmonizar a aplicação das regras do jogo: a acusação e a defesa se enfrentam em condições iguais e são julgados por um juiz imparcial, o qual decide conforme a Constituição Federal.

Nesse passo, o garantismo deve apresentar um duplo enfoque, sendo de rigor um complemento da sua estrutura inicial entabulada pela Escola Clássica. É que a visão de freios ao Estado por meio de garantias penais se coloca como uma posição inerente ao Estado Liberal, desconhecendo, assim, todas as demais conquistas dos Estados Social e Democrático de Direito. É evidente que se coloca impossível negar e afastar o conjunto principiológico de garantias liberais alçado aos investigados e acusados em sede de Direito Penal. Porque se cuida de significativa conquista civilizatória, a qual, em última análise, encampa a racionalidade do sistema punitivo. Todavia, ela não pode ser vista de uma forma isolada, como se apenas esses interesses existissem, uma vez que essa postura individualista negaria que as respostas jurisdicionais, nos dias correntes, também devem se projetar à sociedade, por imperativo da existência de um Estado Democrático (e Social) de Direito. Como já se disse, o ideal da democracia permite que todos fiscalizem os Poderes Públicos, o que engloba as decisões do Poder Judiciário.

Em se revelando a motivação válida e, de efeito, a resposta constitucionalmente adequada, todo o conjunto garantístico (em dupla face) constitucional terá sido respeitado, inclusive a vedação de o juiz produzir provas. Enfim, ter-se-á uma resposta adequada às partes e à sociedade. Agora, o (de igual sorte) relevante aspecto de ser proibido o juiz ter funções de parte não quer dizer que a decisão judicial final (sentença e acórdão) não padeça de outros vícios, como lesões por cerceamento de acusação e de defesa, ou, ainda, seja ultra, *extra* ou *citra petita*.

---

[29] STRECK, Lenio Luiz, 2007, p. 102.

Forçoso reconhecer-se, em tal passo, que a resposta, na primeira hipótese, será deficiente para as partes e, na segunda, além delas, à sociedade também.

Não há dúvida, assim, que a cogência (prevista no art. 93, inc. IX, da Carta Magna) deve fundar o princípio acusatório, porque a sua amplitude é maior no sentido de garantir um processo com desenrolar na e pela Constituição Federal.

No seio de um Estado Democrático (e Social) de Direito, a resposta deve ser conteudística e principiológica (com o dever de ser projetada para as partes do processo e também para a sociedade), e isso para vencer as crises fomentadas pelo positivismo (crise de sentido do grau zero do intérprete) e pela expansão do Direito Penal (com a perda de atuação dos postulados do garantismo clássico, como a *ultima ratio* e uma interpretação restrita quando da tipicidade penal). Com isso, a partir da hermenêutica filosófica e de uma releitura do princípio acusatório (a fim de colocar em sua estrutura a motivação em primeiro lugar) é que se pensa a decisão com estas características:(i) conteudística, no sentido de o magistrado ter o dever de analisar todos os pontos debatidos na causa, para, depois, valorá-los e decidi-los – ou seja, ter o caso desvelado, o que somente será possível à luz da hermenêutica filosófica; (ii) principiológica, porque toda a resposta jurisdicional deve ser adequada à Constituição Federal, sendo, por isso, uma decisão embasada em princípios.

Nesse passo, torna-se indispensável colocar uma releitura do princípio acusatório, pois, nele, a motivação não é algo fundante. Como a motivação é uma garantia de segundo grau (pois todas as outras se dão a partir dela), defende-se que, para combater os decisionismos e arbitrariedades do positivismo, o ponto de partida é deitar os olhos na motivação, que deve ser feita em conformidade com os valores constitucionais. Sendo assim, a crise das decisões penais (isto é: da guerra de sentido de todos os intérpretes contra todos os intérpretes) poderá ser vencida.

Dentro desse quadro, imperioso concluir-se que a resposta constitucionalmente adequada (construída através de uma motivação embasada na releitura do princípio acusatório, assim como concretizada por uma análise hermenêutica capaz de vedar o subjetivismo do intérprete e encampar o mundo vivido na decisão judicial) se coloca como o caminho a ser seguido para vencer a (dupla) crise do Direito Penal, e isso porque impossibilita o deslocamento do magistrado para o lugar do não Direito, dando a (melhor) solução às partes e à sociedade, por não prestar uma proteção deficiente (com a análise da tipicidade/taxatividade à luz da teoria da cegueira deliberada nos crimes econômicos) ou uma prestação arbitrária (punitivista).

3. A decisão de prescrição no "Caso Ustra": o crime de ocultação de cadáver como delito instantâneo (de efeitos permanentes) ou crime permanente?

Nos autos da ação penal nº 0004823-25.2013.403.6181, debate-se o caso envolvendo militares que, de acordo com a decisão que logo mais se analisará, ocultaram, em tese, o cadáver do estudante Hirohaki Torigoe, durante o curso da ditadura militar brasileira, há mais de quarenta anos. Assim, os acusados, os quais estavam na condição de agentes do Estado, na época do regime militar, supostamente, teriam ocultado o cadáver da vítima, Hirohaki Torigoe, em 05 de janeiro de 1972.

Em 2013, a denúncia pelo crime tipificado no art. 211 do Código Penal foi recebida e, em sede de resposta à acusação, os imputados, Carlos Alberto Brilhante Ustra e Alcides Singillo, arguiram, preliminarmente, a incidência da prescrição, uma vez que o crime de ocultação de cadáver se consumou em 1972, e, no mérito, postularam pela anistia com fulcro na Lei nº 6.683/75.

No tocante à prescrição, a tese defensiva se pautou no fato de que, não obstante o cadáver jamais ter sido encontrado, o crime tipificado no art. 211 do Estatuto Repressivo se consumou quando da ocultação, com o que, *in casu*, estaria prescrito em consonância com o art. 109 do Código Penal, pois a pena máxima cominada para o delito em comento é de 03 (três) anos de reclusão, prescrevendo, portanto, em 08 (oito) anos, com fulcro no inc. IV.

Por fim, o Juízo da 5ª Vara Federal Criminal de São Paulo (SP) houve por decretar a prescrição da pretensão punitiva com relação aos acusados, porquanto, apesar de o crime de ocultação de cadáver ter efeitos permanentes, este se considera consumado instantaneamente no momento da dissimulação do corpo. Como os fatos ocorreram em 1972, o magistrado federal reconheceu a prescrição e, consequentemente, extinguiu a punibilidade dos acusados, com fulcro no art. 107, IV, do Código Penal.

Recentemente, o Ministério Público Federal apresentou recurso de apelação em face da sentença produzida pelo Juiz Federal Fernando Américo de Figueiredo Porto, aduzindo, em síntese, que o crime de ocultação de cadáver seria um ilícito penal permanente, uma vez que a ação era contínua e que seus efeitos se prolongavam no tempo. O *Parquet* Federal acrescentou que a consumação duradoura do crime em análise depende exclusivamente da vontade dos acusados, os quais, caso desejassem, poderiam interromper os efeitos do crime com a simples indicação do local no qual esconderam o cadáver de Hirohaki Torigoe.[30]

Em virtude dos eventos relativos à Comissão Nacional da Verdade, não só a decisão judicial, como todos os trâmites do processo em comento, receberam uma cobertura assaz ampla dos veículos de comunicação, tendo tal julgado repercutido na mídia em âmbito nacional. A midiatização do "caso Ustra" se deu em face da ocorrência do (suposto) crime no período de ditadura militar. Como, nos novos tempos, a sociedade brasileira busca debater os fatos envoltos à época militar e, assim, impulsionar o Estado a punir os responsáveis por eventuais ilícitos, todas as decisões que envolvem os crimes políticos da ditadura ganham um considerável relevo na imprensa nacional. O "caso Ustra" não foi diferente, com o que

---

[30] Disponível em: <http://noticias.terra.com.br/brasil/policia/mpf-recorre-para-que-ustra-seja-julgado-por-ocultacao-de-cadaver>.

a motivação da sua decisão recebeu uma significativa dimensão política, o que, em certo sentido, pode acarretar uma pressão midiática que leve a interpretações arbitrárias impulsionadoras de excesso punitivo.

4. Houve uma resposta judicial adequada?

Em linhas gerais, a decisão judicial, ora em exame, trouxe polêmica ao cenário jurídico, a contar pelo fato de que o crime imputado aos acusados fora somente denunciado, pelo Ministério Público Federal, em 2013, de modo que, segundo o que se extrai pela construção jurídica do julgador da 5ª Vara Federal Criminal de São Paulo (SP), a pretensão punitiva do Estado já teria se esgotado desde os anos 70.

É importante salientar, *a priori*, que o instituto da prescrição é a "autolimitação do *jus puniendi* estatal, levada a efeito por inúmeras razões de ordem político--criminal, cuja mais significativa é a perda de interesse em se punir determinada conduta delituosa".[31] O crime permanente, em seu turno, é aquele que se protrai no tempo, contando o início da prescrição a partir do momento em que termina esta permanência (art. 111, inc. III, do Estatuto Repressivo):

A prescrição determina a perda do direito de *exercer* a ação penal por fatos puníveis, ou de executar a pena criminal aplicada contra autores de fatos puníveis, pelo decurso do tempo: a) perda do direito de *exercer* a ação penal significa prescrição da *pretensão punitiva* do Estado; b) a perda do direito de *executar* a pena criminal concretamente aplicada significa a prescrição da *pretensão executória* do Estado. O fundamento jurídico da *prescrição* reside na *dificuldade de prova* do fato imputado (no caso de prescrição da ação penal), ou de prescrição da pena criminal aplicada), o que confere à prescrição natureza *processual* (impedimento de persecução) e *material* (extinção da pena).[32]

No caso em análise, não houve a interrupção dos efeitos permanentes do crime de ocultação de cadáver, porquanto não se encontrou, até hoje, o corpo do estudante de medicina. A doutrina estabelece que o crime tipificado no art. 211 do Código Penal é consumado a partir da sua ocultação, ainda que temporária.[33] Porém, há de se ver que o crime de "ocultar" cadáver possui uma caracterização instantânea, a contar pelo que se extrai do verbo nuclear do *caput* do artigo, o qual pune a dissimulação do cadáver e não o mantimento em esconderijo. Nessa senda, temos que, para fins de prescrição, os efeitos permanentes do crime em estudo não devem surtir efeitos jurídicos passados aproximadamente 40 (quarenta) anos da ocultação do cadáver. Isso porque o Estado já tinha conhecimento do crime em 1972, em razão da existência de uma troca de disparos de arma de fogo entre a vítima e os militares, assim como os graves ferimentos e, consequente, falecimento do estudante de medicina, com o que se absteve em investigar e processar os réus nas sanções do art. 211 do Código Penal, não podendo os acusados ser condena-

---

[31] FAYET JÚNIOR, Ney, 2007, p. 30.

[32] SANTOS, Juarez Cirino dos, 2012, p. 643.

[33] BITTENCOURT, Cézar Roberto, 2008, p. 425.

dos por um delito ocorrido há décadas, perdendo o Estado o direito e o interesse em punir esta conduta delituosa.

Jorge de Figueiredo Dias, ao definir a caracterização do crime permanente (ou, na sua expressão, duradouro), aduz que este será considerado permanente quando a sua consumação se protrair no tempo, por única e exclusiva vontade do autor: "se um estado antijurídico típico tiver uma certa duração e se protrair no tempo enquanto tal for a vontade do agente, que tem a faculdade de pôr termo a esse estado de coisa, o crime será duradouro".[34] Assevera, ainda, que a consumação de tais crimes ocorrerá logo que existir a criação do estado antijurídico, persistindo até que este estado se cesse. No caso do crime de ocultação de cadáver, destarte, a consumação se dará logo quando o estado antijurídico se criar, isto é, no momento da dissimulação do corpo falecido. De tal arte, o delito permanente, não obstante seguir se consumando no tempo, enquanto não houver uma interrupção da permanência, cria um estado antijurídico desde o momento em que ocorre o ilícito penal, conforme assevera Santiago Mir Puig:

> El delito permanente supone el mantenimiento de una situación antijurídica de cierta duración *por la voluntad del autor* (...); dicho mantenimiento sigue realizando el tipo, por lo que el delito *se sigue consumando* hasta que se abandona la situación antijurídica.[35]

Nessa linha, segundo Santiago Mir Puig, "en particular, por lo que se refiere a la prescripción, sólo en el delito permanente empieza a correr el plazo al cesar el mantenimiento del estado antijurídico".[36] Isto é: a prescrição terá o seu termo inicial, nos crimes permanentes, a partir da interrupção do estado antijurídico. Ocorre, contudo, que, para o crime de ocultação de cadáver, a ilicitude da conduta se pauta no fato de esconder um morto. Em outras palavras, importa referir que o estado antijurídico se caracteriza pela ocultação, possuindo efeitos que serão, sem dúvida, permanentes; todavia, o fato de ocultar já consuma o crime descrito no art. 211 do Código Penal e, assim, já efetiva, desde o "ocultar", o termo inicial para fins de prescrição.

Para Juarez Cirino dos Santos, "os tipos instantâneos completam-se com a produção de determinados estados",[37] enquanto os "os tipos permanentes caracterizam-se pela extensão no tempo da situação típica criada conforme a vontade do autor, em que a consumação já ocorre com a realização da ação típica, mas permanece em estado de consumação enquanto dura a invasão da área protegida pelo tipo legal".[38]

Em essência, a questão se encontra no vocábulo "ocultar", porque a criação do estado se consuma a partir da ocultação e, assim, instantaneamente existe a criação de uma situação antijurídica que possui efeitos no tempo. Entretanto, o

---

[34] DIAS, Jorge de Figueiredo, 2007, p. 314.

[35] PUIG, Santiago Mir, 2008, p. 224.

[36] Ibid.

[37] SANTOS, Juarez Cirino dos, p. 109.

[38] Ibid.

crime tipificado no art. 211 do Estatuto Repressivo pune aqueles que ocultam cadáveres. Dessa forma, a partir do momento em que há a dissimulação do corpo já se pode considerar o crime consumado e, nessa perspectiva, iniciado o termo para fins prescricionais.

É possível, dentro desse cenário, fazer uma analogia com um crime permanente clássico: o cárcere privado (art. 148 do Código Penal). Nesse delito, o que o Estado visa a punir é o manutenção de indivíduo em condição segregatória, sob a sua exclusiva vontade. O crime coloca-se permanente, uma vez que o fato de haver uma manutenção de indivíduo, involuntariamente, sob a sua guarda é o que vai fazer surgir a criação duradoura do estado antijurídico. Assim sendo, o delito tipificado no art. 148 do Estatuto Repressivo "se consuma no momento em que ocorre a privação; é permanente, sendo possível a prisão em flagrante do agente, enquanto durar a detenção ou retenção da vítima".[39] Em outro viés, a ocultação de cadáver visa à punição de indivíduos que escondam corpos falecidos, não importando dizer que se punirão aqueles que mantenham um cadáver oculto, restando consumado, o delito, a partir da sua ocultação, ainda que temporária.[40] Por tal motivo, o crime em estudo é considerado instantâneo de efeitos permanentes, pois, não obstante se protrair no tempo com a aludida ocultação, não existe uma vontade propriamente dita do agente.

Para constituir um crime permanente, destarte, deve-se manter um estado antijurídico durante um determinado período para, enfim, iniciar o prazo prescricional. Nesse sentido, leciona Celso Delmanto:

> Nas infrações penais permanentes, o prazo principia na data em que cessou a permanência. Ainda que já consumadas, a prescrição delas só começa no dia em que o agente cessa a sua conduta. Observe-se, porém, que os crimes permanentes não devem ser confundidos com os delitos instantâneos de efeitos permanentes; nestes últimos, só os seus efeitos perduram após a consumação.[41]

Corroborando o posicionamento, os efeitos do crime de ocultação de cadáver se prolongam até os dias atuais, no que tange aos fatos oriundos do caso do estudante Hirohaki Torigoe. Nesse cenário, o crime, entretanto, se consumou instantaneamente, a partir de sua ocultação, no longínquo ano de 1972. O fato de haver uma prolongação no tempo, uma vez que o cadáver jamais restou encontrado, não pode se confundir com um crime permanente, pois não depende especificamente da vontade livre do agente. Caso dependesse, como ocorre no crime de cárcere privado, no qual o delito se protrai no tempo em razão da vontade do agente em manter o indivíduo encarcerado, o delito de ocultação de cadáver não estaria em consonância com o que o próprio *caput* do art. 211 aduz, porquanto a punição estatal para tal delito se refere exclusivamente a ocultar cadáver, e não mantê-lo oculto. Nessa senda, independeria, ainda, uma discussão no entorno da vontade do agente, o que distingue o crime permanente do instantâneo de efeitos

---

[39] DELMANTO, Celso, 2010, p. 529.

[40] Id., p. 689.

[41] Id., p. 421.

permanentes, vez que não se pune o período no qual se manteve oculto o cadáver. As sanções recaem sobre o simples "ocultar".

Dentro desse prisma, é importante salientar que o tipo penal em comento melhor se adapta a um crime instantâneo de efeitos permanentes. Malgrado os seus efeitos terem um longo período de duração, tal qual no caso Torigoe, o crime realiza-se instantaneamente, sendo que as suas consequências perduram por razões alheias à vontade do agente. Nessa senda, Luiz Regis Prado assevera que o crime instantâneo de efeitos permanentes é aquele que "apenas o resultado é duradouro e independe da vontade do agente".[42]

Ainda, nesse cenário, o tipo penal "ocultar cadáver" é um crime de resultado,[43] isto é, dependendo que exista uma ocultação (ou tentativa) para existir o ilícito penal. Consoante leciona Luiz Regis Prado, "o tipo legal prevê um resultado típico, natural ou material, vinculado à conduta pelo nexo causal".[44] Acerca do tema, o mesmo jurista, igualmente, aponta as duas teorias existentes no tocante ao delito de resultado: *(a)teoria naturalística*, que aduz que o resultado é o efeito natural da conduta, interligada através de um nexo de causalidade, permitindo uma diferença entre o crime de resultado e o de mera atividade, enquanto que; *(b)* a *teoria jurídica* pressupõe que o resultado seja proveniente de uma conduta que visa por em perigo ou lesar o objeto resguardado pela norma penal. Regis Prado, porém, afirma ser a primeira teoria a mais plausível, porquanto a segunda "confunde resultado com o desvalor do resultado".[45]

Portanto, o fato de haver uma ocultação de cadáver já enseja o resultado pretendido, não se protraindo no tempo, senão os seus efeitos. Em outras palavras, impende-se dizer que o delito tipificado no art. 211 do Código Penal é sancionado pelo fato de "ocultar". O resultado é esse. Caso fosse autêntica outra interpretação, o artigo não estaria transcrito desta maneira, de modo que deveria fazer menção ao fato de ocultar e mantê-lo oculto, independentemente do tempo transcorrido entre a ação e a interrupção da permanência do ilícito penal.

Em vista de todo o exposto, seria um pré-juízo inautêntico considerar que o fato de o crime ter sido cometido no curso da ditadura possa modificar a historicidade da interpretação do ilícito de ocultação de cadáver, encampando uma interpretação arbitrária ao texto legal (verbo). Como se sabe, a norma surge da interpretação de um texto. Para tanto, é essencial que, primeiro, o texto diga o seu sentido, sendo vedado que o intérprete projete sentido arbitrário sobre ele. Então, o verbo nuclear do tipo penal é o "ocultar", o qual indica, claramente, o sentido de instantaneidade. Se fosse permanente, seria "ocultando" ou "mantendo em ocultação". Ademais, a prescrição tem como base o entendimento segundo o qual, na maioria dos crimes, a persecução criminal não pode ser eterna, devendo o

---

[42] PRADO, Luiz Regis, 2014, p. 78.

[43] Id., p. 452.

[44] Id., p. 73.

[45] Ibid.

88

direito de perseguir e punir sofrer limites temporais, a fim de que o Estado tenha o dever de agir, sob pena de sua letargia acarretar a extinção da punibilidade. Por tal motivo, o projeto de alteração da Lei de Anistia, impedindo qualquer causa de extinção de punibilidade para tais crimes fere a Constituição Federal, quando esta refere que os delitos de tortura (muitos deles praticados no regime militar) são inafiançáveis e insuscetíveis de graça ou anistia, não indicando, no entanto, a sua imprescritibilidade (característica que só existe nos crimes de racismo, de acordo com a Carta Magna). Além do mais, afigura-se que, caso se efetive legislação com esse tema, haveria a impossibilidade de aplicação retroativa, por ser mais maléfica ao cidadão réu. Não pode o momento histórico brasileiro de transparência no regime militar alterar uma garantia que todo o cidadão possui, qual seja, a da prescrição. Por fim, se fosse essencial a presença física do corpo antes ocultado para o término da permanência delitiva (e, de efeito, o início da contagem do prazo prescricional), seria considerar que o réu teria o dever jurídico de colaborar com a persecução criminal e, assim, produzir provas contra si mesmo, o que é absolutamente inadmissível sob a perspectiva da evolução da civilização. É, em face de todo esse contexto, que se compreende a decisão (de reconhecimento da prescrição no "caso Ustra") como adequada constitucionalmente.

Bibliografia

AMBOS, Kai; LIMA, Marcellus Polastri. *O processo acusatório e a vedação probatória: perante as realidades alemã e brasileira*: com a perspectiva brasileira já de acordo com a reforma processual de 2008 - Leis 11.689, 11.690 e 11.719. Porto Alegre: Livraria do Advogado, 2009.

BITTENCOURT, Cézar Roberto. *Tratado de direito penal: parte especial*. Vol. 3, 4. ed. – São Paulo: Saraiva, 2008.

COUTINHO, Luís Pedro Pereira. *A autoridade moral da Constituição*: da fundamentação da validade do direito constitucional. Coimbra: Coimbra, 2009.

DELMANTO, Celso. Código penal comentado: acompanhado de comentários, jurisprudência, súmulas em matéria penal e legislação complementar. 8. ed. rev., atual. eampl. – São Paulo: Saraiva, 2010.

DIAS, Jorge de Figueiredo. *Direito penal: parte geral: Tomo I: Questões fundamentais: A doutrina geral do crime*. São Paulo: Editora Revista dos Tribunais; Portugal; Coimbra Editora, 2007.

DWORKIN, Ronald. *A justiça de toga*. Trad. Jefferson Luiz Camargo. São Paulo: Martins Fontes, 2010.

ENGELMANN, Wilson. *Direito natural, ética e hermenêutica*. Porto Alegre: Livraria do Advogado, 2007.

FAYET Júnior, Ney. Prescrição penal: temas atuais e controvertidos: doutrina e jurisprudência. – Porto Alegre: Livraria do Advogado Editora, 2007.

PACELLI, Eugênio. *Curso de processo penal*. 16. ed. São Paulo: Atlas, 2012.

PORTANOVA, Rui. *Motivações ideológicas da sentença*. Porto Alegre: Livraria do Advogado, 1992.

PRADO, Luiz Regis. *Tratado de direito penal brasileiro: parte geral*. Vol. 2. – São Paulo: Editora Revista dos Tribunais, 2014.

PUIG, Santiago Mir. *Derecho penal: parte general*. 8ª edición – Buenos Aires: Euros Editores S.R.L, 2008

SANTOS, Juarez Cirino dos. *Direito penal – Parte geral*. 5. ed. – Florianópolis: Conceito Editorial, 2012.

SILVA, Ovídio A. Baptista da *Processo e ideologia*: o paradigma racionalista. 2. ed. Rio de Janeiro: Forense, 2006.

——. Baptista da.*Jurisdição e execução na tradição romano-canônica*. 3. ed. Rio de Janeiro: Forense, 2007.

STRECK, Lenio Luiz; OLIVEIRA, Rafael Tomaz de. *O que é isto - as garantias penais?* Porto Alegre: Livraria do Advogado, 2012.

STRECK, Lenio Luiz (Org.). *Direito penal em tempos de crise*. Porto Alegre: Livraria do Advogado, 2007.

TUCCI, Rogério Lauria; CRUZ E TUCCI, José Rogério. *Devido processo legal e tutela jurisdicional*. São Paulo: Revista dos Tribunais, 1993.

WARAT, Luis Alberto. *Introdução geral ao direito II*: a epistemologia jurídica da modernidade. Porto Alegre: Sergio Antonio Fabris, 2002.

——. *Epistemologia e ensino do direito*: o sonho acabou. Florianópolis: Fundação Boiteux, 2004.

WEBER, Max. *A ética protestante e o espírito do capitalismo*. 4. ed. São Paulo: Livraria Pioneira, 1985.

Tema V

Do efeito da revogação da suspensão condicional do processo penal na contagem do prazo prescricional

Ney Fayet Júnior

Amanda Gualtieri Varela

1. Introdução

O presente ensaio objetiva estabelecer as relações existentes entre dois institutos jurídicos que podem, sob diferentes fundamentos, eliminar a punibilidade de um determinado ilícito penal: a prescrição penal e a suspensão condicional do processo (criminal). É desde logo evidente que, na abordagem teórica, se quer avaliar o impacto da eventual revogação (da suspensão condicional do processo) na prescrição; mais especificamente, qual seria, exatamente, na hipótese de revogação, o termo de retomada da marcha processual e, daí, da fluência do prazo prescricional? Nesta via, e seguindo uma estrutura muito utilizada na elaboração de artigos desta coletânea, vai-se, por primeiro, analisar separadamente os dois institutos para, depois, estabelecer-se o devido cotejamento dos temas.

2. Aspectos gerais da suspensão condicional do processo

Estatuída no art. 89 da Lei 9.099/95, a suspensão condicional do processo se traduz em uma norma desprocessualizadora, que visa, precipuamente, a repercutir sobre a pequena (ou média) criminalidade. Por meio desse ato jurídico processual, o Ministério Público (ou o querelante), em situações taxativamente estabelecidas, pode dispor da *persecutio criminis*, impondo, ao acusado (ou ao querelado), em contrapartida, certas condições, cujo cumprimento ensejará, oportunamente, a extinção da punibilidade. A suspensão condicional do processo envolve um ato bilateral, porquanto pressupõe a anuência inequívoca e pessoal do imputado, para cuja decisão deverá ser assistido e orientado tecnicamente.

Esse instituto assemelha-se, historicamente, tanto ao *sursis* (da pena) como ao *probation system*, sendo o primeiro originário do sistema belgo-francês e o segundo, do anglo-saxão; pode-se, ainda, aventar parentesco com o *bedingte Begnadigung* – sistema alemão no qual se suspendia, após fixada a pena, a condenação.[1]

---

[1] AULER, Hugo, 1957, p. 85.

Porém, não se pode confundi-los, dado que o *sursis* (também denominado sistema europeu-continental ou *sursis avec à l'épreuve*) ostentava natureza sancionatória e retributiva – pressupondo uma sentença condenatória –, enquanto o modelo anglo-saxão se inscrevia como estratégia obstativa da própria ação penal; a mais disso, o sistema alemão determinava que o juiz apurasse a autoria, determinasse a responsabilidade e, finalmente, fixasse a pena adequada, não proferindo, entretanto, a sentença.[2] Consequentemente, "na suspensão condicional do processo o que se suspende é o próprio processo, *ab initio*";[3] e não a execução da pena criminal – que nem chegará a ser imposta, com o que o trâmite processual ficará suspenso – bem como o prazo prescricional –; e, em contraparte, o beneficiário deverá cumprir algumas condições durante o período de prova (de 2 a 4 anos). Por outro lado, a anuência à benesse legal não implica um reconhecimento (sequer implícito) de culpabilidade, pois não se põe em discussão a responsabilidade do agente – a quem, aliás, não se cominam penas, mas apenas condições, cujo atendimento importará, oportunamente, a extinção da punibilidade. O ato jurídico processual em causa assenta-se no sistema (italiano) do *nolo contendere*, isto é, na modalidade de defesa na qual o acusado não contesta a imputação que se lhe é endereçada; contudo, não reconhece a sua culpabilidade nem proclama a sua inocência (daí que, em caso de revogação do benefício, a marcha processual será retomada, tendo a Acusação o ônus de provar a culpabilidade do imputado).[4] Esse sistema aparta-se tanto do *guilty plea* (anglo-saxão) como do *plea bargaining* (norte-americano),[5] na medida em que, naquele, se cuida de modalidade de defesa em que o acusado admite, perante o juiz, a sua culpa;[6] ao passo que, neste, o acusado manifesta, ao encarregado pela acusação (*the prosecution function*),[7] sua vontade de se declarar

---

[2] AULER, Hugo, p. 90.

[3] GRINOVER, Ada Pellegrini; GOMES FILHO; Antônio Magalhães; FERNANDES, Antônio Scarance; GOMES, Luiz Flávio, 2005, p. 252.

[4] LIMA, Renato Brasileiro de, 2013, p. 1476.

[5] Trata-se de institutos pertencentes ao *common law*.

[6] Juan Carlos Ferré Olivé, Miguel Ángel Núñez Paz, William Terra de Oliveira e Alexis Couto de Brito (2011, p. 666) esclarecem que esse sistema se desenvolve em três fases. Na primeira, "o Juiz comprova a responsabilidade penal do acusado declarando-o culpado (*guilty*), mas não dita uma sentença condenatória no sentido estrito, e sim lhe impõe uma série de condições de caráter educativo e reabilitador, que deverá cumprir durante um período de tempo de *liberdade controlada*, sob a supervisão ou vigilância de um *probation officer* (oficial de condicional). (...) Transcorrido o prazo fixado, o acusado volta a comparecer perante o Tribunal. Nesse momento o Juiz decide, tomando em consideração a conduta que teve o sujeito no período de prova, se lhe impõe uma pena ou se deixa sem efeito todo o procedimento". Colhem-se, assim, as fases mediante as quais se completa o sistema: (i.) declaração de culpabiliade; (ii.) submetimento ao regime de prova; e (iii.) sentença final (em que se decide por aplicar ou não a sanção). Como ainda afirmam Juan Carlos Ferré Olivé, Miguel Ángel Núñez Paz, William Terra de Oliveira e Alexis Couto de Brito (p. 666), "com este sistema se deposita toda a confiança no sujeito, que aproveitará ou não a reabilitação que lhe é oferecida".

[7] Nos Estados Unidos da América, de um modo geral, os agentes do MP são denominados *prosecutors*. Essa denominação compreende outras, de conformidade com a justiça (federal ou estadual) e o grau jurisdicional; *prosecutor*, assim, *é a legal officer who represents the state or federal government in criminal proceedings*. Além disso, *district attorney*, por sua vez, *é a public official appointed or elected to represent the state in criminal cases in a particular judicial district*. Existem, ainda, os *Attorneys General*, entre outros. Como descreve Bruno Heringer Júnior (2013, p. 43-4), "A acusação é da responsabilidade dos *prosecuting attorneys*, os quais dispõem de ampla discricionariedade para decidir sobre quais acusados processar, sobre quais crimes imputar e sobre qual

culpado, mediante a aceitação das imputações acordadas, bem como da pena pactuada, ao mesmo tempo em que renuncia a algumas garantias processuais.[8]

Derradeiramente, a suspensão condicional do processo penal exige o atendimento de certos requisitos e condições, sendo que aqueles se vinculam ao passado e estas, ao futuro.[9] (Passa-se, a seguir, ao exame dos requisitos e das condições por meio dos quais o instituto em causa se operacionaliza.)

2.1. DOS REQUISITOS

À concessão do benefício do *sursis* processual devem estar preenchidos certos requisitos, tanto objetivos como subjetivos. O benefício não é aplicável apenas no âmbito das infrações penais de menor potencial ofensivo, senão a qualquer delito cuja pena mínima não exceda um ano; assim, pouco importa, como se requer para a qualificação de uma infração como de pequeno potencial ofensivo, a pena máxima. (Note-se que, mesmo não constando na lei, caberá também a suspensão em análise em se tratando de contravenções penais.)[10] De outro giro, em que pese

---

sentença recomendar; atualmente, não existe ação penal privada nos Estados Unidos. Na maior parte da época colonial, não havia promotores públicos; cabia às próprias vítimas dar início à maioria dos casos criminais; em situações excepcionais, eram designados acusadores *ad hoc*. Ainda no século 18, servidores públicos nomeados em caráter permanente, paulatinamente, vieram a assumir a persecução dos delitos, sendo pagos por caso processado ou até mesmo por condenação obtida. Contudo, em meados do século 19, os promotores passaram a ser eleitos e a perceber remuneração fixa, o que alterou completamente o seu perfil. Hoje, cada estado conta com um *state attorney general*, em regra eleito, o qual forma uma equipe de *assistant attorneys* da sua confiança, que o ajudará na tarefa da persecução penal. Apesar de o promotor-geral deter algumas atribuições criminais exclusivas, a maioria dos casos penais são cuidados por promotores de condado ou de distritos ou circuitos judiciais, também eleitos, chamados geralmente de *state's attorneys*, *district attorneys* ou *county attorneys*, em número que varia de estado para estado. No âmbito federal, os promotores são investidos no cargo da mesma forma que os juízes: por indicação do Presidente da República, com ulterior aprovação do Senado".

[8] LIMA, Renato Brasileiro de, p. 1476.

[9] Em um sentido mais amplo, Juarez Cirino dos Santos (2011, p. 370) afirma que o instituto em causa "constitui instrumento redutor da predação social inútil promovida pela pena crimina, beneficiando especialmente segmentos subalternos da população brasileira; valoriza a constatação criminológica de que as vítimas dessa criminalidade miúda estão mais interessadas em ressarcimento do dano do que em punições; resolve conflitos humanos pela técnica civilizada do consenso, evitando a repressão institucional de sujeitos punidos por condições sociais adversas; contribui para despenalizar conflitos sociais mediante a *desprocessualização* de litígios humanos; enfim, realiza parcialmente o ideal do *Direito Penal mínimo* mediante necessária despenalização – que deve ser estimulada, e não temida – (...)". A seu turno, Juan Carlos Ferré Olivé, Miguel Ángel Núñez Paz, William Terra de Oliveira e Alexis Couto de Brito (p. 668) lembram, a mais disso, que se trata de "um remédio *exclusivamente processual*, que evita a abertura do julgamento e portanto resulta muito positivo, por tentar dar uma solução ao conflito sem que se chegue ao processo, que sem sede penal tem efeitos claramente *estigmatizantes* para todos os imputados".

[10] JESUS, Damásio de, 2010, p. 123. "Na esteira do entendimento majoritário do STJ e do TJMG, o fornecimento de bebida alcoólica para menores de dezoito anos não configura o crime previsto no art. 243 do ECA, mas, sim, a contravenção penal do art. 63, I, do Decreto-lei 3.688/41, devendo ser obedecido, portanto, o rito da Lei 9.099/95." (TJMG, *HC* 1.0000.13.023265-5/000, 7ª C.C., Rel. Des. Duarte de Paula, j. 9.5.13.) "Conflito negativo de competência. Contravenções penais. Exploração e participação de jogos de azar. Penas inferiores a dois anos. Lei 9.099/95. Requerimento pelo *Parquet* de devolução dos autos à DP para a conclusão das investigações. Complexidade. Inexistência. Competência do JEC. – A mera devolução dos autos à delegacia para o cumprimento de diligências de baixa ou de nenhuma complexidade não enseja a modificação da competência própria dos JE para o processamento e julgamento das infrações penais de menor potencial ofensivo, a que a lei comine pena máxima

o instituto encontrar guarida na Lei 9.099/95, sua aplicação ultrapassa o campo de atuação dos juizados especiais criminais; neste sentido, tanto os delitos presentes no Código Penal como os previstos na legislação extravagante – se compatíveis, por óbvio, com as exigências legais – também serão passíveis de suspensão processual. Conforme apontam Távora e Alencar, a "suspensão condicional do processo (...) tem aplicação junto aos processos de todos os outros juízos, a exceção daqueles que tramitam na Justiça Militar, mercê de vedação expressa no art. 90-A, da Lei 9.099/95. (...) mesmo em processo-crime eleitoral, sendo a pena mínima do crime imputado igual ou inferior a um ano, é cabível o oferecimento da suspensão condicional do processo, desde que preenchidos os requisitos objetivos e subjetivos legais".[11] A suspensão condicional do processo também não se mostra possível em se

---

não superior a 2 (dois) anos." (TJMG, CJ 1.0000.12.131859-6/000, 1ª C.C., Rel. Des. Flávio Leite, j. 30.4.13.) "Conflito negativo de jurisdição. Contravenção penal. 'Jogo do bicho'. Justiça comum *versus* JEC. Pedido de remessa dos autos à Delegacia de Polícia. Feito pelo *Parquet*. Ausência de complexidade. Compatibilidade com o rito especial da Lei 9.099/95. Competência do juízo suscitado. – I. Se as diligências requeridas pelo *Parquet* no caso em exame não suscitam maior complexidade, constituindo providências simples de serem cumpridas e que servirão somente para reforçar a convicção do MP quanto à *opinio delicti*, deve o feito retornar para o JE, que o havia encaminhado para a JC, por não se vislumbrar incompatibilidade da providência com o rito especial da Lei 9.099/95. II. Declarada a competência do Juízo suscitado. (TJMG, CJ 1.0000.12.125020-3/000, 4ª C.C., Rel. Des. Eduardo Brum, j. 27.2.13.) "Contravenção penal. Pertubação do sossego alheio. – O paciente foi denunciado como incurso nas sanções do art. 42, III, da LCP, que prevê pena não superior a dois anos. Considerando que o feito seguiu o rito processual estabelecido na Lei 9.099/95, a competência para apreciar o presente expediente é da TRC. Competência declinada." (TJRS, *HC* 70059637488, 7ª C.C., Rel. Des. Carlos Alberto Etcheverry, j. 5.5.14.) "Contravenção penal. Exploração de jogo de azar. Bingo e máquinas caça níqueis. Competência recursal. – Em se tratando de condutas contravencionais pertinentes a jogo de azar – bingo – e máquinas caça níqueis, a competência para o julgamento do recurso ministerial é da TRC, a teor do art. 61 da Lei 9.099/95. Competência declinada para a TRC." (TJRS, ACR 70054890652, 5ª C.C., Relª. Desª. Genacéia da Silva Alberton, j. 10.9.13.)

[11] TÁVORA, Nestor; ALENCAR, Rosmar Rodrigues, 2014, p. 948. Sobre o tema, cabe referir o apontado por Fernando da Costa Tourinho Filho (2012, p. 737): "A suspensão condicional do processo é aplicável às infrações punidas com reclusão, detenção, sujeitas ou não a procedimentos especiais, e eventualmente até às contravenções (...). Trata-se de excelente medida alternativa para a denominada pequena e média criminalidade. Todos sabemos que o cárcere, (...), é a universidade do crime, principalmente entre nós, onde, de regra, não há nenhum respeito à pessoa do preso, sofrendo este tratamento desumano e, às vezes, degradante, malferindo a Lei Fundamental". Em termos jurisprudenciais: "Lei 9099/95. Inaplicabilidade na Justiça Militar. Unânime. – *In casu*, o paciente, ao ofertar resposta à acusação por escrito, postulou a aplicabilidade da Lei 9.099/95 aos crimes militares, pedido que foi indeferido pelo juízo *a quo*. Ocorre que o legislador infraconstitucional, através da Lei 9.839/99, vetou a aplicação da Lei 9099/95 no âmbito da Justiça Militar, inserindo o art. 90-A na referida lei. Ademais, o Plenário do STF declarou a constitucionalidade do art. 90-A da Lei 9.099/95. Portanto, estreme de dúvidas, inaplicável a LJEC/C no âmbito da JM. *Habeas corpus* denegado. Unanimidade." (TJMRS, *HC* 649-17.2014.9.21.0000, Juiz Dr. Fernando Guerreiro de Lemos, j. 2.4.14.) "Furto simples. Subtração de cartão magnético e senha bancária. Desclassificação do delito para furto atenuado. Impossibilidade. Princípio da insignificância. Valor patrimonial expressivo e reprovabilidade da conduta. Inadmissibilidade. Inaplicabilidade dos institutos dos Juizados Especiais (Lei 9.099/95). Súmula 9/STM. – Pratica o crime de furto o militar que, de posse do cartão bancário e senha da vítima, além de efetuar saques em dinheiro da conta corrente, realiza compras parceladas na função crédito. Para que sejam aplicadas as atenuantes previstas nos §§ 2º e 3º do art. 240 do CPM não basta que o réu seja primário, devendo ser rigorosamente observados os demais requisitos que autorizam a sua concessão. É inadmissível, neste caso, o reconhecimento do princípio da insignificância devido a expressiva lesão patrimonial do Ofendido e a reprovabilidade da conduta do Apelante. Precedentes do STF. Foi consolidada pela Jurisprudência desta Corte Castrense a inaplicabilidade da Lei 9.099, de 26/9/95, na JMU Apelo não provido. Decisão unânime." (STM, ACR 0000055-21.2012.7.03.0303, Rel. Min. Álvaro Luiz Pinto, j. 27.11.13.) "Apelação interposta pela Defesa. Sentença *a quo* que condenou o apelante pela prática do crime de injúria. Arguição de inconstitucionalidade parcial, sem redução de texto, do art. 90-A, da Lei 9.099, de 26 de setembro de 1995. Rejeição. Pedido de absolvição fundado na tese da inexistência de dolo e no reconhecimento da atipicidade das

tratando de crimes cometidos com violência doméstica e familiar contra a mulher, em face de comando legal expresso – art. 41 da Lei 11.340/06.[12]

---

condutas do apelante. Pedido de aplicação do benefício da suspensão condicional da pena, previsto no art. 84 do CPM. Provimento parcial. – I. Permanece dotado de plena eficácia o art. 90-A da Lei 9.099/95, que dispõe que as disposições contidas no texto da referida lei não se aplicam no âmbito da JM, ou seja, as normas insertas na LJEC são incompatíveis com a legislação processual castrense. (...). Preliminar de inconstitucionalidade do art. 90-A da Lei 9.099/95 rejeitada. Decisão majoritária. Provimento parcial do apelo. Decisão majoritária." (STM, ACR 0000096-40.2011.7.03.0103, Rel. Min. José Coêlho Ferreira, j. 21.11.13.) "Reputa-se constitucional o art. 90-A da LJEC/C (Lei 9.099/95), o qual veda sua aplicação no âmbito da JM." (TJMSP, ACR 005931/08, 2ª C., Rel. Avivaldi Nogueira Junior, j. 20.5.10.)

[12] STF, *HC* 106212/MS, Rel. Min. Marco Aurélio, TP, j. 24.3.11. Ainda: "Violência doméstica. Lei 11.340/06. Gêneros masculino e feminino. Tratamento diferenciado. – O art. 1º da Lei 11.340/06 surge, sob o ângulo do tratamento diferenciado entre os gêneros – mulher e homem –, harmônica com a CF, no que necessária a proteção ante as peculiaridades física e moral da mulher e a cultura brasileira. Competência. Violência doméstica. Lei 11.340/06. Juizados de violência doméstica e familiar contra a mulher. O art. 33 da Lei 11.340/06, no que revela a conveniência de criação dos juizados de violência doméstica e familiar contra a mulher, não implica usurpação da competência normativa dos estados quanto à própria organização judiciária. Violência doméstica e familiar contra a mulher. Regência. Lei 9.099/95. Afastamento. – O art. 41 da Lei 11.340/06, a afastar, nos crimes de violência doméstica contra a mulher, a Lei 9.099/95, mostra-se em consonância com o disposto no § 8º do art. 226 da CR, a prever a obrigatoriedade de o Estado adotar mecanismos que coíbam a violência no âmbito das relações familiares." (STF, ADC 19, TP, Rel. Min. Marco Aurélio, j. 9.2.12.) "Violência doméstica. Lesão corporal. Dois crimes. Preliminar. Nulidade. Inexistência. Contravenção. Vias de fato. Suspensão condicional do processo. Inviabilidade. Desclassificação. Impossibilidade. Palavra da vítima. Legítima defesa. Continuidade delitiva. Substituição da pena corporal pela multa. Impossibilidade. Unificação. Preliminar rejeitada. Recurso da defesa desprovido. Recurso ministerial provido. – I. O art. 41 da Lei 11.340/06 veda a aplicação da Lei 9.099/95 a toda e qualquer infração praticada no âmbito da violência doméstica, abrangendo, assim, tanto os crimes como as contravenções penais. II. Inviável a desclassificação do crime de lesão corporal para a contravenção penal das vias de fato se os laudos de exame de corpo de delito apontam violação da integridade física das vítimas. III. Nos crimes praticados no âmbito familiar e doméstico a palavra das vítimas reveste-se de especial credibilidade, mormente quando verossímeis e não confrontadas com outras provas que as desmereçam. IV. Uma vez apurado que o réu deu início às agressões em sua ex-companheira, e que a filha do casal interveio, na legítima defesa de sua mãe, a conduta delitiva não se encontra acobertada pela exculpante da legítima defesa, impondo-se a sua condenação pelo crime de lesões corporais, por duas vezes. V. O disposto no art. 17 da Lei 11.340/06 impede que, nos crimes praticados no âmbito da violência doméstica e familiar, haja a substituição da pena corporal por pecuniária prevista no § 5º do art. 129 do CP. VI. A prática de dois crimes de lesão corporal, contra vítimas diferentes, perpetrados nas mesmas condições de tempo, lugar e maneira de execução autoriza o reconhecimento da continuidade delitiva. VII. Preliminar de nulidade rejeitada. Recurso da Defesa desprovido. Recurso do MP provido." (TJDFT, ACR 20120310018612, 3ª TC, Rel. Des. Nilsoni de Freitas, j. 16.5.13.) "Apelação. Contravenção penal. Lei Maria da Penha. Vias de fato. Prova suficiente. Preliminar. Oferta de suspensão condicional do processo e transação penal. Impossibilidade. – A questão invocada pelo apelante já restou solvida pelo Plenário do STF, dispensando maiores digressões. Na ocasião, restou destacada a necessidade de afastamento de interpretação literal e gramatical da norma contida no art. 41 da Lei 11.340/06, devendo ser observado o seu conteúdo hermenêutico. O intuito da regra ali consubstanciada inclui a proteção do gênero mulher, nas relações domésticas e familiares, contra ações do homem, cuja supremacia física é sabidamente superior, de molde a garantir a intangibilidade corporal daquela. Logo, defeso rechaçar a incidência do aludido dispositivo à contravenção penal de vias de fato, sob pena de contrariedade ao fim a que se destina a Lei Maria da Penha. Decreto condenatório. Prova suficiente. Palavra da vítima. Valor probante. Materialidade e autoria suficientemente demonstradas pela prova produzida. Palavra da vítima. Conforme tranquilo entendimento jurisprudencial, a prova testemunhal consistente na palavra da vítima tem suficiente valor probante para o amparo de um decreto condenatório, especialmente quando se trata de delito praticado sem testemunhas presenciais. Os relatos da vítima, ao se mostrarem seguros e coerentes, merecem ser considerados elementos de convicção de alta importância. Dosimetria da pena. Manutenção. Pena-base de 30 dias de prisão simples corretamente fixada, considerando que a contravenção penal foi praticada na presença do filho comum, de apenas cinco meses de idade à época do fato. Acertada, ainda, a incidência da agravante descrita no art. 61, II, f, do CP, em se tratando de contravenção de vias de fato praticada contra mulher, no âmbito familiar. Pena definitiva de 40 (quarenta) dias de prisão simples inalterada. Apelo improvido." (TJRS, ACR 70059399808, 8ª CC, Rel. Des. Dálvio Leite Dias Teixeira, j. 28.5.14.)

Por outro lado, o Supremo Tribunal Federal[13] já decidiu por cabível a suspensão condicional do processo quando, apesar de a pena mínima (privativa de liberdade) ser superior a um ano, houver a previsão alternativa de pena de multa, como ocorre, por exemplo, com o art. 7º da Lei 8.137/90.[14] A mais disso, mostra-se igualmente possível a suspensão condicional do processo se, em virtude de desclassificação, o delito, agora, estiver dentro dos parâmetros mediante os quais se condicionada a aplicação daquela medida.[15] Nesse ponto, cumpre salientar que o Ministério Público poderá efetuar a proposta de suspensão até mesmo quando da desclassificação do crime na sentença[16] ou da procedência parcial da pretensão punitiva por ocasião da sentença[17] – nos exatos termos da Súmula 337 do Superior Tribunal de Justiça.[18] Discute-se, ainda, se o Juiz, quando do recebimento da denúncia, já poderia operar essa desclassificação ao efeito de possibilitar a suspensão condicional do processo, especialmente na hipótese de ficar caracterizado um excesso da proposta acusatória quanto à classificação do fato delituoso; para

---

[13] "Ação penal. Crime contra relações de consumo. Pena. Previsão alternativa de multa. Suspensão condicional do processo. Admissibilidade. Recusa de proposta pelo MP. Constrangimento ilegal caracterizado. *HC* concedido para que o MP examine os demais requisitos da medida. Interpretação do art. 89 da Lei 9.099/95. Quando para o crime seja prevista, alternativamente, pena de multa, que é menos gravosa do que qualquer pena privativa de liberdade ou restritiva de direito, tem-se por satisfeito um dos requisitos legais para a suspensão condicional do processo." (STF, *HC* 83926, 2ª T., Rel. Min. Cezar Peluso, j. 7.8.07.)

[14] PACELLI, Eugênio, 2015, p. 704.

[15] "Art. 243 do ECA. Desclassificação para o art. 63, I, da LCP. Suspensão condicional do processo e transação penal. Possibilidade. 1. Modificada a imputação trazida pela denúncia, por outra que se amolde aos requisitos determinados pelo arts. 76 e 89 e da Lei 9.099/1995, deve o juízo processante conferir oportunidade ao MP para que se manifeste sobre o oferecimento da suspensão condicional do processo e da transação penal. Precedentes do STF e do STJ. 2. Ordem concedida para, anulando a condenação, determinar o retorno dos autos ao Tribunal de origem, a fim de facultar ao MP a possibilidade de formular proposta de suspensão condicional do processo ou de transação penal." (STJ, *HC* 224.665, Minª. Relª. Laurita Vaz, 5ª T, j. 24.4.12.) "Porte ilegal de arma. Causa de aumento de pena. Desclassificação. Suspensão condicional do processo. 1. Desclassificado o crime praticado pelo agente para outro que se amolde aos requisitos determinados pelo art. 89, da Lei 9.099/1995, deve o juízo processante conferir oportunidade ao MP para que se manifeste sobre o oferecimento da suspensão condicional do processo. Precedentes do STF e do STJ. 2. Recurso especial parcialmente conhecido e, nessa parte, provido." (STJ, RESP 637.072, Minª. Relª. Laurita Vaz, 5ª T, j. 5.8.04.)

[16] "Furto. Desclassificação em sentença. Possibilidade de suspensão condicional do processo. Sobrevindo, em sentença, desclassificação do fato para delito que comporte suspensão condicional do processo do art. 89 da Lei 9.099/95, impositiva a interrupção do julgamento pelo juízo monocrático e a concessão de vista ao MP atuante junto à comarca de origem, a fim de que possa avaliar a possibilidade de oferta da benesse legal. Inteligência do art. 383, § 1º, do CPP e do enunciado nº 337 das súmulas do STJ. Declaração de insubsistência da condenação e determinação de retorno dos autos ao 1º Grau para adoção das medidas cabíveis. De ofício, declararam a insubsistência da condenação e determinaram a remessa dos autos à comarca de origem. Prejudicado o exame do apelo. Unânime. (TJRS, AC 70054791017, Desª. Relª. Naele Ochoa Piazzeta, 8ª CC, j. 3.7.13.)

[17] "2. Segundo a orientação firmada pelo STJ, havendo desclassificação do delito ou procedência parcial da pretensão punitiva – como verificado na espécie, já que o acusado foi absolvido quanto à infração prevista no art. 1.º, II, do Decreto-lei 201/67 –, deve ser conferida ao MP a oportunidade de se manifestar acerca do oferecimento do benefício da suspensão condicional do processo. Enunciado 337 da Súmula desta Corte. 3. *Habeas corpus* parcialmente conhecido e, nessa extensão, concedido para determinar o retorno dos autos à instância *a quo*, a fim de se oportunizar ao MP a possibilidade de oferecimento da proposta de suspensão condicional do processo ao paciente." (STJ, *HC* 213.058, Minª. Relª. Laurita Vaz, 5ª T, j. 7.3.13.)

[18] "É cabível a suspensão condicional do processo na desclassificação do crime e na procedência parcial da pretensão punitiva."

alguns, seria possível "uma desclassificação no limiar do processo",[19] permitindo-se-lhe "corrigir a adequação do fato feita pelo promotor, embora o faça de maneira incidental e provisória, apenas para decidir quanto ao cabimento da liberdade provisória e dos institutos despenalizadores da Lei dos Juizados, lembrando sempre que a iniciativa para eventual proposta de transação penal ou de suspensão condicional do processo deve partir do titular da ação penal";[20] e, para outros, a solução seria provocar o "Chefe do *parquet* (por analogia ao art. 28 do Código de Processo Penal), para que possa reexaminar a posição do promotor".[21]

Deve considerar-se, para efeitos de "pena mínima cominada", a exasperação referente à continuidade delitiva e ao concurso formal, tal como dispõe a súmula 723 do Supremo Tribunal Federal, segundo a qual não se admite a suspensão condicional do processo por crime continuado, se a soma da pena mínima da infração mais grave com o aumento mínimo de um sexto for superior a um ano. É nesse mesmo sentido o entendimento do Superior Tribunal de Justiça, consolidado na sua Súmula 243. No cálculo da pena, para efeitos da verificação da possibilidade de aplicação da suspensão processual, devem ser consideradas também as eventuais qualificadoras, os privilégios, as causas de aumento e de diminuição de pena. Entretanto, "em relação às circunstâncias agravantes e atenuantes, porque dependentes, necessariamente, de exame particularizado do caso concreto, isso não ocorre".[22]

Além desses requisitos, deverão ser preenchidos os pressupostos estabelecidos no art. 77 do Código Penal – *sursis* da pena. (Neste campo, a partir de uma aproximação analógica ao *caput* do art. 77 do Código Penal, pode sustentar-se que a reincidência em crime culposo, *per se*, não obstaculiza a concessão da benesse legal em causa, bem como não a impede a condenação anterior por contravenção penal, uma vez que se refere a lei a crime; e, ainda, em analogia ao § 1º do art. 77 do Código Penal, pode concluir-se que a condenação anterior à pena de multa também não pode impedir a concessão do benefício legal[23]).

Em face disso, para que se viabilize a suspensão condicional do processo devem ser atendidos tanto os requisitos (específicos) dos juizados especiais criminais como os (gerais) do Código Penal.[24] Quanto ao momento da suspensão, tem-se, em regra, o do oferecimento da denúncia; todavia, existem exceções, na medida em que nem sempre o acusado terá preenchido os requisitos necessários naquele estágio da marcha persecutória penal.[25]

---

[19] LIMA, Renato Brasileiro de, p. 1433.

[20] Id., p. 1433-4.

[21] LIMA, Marcellus Polastri, 2014, p. 917.

[22] PACELLI, Eugênio, p. 716.

[23] LIMA, Marcellus Polastri, p. 916.

[24] BITENCOURT, Cezar Roberto, 1995, p. 109.

[25] JESUS, Damásio de, p. 134.

2.2. DAS CONDIÇÕES

Como circunstanciadamente se indica, alistam-se certas condições (obrigatórias e facultativas), cujo cumprimento deverá ser levado a efeito durante o (assim denominado) período de prova – de 2 a 4 anos (aliás, esse prazo poderá ser prorrogado mediante a aplicação subsidiária do art. 81, §§ 2º e 3º, do Código Penal – que trata do *sursis* da pena).[26]

Cuida-se, por conseguinte, de exigências (legais e judiciais)[27] que deverão ser atendidas pelo beneficiário *pendant* a suspensão do processo. Dessa forma, por ilustração, será proibido de frequentar determinados locais; de se ausentar da comarca onde reside, sem que haja autorização judicial nesse sentido; deverá comparecer, mensalmente, em juízo, para informar e justificar suas atividades; deverá, até o final do período de prova, reparar o dano (ou demonstrar a impossibilidade de fazê-lo); além disso, nesse período, não poderá ser processado por outro crime ou contravenção penal. Ao final do período de prova – e uma vez adimplidas as condições impostas ao beneficiário –, o Juiz irá proferir sentença declarando extinta a punibilidade (§ 5º do art. 89 da Lei 9.099/95).

2.3. DA RECUSA DO MINISTÉRIO PÚBLICO EM PROPOR A SUSPENSÃO DO PROCESSO

Correlatamente, deve avaliar-se a situação em que, apesar de os requisitos necessários à concessão do benefício estarem preenchidos, o Ministério Público se recusa a propor a suspensão; a compreensão disso é polêmica, não encontrando consenso doutrinário ou jurisprudencial.

A posição majoritária, encampada pelo Supremo Tribunal Federal, sustenta que, nessa situação, o juiz deverá aplicar, por analogia, o art. 28 do Código de Processo Penal, e remeter, então, os autos ao Procurador-Geral de Justiça, comunicando-o acerca das razões por que discorda da recusa do agente ministerial em oferecer a proposta. Na sequência, o Procurador-Geral de Justiça irá decidir se os motivos da recusa em oferecer o benefício pelo órgão titular da ação penal são pertinentes ou não. Se o forem, o Magistrado nada mais poderá fazer (dado que a proposta de suspensão condicional do processo é prerrogativa do órgão ministerial; e, em sendo assim, jamais poderia advir do próprio juízo); por outro lado, caso entenda que o acusado realmente faz jus ao benefício, o Procurador-Geral de Justiça oferecerá a suspensão ou determinará que outro Promotor o faça (atuando este como *longa manus* do próprio Procurador-Geral de Justiça, razão pela qual se encontrará vinculado ao entendimento deste). Ao Magistrado não é dado partici-

---

[26] DOTTI, René Ariel, 2013, p. 810.

[27] Impõe-se que seja feita a análise do caso concreto, para que se determinem as obrigações necessárias em cada caso específico. Assim, o Magistrado poderá especificar outras condições às quais se subordinará a suspensão do processo, desde que se mostrem adequados ao fato e à condição pessoal do acusado, na linha do disposto no § 2º do art. 89 da Lei 9.099/95.

par dessa transação, salvo para homologá-la, caso contrário estaria "se evocando a condição de parte, em substituição compulsória do órgão acusador, o que se mostra incompatível com o sistema acusatório (Constituição Federal, art. 129, inc. I), que repugna qualquer atividade *ex officio* de um juiz que deve pautar sua conduta pela imparcialidade".[28] Sobre o tema, o Supremo Tribunal Federal editou a súmula 696. Em verdade, "tendo em vista a adoção do modelo acusatório de processo penal – por intermédio do qual as funções de julgador são perfeitamente diferenciadas das funções de acusador –, bem como o fato de que o Ministério Público é o titular da prerrogativa de formular ou não aquela proposta, a doutrina majoritária consolidou-se no sentido da impossibilidade de uma suspensão *ex officio*".[29]

2.4. NA HIPÓTESE DE AÇÃO PENAL PRIVADA, DA RECUSA DO QUERELANTE EM PROPOR A SUSPENSÃO DO PROCESSO.

Não há consenso na doutrina quanto à consequência da recusa do querelante em oferecer a proposta de suspensão condicional do processo.[30] Uma "primeira corrente entende que, diante da recusa injustificada do querelante, defere-se ao juiz a possibilidade de formular a proposta de ofício. Uma segunda corrente entende que, na condição de *custos legis*, a fim de preservar a legalidade da persecução penal, deve o Ministério Público intervir para formular a proposta de suspensão condicional do processo. Aliás, é exatamente nesse sentido o teor do enunciado n. 112, aprovado no XXVII FONAJE – Fórum Nacional de Juizados Especiais –, realizado em Palmas/Tocantins: 'Na ação penal de iniciativa privada, cabem transação penal e a suspensão condicional do processo, mediante proposta do Ministério Público'".[31]

No entanto, prevalece, doutrinariamente, o entendimento de que o Juiz não pode conceder o benefício de ofício, tampouco se admite que a proposta seja viabilizada *in casu* pelo Ministério Público. Diante disso, a recusa do querelan-

---

[28] LIMA, Renato Brasileiro de, p. 1481.

[29] SOUZA, Artur de Brito Gueiros; JAPIASSÚ, Carlos Eduardo Adriano, 2012, p. 468-9. Ocorre, contudo, que, recentemente, o STJ (*HC* 131.108/RJ, Rel. Min. Jorge Mussi, DJU 18.12.12) defendeu posicionamento em sentido oposto. No julgado em questão, os Ministros daquela Corte entenderam que, se o Juiz perceber que os fundamentos utilizados pelo MP para negar o benefício ao acusado são insubsistentes, e verificar que as condições para a concessão do benefício foram adimplidas, poderá *motu proprio* ofertar a suspensão condicional do processo. Isso porque, ao adotar essa linha de compreensão, o STJ consagrou a natureza jurídica do instituto (da suspensão condicional do processo) como sendo direito público subjetivo do acusado. Por conta disso, em vista de a suspensão ser de interesse público, as razões técnico-jurídicas da recusa da proposta deveriam ser submetidas ao crivo de legalidade por parte do Poder Judiciário. Cabe salientar, no entanto, que há diversos julgados do STJ, na linha do acórdão acima apresentado, que aplicam a Súmula 696 do STF. Dessa forma, o precedente indicado acima é um julgamento isolado, que pode, não obstante, apontar para uma mudança de posicionamento desta Corte.

[30] Obviamente, existe significativa parcela da doutrina que sequer admite a existência da suspensão condicional do processo em se tratando de crimes de ação de exclusiva iniciativa privada. Nesse sentido, por todos: BUSATO, Paulo César, 2015, p. 976.

[31] LIMA, Renato Brasileiro de, p. 1480.

te em oferecer a proposta inviabiliza, por completo, a suspensão condicional do processo.[32]

2.5. NA HIPÓTESE DE AÇÃO PENAL PRIVADA SUBSIDIÁRIA DA PÚBLICA, DA RECUSA DO QUERELANTE EM PROPOR A SUSPENSÃO DO PROCESSO

No que toca à ação penal privada subsidiária da pública, parece mais acertado o entendimento de que também seria plenamente possível a aplicação do instituto da suspensão processual no âmbito da queixa substitutiva, na medida em que essa ação não perde seu caráter público. Além disso, se é conferida legitimidade ao querelante para propor a suspensão do processo até mesmo na ação penal de natureza privada, não haveria razão para desconsiderá-la no âmbito de uma ação penal genuinamente pública – ainda que subsidiária.[33]

Nesse caso, contudo, em havendo recusa do querelante em propor a suspensão do processo, entende-se plenamente possível que o *Parquet* o faça, dado que esta ação, embora proposta por particular, não perde seu caráter público, razão por que o Ministério Público não se encontra apenas na posição de *custos legis*.

2.6. DA REVOGAÇÃO DO *SURSIS* PROCESSUAL

Também são enumerados pela lei dos juizados especiais criminais, em se verificando o descumprimento das condições impostas ao beneficiário, os casos de revogação da suspensão do processo. Existem, basicamente, duas modalidades revogatórias – tal como se verifica em relação ao *sursis* da pena: uma obrigatória e outra de facultativa.

Conforme apregoa o § 3º do art. 89 da referida lei, deverá ser revogada (obrigatoriamente) a benesse quando, durante o período probatório, o beneficiado for processado por outro crime; ou no caso de não haver efetuado a reparação do dano causado, sem que para tanto houvesse justificativa.[34] Também, "o recebimento de aditamento da acusação para tipo penal onde seria incabível a suspensão, acarretará, embora não prevista em lei, a revogação obrigatória da suspensão condicional

---

[32] LIMA, Renato Brasileiro de, p. 1481. Nesse sentido, Eugênio Pacelli (p. 707): "e porque a admissibilidade da suspensão do processo para as ações privadas decorreria de aplicação da analogia, não se poderia afirmar a existência de direito do querelado, ou seja, do réu, à aplicação do citado art. 89. A conveniência e oportunidade permaneceriam com o querelante, tal como ocorre com a própria ação penal privada. Em tais ações, evidentemente, o papel do MP é de *custos legis*, não cabendo a ele, por óbvio, a propositura da suspensão, embora possa opinar nesse sentido".

[33] Sobre o tema, ver: FAYET JÚNIOR, Ney; VARELA, Amanda Gualtieri, 2015, p. 205-6.

[34] Segundo o entendimento de Fernando Galvão (2013, p. 959), o "dispositivo é bastante claro, ao estabelecer a reparação dos danos como *condição* para o *início* do período de prova, embora permita que o processo seja suspenso sem reparação, quando o acusado não tiver capacidade financeira suficiente. A reparação dos danos é, efetivamente, condição para o *início* do período de prova. (...) não existe justificativa para que o acusado negue-se a reparar os danos de imediato, sendo-lhe possível tal reparação".

do processo".[35] Além disso, poderá ser revogada (facultativamente) a suspensão processual quando o beneficiário vier a ser processado, no curso do período de prova, por contravenção penal; ou quando for descumprida qualquer outra condição imposta pelo Julgador. Como se observa, "basta a existência de ação penal por crime, na revogação obrigatória, e por contravenção, na facultativa. Não se há de falar, no caso, de suposta violação ao princípio da inocência, porque a suspensão do processo é medida de política criminal e pode, validamente, fixar os seus contornos de acordo com o juízo provisório acerca do comportamento que se espera de quem se achar submetido a processo penal".[36] Contudo, em tais hipóteses, a melhor opção seria a de, no lugar de revogação *ipso facto* da benesse, prorrogar o período de prova até o desenlace do novo processo, na medida em que poderá existir uma decisão absolutória (e esta deve ser a presunção, não a de culpabilidade), encampando-se, ainda uma vez, a analogia (*in bonam partem*) com o comando legal inscrito no § 2º do art. 81 do Código Penal. De qualquer sorte, em havendo a revogação (obrigatória ou facultativa) do benefício legal, a consequência natural será a retomada da marcha processual até a sentença, com a cessação, por óbvio, do período de prova.[37]

Finalmente, questão importante – até mesmo pela eventual repercussão sobre a contagem prescricional – diz com a possibilidade de revogação do benefício após o encerramento do período de prova. Sobre esse tema, entende a jurisprudência que é viável a revogação do benefício mesmo depois de já transcorrido o período probatório; entretanto, desde que os fatos ensejadores dessa revogação tenham ocorrido antes do término do mencionado período, ainda que seu conhecimento se tenha dado apenas posteriormente. Dessa forma, o simples fato de já ter expirado o prazo de prova – sem a revogação da suspensão – não implica, de plano, a extinção da punibilidade, porquanto se deve verificar se não houve o descumprimento das condições durante o período de suspensão.

2.7 DOS FUNDAMENTOS E DOS EFEITOS DO *SURSIS* PROCESSUAL

A aplicação do instituto suspensivo do processo promove vantagens tanto para o acusado quanto para a máquina judiciária. Com relação ao primeiro, evita-se seu apenamento, além de inúmeros outros constrangimentos advindos da obrigação de ter que comparecer em Juízo para figurar como réu em demanda criminal. Já para o Estado, além da redução de custos, diminui-se o volume de trabalho.[38] De conformidade com a doutrina, "pode-se afirmar que a suspensão

---

[35] GIACOMOLI, Nereu José, 2002, p. 215.

[36] PACELLI, Eugênio, p. 713.

[37] GIACOMOLI, Nereu José, 2009, p. 229.

[38] Sobre o tema do fundamento do *sursis* do processo, Eugênio Pacelli (p. 703) afirma que "sua principal justificativa seria a reparação do dano, se possível, o que, por si só, de um lado, já relativizaria uma eventual qualifi-

condicional do processo integra um conjunto de iniciativas político-criminais que, desde o final do século XIX, objetivam restringir os efeitos deletérios da pena de prisão de curta duração. (...) Alinha-se, assim, à moderna tendência de uma justiça penal consensual e reparatória".[39]

No que diz respeito aos efeitos, Giacomolli aduz: "a suspensão do processo tem como efeitos: a suspensão do processo cognitivo; interrupção provisória da pretensão acusatória comum; imutabilidade do fato, da qualificação jurídica; alteração provisória do pedido; inexistência de reconhecimento ou declaração de culpabilidade; reprovação jurídica proporcional; extinção da punibilidade após o cumprimento das condições; não-produção de antecedentes; revogação e prorrogação; alteração das condições; cumulação subjetiva e objetiva".[40] Adverte Pacelli que, uma vez verificado o cumprimento de todas as exigências impostas ao acusado, "deverá o juiz julgar extinta a punibilidade, com todos os consectários daí decorrentes, ou seja, os efeitos de coisa julgada material, por tratar-se de solução do mérito da pretensão penal. Uma questão: e se o membro do *parquet* a quem forem remetidos os autos não for o mesmo que fez a proposta entender que o caso não era de aplicação do art. 89, e requerer o prosseguimento do processo e a revogação da suspensão? Ora, muito simples (...): não se revoga o que foi cumprido e exaurido! Extinção da punibilidade, por eficácia *preclusiva* dos atos praticados!".[41] Na esfera cível, por não ter havido a participação da vítima no momento da suspensão processual – nem na fixação dos critérios para se aferir a reparação do dano –, a matéria poderá ser (re)discutida, com o intuito de se apurar eventual responsabilidade civil remanescente.[42]

Percebe-se, então, ser muito mais vantajosa a sua aplicação que o enfrentamento de todo o trâmite processual, porquanto não há, sequer implicitamente, a assunção de culpa por parte do beneficiário, nem mesmo lhe será aplicada qualquer pena (alternativa) – como ocorre no instituto da transação penal.[43] (Na sequência, vai-se desenvolver, em poucas linhas, a apresentação conceitual do instituto prescricional, sobre cujo tópico repousará o cerne da discussão a que nos propusemos.)

---

cação exclusiva de sanção penal, e, de outro lado, atenderia aos interesses mais pragmáticos da Justiça Penal, às voltas com uma incapacidade concreta de resolver suas deficiências em relação ao acúmulo de processos".

[39] SOUZA, Artur de Brito Gueiros; JAPIASSÚ, Carlos Eduardo Adriano, p. 465-6.

[40] GIACOMOLI, Nereu José, 2002, p. 209.

[41] PACELLI, Eugênio, p. 713. "Arts. 302 e 306 da Lei 9.503/97. Suspensão condicional do processo. Revogação do benefício irregularmente concedido. Preclusão *pro judicato*. – A mudança de entendimento sobre a concessão do *sursis* processual não pode ensejar revogação sem que tenha havido fato novo ou interposição do oportuno recurso, em razão da preclusão *pro judicato*. Ordem concedida." (STJ, *HD* 42.000/MS, 5ª T., Rel. Min. Felix Fischer, j. 21.6.05.)

[42] PACELLI, Eugênio, p. 705. De acordo com o mesmo autor, "se já houver assistente habilitado nos autos, nada impede que o juiz determine a sua inquirição, embora não subordinado à sua aquiescência, para fins de fixação dos limites da reparação do dano, até mesmo para que se resolva ali mesmo a questão relativa à eventual recomposição civil do dano causado pela infração penal" (PACELLI, Eugênio, p. 714).

[43] SOUZA, Artur de Brito Gueiros; Japiassú, Carlos Eduardo Adriano, p. 465.

3. Da prescrição penal

3.1. CONCEITO

A prescrição inscreve-se entre as causas extintivas da punibilidade dispostas no art. 107 do Código Penal, tendo, portanto, natureza material. Trata-se de um instituto limitador do poder punitivo vinculado à passagem do tempo. Cabe ressaltar, porém, que nem todos os delitos são passíveis de prescrição. Os crimes de racismo e a ação de grupos armados, civis ou militares, contra a ordem constitucional e o Estado Democrático são havidos, pela Constituição Federal (art. 5°, XLII e XLIV), como imprescritíveis; no entanto, são apenas exceções, uma vez que a regra é a prescritibilidade.[44]

3.2. DAS MODALIDADES DA PRESCRIÇÃO

Doutrinariamente, encontram-se diversas classificações a respeito das modalidades prescricionais. Todavia, sempre estarão presentes, ao menos, duas: (i.) a prescrição da pretensão punitiva; e (ii.) a prescrição da pretensão executória. (Aliás, essas são as formas prescricionais por excelência, visto o poder soberano conferido ao Estado que é de punir e de executar a pena.) Dessas modalidades gerais defluem outras, específicas.

A diferença nas diferentes formas de prescrição é que, na perda da pretensão punitiva, se considera como se o delito jamais tivesse ocorrido; e, na perda da pretensão executória, os demais efeitos da condenação permanecem, ocorrendo apenas a extinção da punibilidade. Importante frisar que o fluxo prescricional sempre ocorrerá, apenas sendo obstruído pelas denominadas causas suspensivas[45] ou interruptivas[46] da prescrição. Com relação às primeiras, verifica-se a paralisação da marcha prescricional até que haja a sua retomada, exatamente do momento em que foi suspensa; porém, quando das causas interruptivas, há o reinício da contagem do prazo.

Feitas, então, tais considerações, passa-se ao exame do efeito da revogação do benefício (da suspensão condicional do processo penal) na contagem do prazo prescricional, especialmente por que a decisão revogatória do *sursis* processual pode ser proferida durante (ou mesmo após expirado) o prazo do período de prova

---

[44] Para maiores noções sobre a imprescritibilidade, ver artigo de: FAYET JÚNIOR, Ney; FERREIRA, Martha da Costa, 2011.

[45] As causas suspensivas decorrem de questão prejudicial a ser resolvida em outra esfera; ou da prisão do agente no estrangeiro; ou após o transito em julgado da sentença condenatória, enquanto o agente estiver preso por outro motivo. Na verdade, essas são as causas previstas no CP, mas existem vários outros exemplos: § 5° do art. 53 da CF [com a nova redação da EM n° 35]; § 6° do art. 89 da Lei 9.099/95; arts. 366 e 368 do CPP; § 1° do art. 9° da Lei 10.684/03; e § 3° do art. 4ª da Lei 12.850/13.

[46] Estão presentes no art. 117 do CP. Cuida-se do recebimento da denúncia (ou da queixa); da publicação de acórdão ou sentença recorríveis; do início ou continuação do cumprimento da pena; e, por fim, da reincidência. Nestes casos, o prazo reinicia do dia da interrupção.

(de 2 a 4 anos); assim, quer-se estabelecer o exato momento de retomada da marcha prescricional.

4. Da decisão revogatória (do *sursis* processual) e de seus efeitos sobre a prescrição penal

A decisão revogatória da suspensão condicional do processo – seja por descumprimento de alguma obrigação imposta, seja pela prática de um novo crime (ou, mesmo, de uma nova contravenção) – é meramente declaratória, cujos efeitos são (tal como o *decisum* que reconhece a prescrição[47]) *ex tunc*. (Esse ponto não enseja maiores dúvidas, haja vista cuidar-se de entendimento consolidado jurisprudencialmente).[48]

Em face disso, seria possível, em linha de princípio, imaginar-se que o efeito retroativo da decisão revogatória (da suspensão condicional do processo) se deslocaria até a fase anterior à da própria concessão do benefício, como se este jamais tivesse existido; assim, em havendo o retorno à situação inicial, a (análise da) prescrição também retroagiria, como se jamais tivesse sido suspensa. E, com

---

[47] "Conflito negativo de competência. Penal. Crime de desobediência em conexão com delito ambiental. Reconhecimento da prescrição pela Justiça Federal. Competência da Justiça Estadual para o processamento do delito remanescente. 1. A decisão que reconhece a prescrição é considerada meramente declaratória e tem efeito *ex tunc*. Diante de sua ocorrência, desfaz-se possível conexão probatória com demais crimes em apuração porquanto não subsiste o feito que, em tese, determinaria o julgamento em conjunto dos processos. Precedentes. 2. No caso vertente, em relação ao crime objeto de investigação perante a JF, (desobediência), que atrairia a competência para o processamento do delito ambiental foi reconhecida a ocorrência da prescrição. Assim, inexistindo interesse da União, o feito deve prosseguir na JE. 3. Conflito conhecido para determinar competente o suscitado, Juízo de Direito da 2ª Vara Criminal de Jaú/SP." (STJ, CC 114100 SP 2010/0166286-7, Rel. Min. Og Fernandes, 3ª S., j. 23.3.11.)

[48] "Suspensão condicional do processo. Descumprimento da condição estabelecida pelo juízo. Revogação automática do benefício. Decisão meramente declaratória. Possibilidade de proferimento após o período de prova. Extinção da punibilidade não configurada. Ordem denegada. Hipótese na qual se requer a cassação do acórdão recorrido e o restabelecimento da decisão do Juízo singular que julgou extinta a punibilidade do paciente, sustentando que o período de prova da suspensão condicional do processo transcorreu sem incidentes, sendo que o descumprimento das condições impostas pelo Juízo somente foi noticiado após o término do prazo de 02 anos. A suspensão condicional do processo é automaticamente revogada se, no período de prova, o réu descumpre as condições estabelecidas pelo Juízo quando da concessão do benefício. Evidenciado que o descumprimento das condições fixadas pelo Juízo ocorreu durante o período probatório, verifica-se que a suspensão condicional do processo foi, no momento da notícia do descumprimento, automaticamente revogada. Sendo a decisão revogatória do *sursis* meramente declaratória, não importa que a mesma venha a ser proferida somente depois de expirado o prazo de prova. Ordem denegada." (STJ, *HC* 71794, Rel. Min. Gilson Dipp, 5ª T., j. 18.6.07.) "Suspensão condicional do processo. Descumprimento das condições. Reparação do dano. Revogação automática do *sursis*. Decisão declaratória. Possibilidade de proferimento após o período de prova. Hipótese *sui generis*. Exclusão da obrigação pelo juízo. Recurso desprovido. I. A suspensão condicional do processo é automaticamente revogada, se o réu vem a descumprir as condições impostas pelo Juízo. II. Sendo a decisão revogatória do *sursis* meramente declaratória, não importa que a mesma venha a ser proferida somente depois de expirado o prazo de prova. III. Hipótese em que o Magistrado dispensou a acusada da obrigação de reparar o dano, dando continuidade ao benefício do *sursis* processual. IV. Diante da decisão que excluiu a obrigação de reparação do dano, incabível a alegação de descumprimento de condição, bem como o pleito de revogação do benefício. V. Expirado o prazo do período de prova, com o devido cumprimento das condições estabelecidas, correta a decisão que declara a extinção da punibilidade da acusada. VI. Recurso desprovido." (STJ, RESP 873803, Rel. Min. Gilson Dipp, 5ª T., j. 11.12.06.)

104

isso, o marco prescricional retornaria para a última causa interruptiva, sem se levar em consideração a causa suspensiva. Ainda se poderia identificar uma linha de compreensão segundo a qual, em virtude da revogação da suspensão processual, a retomada (do curso) da prescrição se daria do momento do descumprimento da obrigação condicional;[49] dessa forma, haveria uma situação intermediária entre a decisão concessiva e a revogatória do benefício do *sursis* processual. Percebe-se que, de acordo com esse este último posicionamento, mesmo que a revogação se desse após o período probatório, a causa suspensiva da prescrição cessaria quando do descumprimento da condição.

Esses modos de intelecção, contudo, não se apresentam lógicos ou coerentes com a principiologia da prescrição penal. Efetivamente, apesar de se tratar de decisão meramente declaratória, diante da revogação da suspensão condicional do processo, a prescrição é retomada a partir do momento desta decisão, mantendo-se intacto o período em que houve a suspensão prescricional.[50] Por conta disso, de um lado, o prazo prescricional não flui durante a suspensão do processo penal, *ex vi* o disposto no § 6º do art. 89 da Lei 9.099/95; e, de outro, em virtude da revogação da benesse, retoma-se o curso prescricional que se encontrava suspenso.

---

[49] "Porte ilegal de arma de fogo. Réu condenado em 01 ano de detenção. Suspensão condicional do processo. Aceitação do benefício. Suspensão da prescrição. Revogação. Decisão meramente declaratória. Prazo prescricional retomado a partir da data do descumprimento do *sursis* processual. Prescrição reconhecida diante do transcurso de mais de 04 anos entre a data do recebimento da denúncia e a prolação da sentença. Recurso provido." (TJMS, AC 14323, Rel. Des. João Carlos Brandes Garcia, 1ª T., j. 20.8.09.) "Suspensão condicional do processo. Revogação. Legalidade. Acusado denunciado pela prática de novo crime. (...). 1. Revoga-se a suspensão condicional do processo quando o beneficiado vem a ser processado por novo crime, durante o período probatório respectivo. 2. Não importa que a revogação somente venha a ser proferida quando já expirado o prazo de prova, pois a mesma ocorre de forma automática, limitando-se o julgador a declará-la. 3. Recurso Especial conhecido e provido." (STJ, RESP 299421, 5ª T., Rel. Min. Edson Vidigal, j. 10.4.01.)

[50] "Réu menor de vinte e um anos, condenado à pena de três dias-multa. – Prazo de prescrição de um ano verificado entre a revogação do *sursis* processual e a sentença condenatória. – Prescrição decretada de ofício." (TJSP, ACR 1095122300000000, Rel. Des. Walter de Azevedo, 14ª CC, j. 4.11.08.) "1. Prescrição retroativa. – Pretensão de contagem do prazo prescricional com desprezo ao período em que o processo esteve suspenso com base no art. 89 da Lei 9.099/95, em virtude da posterior revogação do benefício. Impossibilidade. – A revogação do *sursis* processual não faz desaparecer a causa de suspensão do curso da prescrição. Apenas autoriza que seja retomada a contagem do lapso prescricional, que se somará ao tempo transcorrido antes da concessão do benefício. 2. Suspensão condicional do processo. – Revogação depois de decorrido o período de prova. – Admissibilidade. – Precedentes do STJ e do STF. 3. Recurso improvido." (TJSP, APR 11009493200, Rel. Des. Elias Aguiar Bezerra, 14ª CC, j. 17.4.08.) "Apelação crime. Delito de trânsito. Art. 309 do CTB. Direção não habilitada gerando perigo de dano. Sentença condenatória. Recursos do MP e da Defesa. Prescrição. – Consideradas a pena aplicada de nove meses de detenção, já transitada em julgado para a acusação, e a menoridade do réu, a prescrição opera-se em um ano, lapso temporal já transcorrido entre a data da revogação do *sursis* e a da publicação da sentença. Acolhida a preliminar suscitada pelo MP com atuação neste colegiado, com o reconhecimento da extinção da punibilidade do autor do fato pela prescrição, com fundamento nos arts. 107, IV, 115, 109, VI, e 110, §1º, todos do CP. Aplicação da redação original dos últimos artigos mencionados, em detrimento daquela decorrente da Lei 12.234/10, em conformidade com a regra da irretroatividade da lei penal. Declarada extinta a punibilidade do réu pela prescrição e prejudicado o exame do mérito dos recursos." (TJRS, RC 71003112786, Relª. Desª. Cristina Gonzales, 3ª CC, j. 20.6.11.) "Prescrição. Recebimento da denúncia. Causa interruptiva. Suspensão condicional do processo. Causa suspensiva. – O prazo da prescrição da pena, antes do trânsito em julgado da sentença penal condenatória, regula-se pelo máximo cominado abstratamente no tipo penal. Revogado o benefício do *sursis* processual, retoma-se o curso do prazo prescricional, acrescido do lapso temporal decorrido após a primeira causa interruptiva." (TJRS, APL 175498920048260161, Rel. Des. Willian Campos, 4ª CC, j. 24.5.11.)

Nesse rumo, trata-se de uma decisão com efeitos *ex nunc*, ou seja, não haverá retroatividade; e "revogada a suspensão haverá a *continuidade do processo* com a colheita das provas e os ulteriores termos, retomando-se o curso do prazo da prescrição que estava suspenso".[51] Se houver a revogação do benefício da suspensão condicional do processo, este voltará a tramitar, e "o prazo já escoado não conta para efeito de prescrição, pois este estava suspenso".[52] Sobre o tema da suspensão do prazo prescricional, tem-se que a "suspensão é um obstáculo que se verifica quando a prescrição está em curso e paralisa a sua contagem, que é retomara exatamente de onde parou, quando deixar de existir".[53] Nessa senda, se a benesse legal for revogada, o prazo prescricional, que estava suspenso, "volta a correr, pois o processo prossegue nos seus ulteriores termos, submetendo-se às regras do Código de Processo Penal. O reinício desse prazo de prescrição, aqui, será deslocado para frente, ou seja, na data da decisão revocatória".[54]

4.1. DA COMPREENSÃO LÓGICA

A suspensão do curso prescricional impede, sob todos os títulos, que se reconheça – ainda que por opção *favor rei* – a fluência retroativa do prazo em virtude de eventual revogação do benefício do *sursis* processual. Cuida-se de causas que suspendem a marcha prescricional,[55] com o que, a partir de seu advento, o prazo de prescrição não irá desenvolver-se; nessa situação, por óbvio, o tempo transcorrido antes da suspensão deverá ser contabilizado para o cálculo da prescrição penal. Em outras palavras, e diferentemente do que se verifica em se tratando das causas interruptivas da prescrição, "tais obstáculos (...) impedem o fluxo prescricional; mas, cessados aqueles, o curso da prescrição recomeça simultaneamente, somando-se ao novo prazo o que já decorreu".[56] Assim, diante da suspensão, "a parte do prazo decorrido antes da causa suspensiva continua com vida, para, cessado o efeito desta, adicionar-se à fração sucessiva do próprio lapso",[57] isto é, "cessado o efeito da causa suspensiva, a prescrição começa a correr novamente, não por inteiro,

---

[51] DOTTI, René Ariel, p. 810.

[52] LEMOS, Ricardo Teixeira, 2007, p. 83.

[53] CLARO, Adriano Ricardo, 2008, p. 55.

[54] BLASSI NETTO, Frederico, 2013, p. 100. Esse é também o entendimento de Antonio Lopes Baltazar (2003, p. 57-8): "(...) havendo revogação, por não ter o acusado cumprido qualquer das condições impostas, o processo será retomado normalmente, computando-se, para fins de prescrição, o prazo anterior ao da suspensão".

[55] Nos incs. I e II e no parágrafo único do art. 116 do CP, alistam-se as causas suspensivas (também denominadas de causas impeditivas) da prescrição; sendo que, nos incisos, se trata das causas suspensivas anteriores ao trânsito em julgado da sentença final e, no parágrafo único, se cuida da causa impeditiva posterior ao trânsito em julgado da sentença condenatória. Além dessas causas – estabelecidas no CP – existem outras, como, por simples ilustração: art. 53, §§ 3º, 4º e 5º, da CF; § 6º do art. 89 da Lei 9.099/95; art. 366 do CPP; art. 368 do CPP; e, ainda, art. 15 da Lei 9.964/00 (inclusão no REFIS).

[56] ANDRADE, Christiano José de, 1979, p. 150.

[57] ANDRADE, Christiano José de, p. 150.

mas computando-se o prazo anteriormente decorrido".[58] Além disso, a marcha prescricional volta a fluir no mesmo dia em que vier a cessar a causa suspensiva, computando-se, é claro, o tempo que transcorreu antes desta.

4.2. DESDOBRAMENTOS EM FACE DE A REVOGAÇÃO DO BENEFÍCIO DAR-SE DURANTE OU AO DEPOIS DA VIGÊNCIA DO PERÍODO DE SUSPENSÃO

O prazo suspensivo será estabelecido (02 a 04 anos – *caput* do art. 89 da Lei 9.099/95) na audiência concessiva do benefício, findo o qual deverá o magistrado: (i.) em razão do cumprimento das condições, declarar extinta a punibilidade (§ 5º do art. 89 da Lei 9.099/95); ou, (ii.) em virtude do não cumprimento das condições, revogar (§§ 3º e 4º do art. 89 da Lei 9.099/95) a suspensão e, assim, determinar o prosseguimento do processo penal.

A mais disso, a revogação (obrigatória ou facultativa[59]) do benefício – decisão, como visto, (de caráter) meramente declaratória – pode apresentar-se no curso do período de prova ou, mesmo, posteriormente à sua existência; diante disso, tem-se de indicar, exatamente, o marco de retomada do curso prescricional. (Apenas reforça-se que, uma vez revogado o *sursis* processual, reinicia-se a contagem do prazo prescricional, acrescendo-se o tempo que transcorreu entre a interrupção da prescrição e a concessão do *sursis* processual.)

4.2.1. Revogação operada no curso do período de prova do benefício

Na hipótese de a revogação da suspensão se dar no curso do prazo de prova (o que é a regra), retomar-se-á a fluência do prazo prescricional a partir dessa decisão, com o prosseguimento do processo criminal em seus ulteriores termos (não existindo, por óbvio, qualquer juízo condenatório implícito vinculado à aceitação anterior da benesse, na medida em que a suspensão – tal qual se destacou no início deste ensaio – não importa em reconhecimento – sequer tácito – de culpabilidade). Nesse caso, por conseguinte, a decisão revogatória (da suspensão) opera não só o prosseguimento da ação penal como, ainda, a retomada da marcha prescricional.

4.2.2. Revogação operada posteriormente ao encerramento do período de prova do benefício.

Nada obsta que a revogação do benefício seja proferida depois de expirado o prazo de prova (o que é a exceção), ou seja, "a decisão que revoga a suspensão

---

[58] ANDRADE, Christiano José de, p. 150.

[59] Como sustenta, com inteira razão, Paulo César Busato (p. 980), em se cuidando "das causas de revogação facultativa, também pelo emprego de analogia *in bonam partem*, procede-se antes a oitiva do beneficiário, permitindo-se a ele apresentar suas justificativas".

condicional pode ser proferida após o termo final do seu prazo, embora haja de fundar-se em fatos ocorridos até o termo final dele",[60] e desde que ocorra antes da prolação da sentença extintiva da punibilidade.[61] A jurisprudência tem proclamado ser desimportante que a revogação se tenha operado quando já encerrado o prazo de prova,[62] dado que a revogação ocorre de modo automático, "limitando-se o julgador a declará-la".[63] Com efeito, sendo a decisão revogatória do *sursis* do processo tão somente declaratória, pode ser proferida mesmo ao depois de exaurido o prazo de prova, dando-se, assim, "prosseguimento à ação penal".[64]

Com isso, na hipótese de a revogação da suspensão se dar posteriormente ao exaurimento do prazo estipulado para o *sursis* processual, a retomada da marcha prescricional terá como marco o dia subsequente ao encerramento do prazo de suspensão, visto que "já em curso, novamente, a ação penal".[65] Neste caminho, será portanto a partir do encerramento do prazo (de 02 a 04 anos) que a prescrição voltará a correr, com o prosseguimento do processo. Interessante observar que, se antes não se operou a revogação por motivo devidamente apurado, agora deverá o magistrado, ao final do período de prova, declarar (por sentença) a extinção da punibilidade; ou, ao contrário, se verificar que não estão satisfeitas as condições para a extinção da punibilidade, determinar a retomada do processo penal.

---

[60] STF, *HC* 80747/PR, Rel. Min. Sepúlveda Pertence, 1ª T, DJU 19.10.01.

[61] "Uso de documento falso. Suspensão do processo 'revogada' após período de prova (Lei 9.099/95): possibilidade. Ordem denegada. – 1. Mesmo já tendo expirado o prazo inicialmente fixado, deve o magistrado, ciente da ocorrência de hipóteses de revogação da suspensão do processo ocorridas no curso do período de prova, assim proceder, desde que o faça antes da prolação da sentença de extinção da punibilidade, à luz do art. 89, § 3º, da Lei 9.099 /95. 2. O objetivo da norma é evitar o processo para aquele que comete crime de pequeno potencial ofensivo e não reincide nessa conduta. 3. Precedente específico: (STF, *HC* 80747/PR, Rel. Min. Sepúlveda Pertence, T1, ac. un., DJ 19/10/01). 4. *Habeas corpus* denegado." (TRF1, *HC* 13598/DF, Rel. Des. Luciano Tolentino Amaral, 3ª T., j. 10.6.03.)

[62] STJ, RESP 397.448/MG, Rel. Min. Jorge Scartezzini, 5ª T., DJ 19.12.03. No mesmo sentido: STJ, RESP 500.027/SC, Rel. Min. Laurita Vaz, 5ª T., DJ 15.12.03; STJ, RESP 373.800/RJ, Rel. Min. Paulo Medina, 6ª T., DJ 22.9.03. No mesmo sentido: "Suspensão condicional do processo. Descumprimento dos requisitos. Revogação após o término do período de prova. Possibilidade. – 1. Constatado o descumprimento de condição imposta durante o período de prova do *sursis* processual, é perfeitamente cabível a revogação do benefício, ainda que a decisão venha a ser proferida após o término do período de prova. Precedentes do STJ e do STF. 2. Ordem denegada". (STJ, *HC* 59557/RJ, Rel. Min. Laurita Vaz, 5ª T., j. 22.8.06.)

[63] STJ, RESP 299.421/SP, Rel. Min. Edson Vidigal, 5ª T., DJ 13.0.01. "Suspensão condicional do processo. Descumprimento das condições. Revogação automática do *sursis*. Decisão proferida depois de expirado o prazo. Admissibilidade. Recurso provido. – 1. A suspensão condicional do processo é automaticamente revogada, se o réu vem a descumprir as condições impostas pelo Juízo. 2. Sendo a decisão revogatória do *sursis* meramente declaratória, não importa que a mesma venha a ser proferida somente depois de expirado o prazo de prova. 3. Deve ser restabelecida a decisão que revogou o benefício da suspensão condicional do processo, dando-se prosseguimento à ação penal. 4. Recurso provido, nos termos do voto do Relator." (STJ, REsp. 620203/SP, Rel. Min. Gilson Dipp, 5ª T., j. 15.6.04.)

[64] STJ, RESP 620203/SP, Rel. Min. Gilson Dipp, 5ª T, DJ 2.8.04.

[65] TRF4, APC 2001.71.13.002028-7/RS, Des. Fed. Maria de Fátima Freitas Labarrère, 7ª T, j. 25.10.05.

Considerações finais

Finalmente assim assentadas as coordenadas fundamentais para a compreensão do tema, podem ser indicadas as seguintes conclusões: o *sursis* do processo ostenta natureza penal material; e é oferecido pelo *Parquet* (ou, segundo se sustenta, querelante) ao acusado que tenha sido denunciado por crime cuja pena mínima seja igual ou inferior a um ano, e que não esteja sendo processado (ou não tenha sido condenado) por outro crime, desde que presentes os demais requisitos que autorizam a suspensão condicional da pena (estes previstos no art. 77 do Código Penal). A mais disso, "As decisões, tanto a de extinção da punibilidade, quanto a de revogação do benefício, são meramente declaratórias, não importando o tempo em que proferidas, uma vez que a suspensão condicional do processo é automaticamente revogada se o réu vem a descumprir as condições impostas pelo Juízo. A interpretação mais coerente com a principiologia da prescrição é a de que se a revogação da suspensão for anterior ao exaurimento do prazo fixado para o *sursis* processual, retoma-se a fluência do prazo prescricional a partir dessa decisão; se posterior, a partir do passamento do prazo (de 02 a 04 anos) de suspensão".[66] Essa linha de compreensão se amolda, realmente, às inteiras, com as diretrizes da prescrição penal, sem esquecer que, uma vez revogado o benefício do *sursis* do processo, se retoma o curso do prazo prescricional, acrescido do tempo decorrido após a primeira causa interruptiva.

Bibliografia

ANDRADE, Christiano José de. *Da prescrição em matéria penal*. São Paulo: Revista dos Tribunais, 1979.

AULER, Hugo. *Suspensão condicional da execução da pena*. Rio de Janeiro: Forense, 1957.

BALTAZAR, Antonio Lopes. *Prescrição penal*: prescrição da pretensão punitiva, retroativa, intercorrente, antecipada, da pretensão executória, da pena de multa, das penas restritivas de direito, no direito comparado. Bauru: EDIPRO, 2003.

BITENCOURT, Cezar Roberto. *Juizados especiais criminais e alternativas à pena de prisão*. Porto Alegre: Livraria do Advogado, 1995.

BLASSI NETTO, Frederico, *Prescrição penal*: manual prático para entendê-la e calculá-la. Belo Horizonte: Del Rey, 2013.

BUSATO, Paulo César. *Direito penal*: parte geral. 2ª ed. São Paulo: Atlas, 2015.

CLARO, Adriano Ricardo. *Prescrição penal*. Porto Alegre: Verbo Jurídico, 2008.

DOTTI, René Ariel. *Curso de direito penal*: parte geral. 5ª ed. São Paulo: Revista dos Tribunais, 2013.

FAYET JÚNIOR, Ney; VARELA, Amanda Gualtieri. *A ação (penal) privada subsidiária da pública*: das vantagens ou desvantagens da participação do ofendido na atividade jurídico-penal. 3ª ed. Porto Alegre: Elegantia Juris, 2015.

——; FERREIRA, Martha da Costa. "Da imprescritibilidade." *In Prescrição penal*: temas atuais e contravertidos: doutrina e jurisprudência. Ney Fayet Júnior (coord.), Paulo Queiroz [*et al.*]. Porto Alegre: Livraria do Advogado Editora, 2011, vol. 3.

GALVÃO, Fernando. *Direito penal*: parte geral. São Paulo: Saraiva, 2013.

GIACOMOLI, Nereu José. *Juizados especiais criminais*: Lei 9.099/95. 3ª ed. rev. e atual. Porto Alegre: Livraria do Advogado, 2009.

——. *Juizados especiais criminais*: Lei 9.099/95. 2ª ed. rev. e atual. Porto Alegre: Livraria do Advogado, 2002.

---

[66] TRF4, APC 2001.71.13.002028-7/RS, Desa. Fed. Maria de Fátima Freitas Labarrère, 7ª T, j. 25.10.05.

GRINOVER, Ada Pellegrini; GOMES FILHO, Antônio Magalhães; FERNANDES, Antônio Scarance; GOMES, Luiz Flávio. *Juizados especiais criminais*: comentários à lei 9.099, de 26.09.1995. 5ª ed. rev., atual. e ampl. São Paulo: Revista dos Tribunais, 2005.

FERRÉ OLIVÉ, Juan Carlos; NÚÑEZ PAZ, Miguel Ángel; OLIVEIRA, William Terra de; BRITO, Alexis Couto de. *Direito penal brasileiro*: parte geral (princípios fundamentais e sistemas). São Paulo: Revista dos Tribunais, 2011.

HERINGER JÚNIOR, Bruno. *O sistema de justiça criminal dos Estados Unidos*: um modelo em crise? Porto Alegre: Núria Fabris, 2013.

JESUS, Damásio de. *Lei dos juizados especiais criminais anotada*. 12ª ed. rev. e atual. São Paulo: Saraiva, 2010.

LEMOS, Ricardo Teixeira. Prescrição penal retroativa e antecipada em face da competência. Rio de Janeiro: Lumen Juris, 2007.

LIMA, Marcellus Polastri. *Curso de processo penal*. 8ª ed. Brasília: Gazeta Jurídica, 2014.

LIMA, Renato Brasileiro de. *Curso de processo penal*. Niterói: Impetus, 2013.

PACELLI, Eugênio. *Curso de processo penal*. 19ª ed. São Paulo: Atlas, 2015.

SANTOS, Juarez Cirino dos. *Manual de direito penal*: parte geral. São Paulo: Conceito Editorial, 2011.

SOUZA, Artur de Brito Gueiros; JAPIASSÚ, Carlos Eduardo Adriano. *Curso de direito penal*: parte geral. Rio de Janeiro: Elsevier, 2012.

TÁVORA, Nestor; ALENCAR, Rosmar Rodrigues. *Curso de direito processual penal*. Salvador: Editora JusPODIVM, 2014.

TOURINHO FILHO, Fernando da Costa. *Manual de processo penal*. São Paulo: Saraiva, 2012.

Tema VI

Da não aplicabilidade do instituto do crime continuado aos delitos de sonegação fiscal (único valor e único fato apurável na consolidação do crédito): modificações quanto ao instituto da prescrição penal

Paulo Fayet

Felipe Hilgert Mallmann

Introdução

O presente artigo busca analisar a não aplicabilidade da *fictio juris* da cadeia continuada de crimes (art. 71 do Código Penal) aos delitos contra a ordem tributária, dispostos na Lei 8.137/90, fundamentalmente as figuras do delito de sonegação fiscal, em face das decisões jurisprudenciais (seguidoras da orientação da Suprema Corte do País, hoje sumulada) no sentido de que para a formalização da denúncia [em delitos dessa natureza] somente se faz possível quando da consolidação de um único crédito tributário na esfera administrativa, sendo desimportante, a partir disso, a quantidade de meses em que houve a efetivação de sonegação de impostos.

É que, de fato, com essa manifestação jurisprudencial, cristalizada na Súmula Vinculante nº 24/STF, para a viabilização da *persecutio criminis in juditio* é necessário apenas o encontro de um valor devido, de um único crédito, e, por esse motivo, aos delitos contra a ordem tributária não mais deve ser aplicado o aumento de pena pela continuidade delitiva. De imediato, passa-se à análise da orientação sumular da Excelsa Corte, bem como a forma pela qual se dispuseram as decisões dos tribunais sobre o tema trazido ao debate.

1. A orientação da Súmula Vinculante 24: a exigência do lançamento definitivo do tributo

A Súmula Vinculante 24 determina que "não se tipifica crime material contra a ordem tributária, previsto no art. 1º, incisos I a IV, da Lei 8.137/90, antes do lançamento definitivo do tributo"; em vista disso, pode-se dizer que, para esses delitos, a consolidação do crédito tributário passou a ser considerada uma condição de procedibilidade (e mesmo de perfectibilização do próprio crime), sem a qual se mostra defeso impulsionar a *persecutio criminis*.

E isso porque, sob o ponto de vista técnico, em se "tratando dos delitos contra a ordem tributária, tipificados no art. 1° da Lei n° 8.137/90, a instauração da concernente persecução penal depende da existência de decisão definitiva, proferida em sede de procedimento administrativo, na qual se haja reconhecido a exigibilidade do crédito tributário (*an debeatur*), além de definido o respectivo valor (*quantum debeatur*), sob pena de, em inocorrendo essa condição objetiva de punibilidade, não se legitimar, por ausência de tipicidade penal, a válida formulação de denúncia pelo Ministério Público".[1]

A partir disso, podemos dizer que a consolidação do crédito tributário é a caracterização do crime, sobre a existência de um único valor devido, de uma apenas atividade, na medida em que a consumação se dá em um ato somente, ou seja: na consolidação do débito fiscal.

2. Da não aplicabilidade da *fictio juris* da cadeia continuada de crimes (art. 71 do Código Penal) aos delitos contra a ordem tributária

A matéria sobre a aplicação do aumento decorrente da continuidade delitiva[2] aos delitos contra a ordem tributária deve modificar, de forma significativa, na medida em que não mais importa ao universo jurídico-penal, em delitos dessa natureza, a quantidade de meses, ou anos, em que foram operadas as sonegações de impostos: está-se diante, pois, da dependência apenas da formalização do crédito tributário, a apuração de um único valor na esfera administrativa, sim, para que se viabilize a possibilidade de oferecimento da denúncia em matéria penal. Até esse momento, portanto, o crime não se materializou, e inclusive a prescrição permanece suspensa.

---

[1] STF, *HC* 84.262/DF, Rel. Min. Celso de Mello, 2ª T., DJ 29.4.05. Essas foram as manifestações jurisprudenciais que desencadearam a formalização da Súmula [todas seguidoras do *HC* 81.611, da relatoria do Ministro Sepúlveda Pertence)], as quais vão dispostas para uma melhor análise: "*HABEAS CORPUS*. DIREITO PENAL. CRIME CONTRA A ORDEM TRIBUTÁRIA. INSTÂNCIA ADMINISTRATIVA AINDA NÃO ESGOTADA. ORDEM CONCEDIDA. 1. Na linha do julgamento do HC 81.611 (rel. min. Sepúlveda Pertence), o crime de sonegação fiscal, definido no art. 1.º da Lei 8.137/1990, somente se consuma com o lançamento definitivo do crédito tributário. 2. De igual forma, se houver recurso administrativo pendente, não terá início o curso do lapso prescricional, nos termos do art. 111, I, do Código Penal. 3. Ordem concedida, para trancar a ação penal em que os pacientes figuram como réus." (STF, *HC* 83.901/SP, Rel. Min. Joaquim Barbosa, 1ª T., DJ de 6.8.04.) "(...) 2. É pacífica a jurisprudência do Supremo Tribunal Federal quanto à necessidade do exaurimento da via administrativa para a validade da ação penal, instaurada para apurar as infrações penais dos incisos I a IV do art. 1° da Lei 8.137/1990. Precedentes: *HC* 81.611, da relatoria do ministro Sepúlveda Pertence (Plenário); *HC* 84.423, da minha relatoria (Primeira Turma). Jurisprudência que, de tão pacífica, deu origem à Súmula Vinculante 24: 'Não se tipifica crime material contra a ordem tributária, previsto no art. 1°, incisos I a IV, da Lei 8.137/90, antes do lançamento definitivo do tributo.' 2. A denúncia ministerial pública foi ajuizada antes do encerramento do procedimento administrativo fiscal." (STF, *HC* 105.197/PB, Rel. Min. Ayres Britto, 2ª T., publicado em 18.6.11.)

[2] Sobre a matéria do crime continuado: FAYET JÚNIOR, Ney, 2015.

Com isso, o crime passa a ser auferido apenas quando da consolidação desse crédito na seara administrativa. Sem esse valor, único, ausente de justa causa a própria ação penal.

Pois bem. Em razão disso, o crime de sonegação fiscal passou a ser considerado único, existindo ao universo jurídico-criminal tão somente quando o ambiente administrativo de apuração aufere o seu real montante, o que permite dizer o seguinte: o crime continuado, como ficção jurídica contada mês a mês, nos casos de tributos como o ICMS, por exemplo, ou mesmo ano a ano, como o IRPF, passou a ser desimportante a esses crimes.

Nesse sentido, pode-se dizer que, como o fato só se consuma com a consolidação do débito fiscal, o cometimento da sonegação pela ação ou omissão do verbo nuclear do tipo seria mero ato preparatório, independendo, dessa forma, quantos foram os atos praticados, em razão que a consolidação do débito se dá de forma única e total, configurando crime único por excelência.

A todos os casos de sonegação, portanto, merecerá ser extirpado o *quantum* de aumento da majorante do art. 71 do Código Penal, na medida em que inexistente a possibilidade de reconhecimento da cadeia continuada de delitos quando se estabeleceu como marco de formação do crime tributário a consolidação do crédito na via administrativa.

E essa decisão no ambiente administrativo irá apenas consolidar a existência de um único crime, pouco importante a cadeia de fatos, como se verifica do seguinte exemplo: o sujeito reduz tributos estaduais no montante de 1 (um) milhão de Reais num determinado mês, num único mês: após a consolidação do crédito tributário, tem a ação penal inaugurada e é condenado à pena de 2 anos de reclusão (mínima legal cominada), sem a análise dos demais aumentos possíveis, noutras fases de aplicação da sanção penal. Agora, outro sujeito reduz tributos no montante de R$ 20.000,00 (vinte mil Reais) num prazo de 10 meses: após a consolidação do crédito tributário, tem a ação penal inaugurada e é condenado à pena de 2 anos de reclusão, acrescida do aumento pela continuidade delitiva entre 1/6 e 2/3 (ainda que o tributo sonegado, a lesão à ordem tributária, seja quase ínfimo em face do valor sonegado pelo primeiro cidadão).

Nessa perspectiva, não há lógica para que subsista a ficção jurídica da continuidade delitiva aos delitos contra a ordem tributária, quando verdadeiramente se condicionou a própria existência do crime à apuração do crédito tributário, que é apenas um, é apenas um valor, uma atividade, um verdadeiro crime único, sem importância alguma a quantidade de meses que se fizeram necessários para a formação do montante total.

Daí por que, como tese inovadora, em todos os casos de sonegação fiscal deverá ser extirpado o *quantum* de aumento pelo crime continuado, em razão de que, a partir do entendimento firmado pelo Supremo Tribunal Federal e pulverizado a todos os Tribunais do País[3] (já sumulado, inclusive), o crime de sonegação somente existe a partir da consolidação do crédito, e é apenas um evento, um valor importante, não interessando mais a quantidade de vezes em que se houve o agente para a obtenção daquele montante havido como sonegado.

3. Modificações quanto ao instituto da prescrição penal

A partir da tese apresentada no presente artigo, merece consideração, a partir desse momento, o seguinte: se a consumação do delito de sonegação fiscal acontece somente quando da consolidação do crédito tributário, os fatos antecedentes (mês a mês, ou ano a ano, conforme o tributo apurado) não podem ser considerados como crimes de uma cadeia continuada, e sim, meros atos preparatórios do delito de sonegação.

E o raciocínio tem de ser esse: caso não exista a concretização do crédito tributário, ao final da apuração administrativa, jamais os atos antecedentes deverão ser elevados à categoria de "delitos", na medida em que não existirá processo penal e, de acordo com a própria Súmula Vinculante nº 24/STF, "não se tipifica crime material contra a ordem tributária" antes da formalização definitiva do tributo objetivamente sonegado. Da maneira como se movimenta a jurisprudência atual sobre a matéria, capitaneada pelo julgamento do *HC* 81.611 do Supremo Tribunal Federal, o cidadão que responde a um processo por sonegação fiscal, em qualquer hipótese, está sendo manifestamente prejudicado, na medida em que a prescrição não é contada antes da consolidação do crédito tributário, e, além disso, os atos preparatórios são contabilizados para o aumento da pena pelo crime continuado. Não é lógico! Ou os atos de sonegação (mês a mês, ou ano a ano) valem para a determinação do crime continuado e existe a contagem prescricional desse período (para a prescrição em abstrato, por certo, depois da modificação legislativa de 2010), ou devem ser considerados como meros atos preparatórios do delito de sonegação, que se consuma somente com a consolidação definitiva do crédito, e, nessa hipótese, não incidindo a possibilidade de serem considerados "crimes" de uma cadeia continuada de delitos (para o aumento da pena).

Se se entender que esses atos podem ser tratados como um crime continuado para o aumento da pena, como é o entendimento da jurisprudência atual, deve-se considerar o tempo para a contagem prescricional, evitando-se o prejuízo. Mas, essa parece não ser a melhor saída. Deixamos, aqui, a indicação no sentido de que os atos são, em verdade, meros atos preparatórios para a concretização do delito de sonegação fiscal, crime único, de único valor consolidado, não podendo incidir

---

[3] No TRF4, por todos, decisão sobre o tema: "(…) 4. Haja vista que os crimes materiais contra a ordem tributária apenas se tipificam com o lançamento (Súmula Vinculante 24), e tendo em conta que com o encerramento do processo administrativo-fiscal torna-se definitivo o crédito revisado de ofício (art. 201 do CTN), a consumação do delito de sonegação fiscal ocorre com o transcurso do prazo regulamentar concedido em sede administrativa para pagamento do débito, após o esgotamento da via recursal." (TRF4, ACr. 0003082-60.2005.404.7002/PR, 8ª T., Rel. Des. Victor Luiz dos Santos Laus, D.E. 18.4.13.)

sobre a pena eventual desse delito o aumento pela continuidade delitiva. É dizer: não mais existe a possibilidade de aplicação do *quantum* de aumento do art. 71 do Código Penal aos crimes de sonegação fiscal, em razão de que o crime somente se consuma no momento da consolidação do crédito, pouco importando os atos antecedentes, nem quantos foram, nem qual o valor de cada um deles. Mas, caso não seja esse o entendimento, e se considerar cada um dos atos como "crimes" de uma cadeia, permissiva para o aumento da pena, haverá de ser, da mesma forma, computado esse tempo para a apuração da contagem prescricional, crime a crime.

Considerações conclusivas

Diante do tema discutido, merece ser referido que, na atualidade, não é lógica a aplicabilidade do aumento de pena pelo crime continuado (art. 71 do Código Penal) aos delitos contra a ordem tributária (Lei 8.137/90), na medida em que a denúncia somente poder ofertada quando da consolidação do crédito tributário na esfera administrativa, encontrando-se um valor apenas, sendo despicienda a quantidade de meses, ou anos, em que houve a efetivação de sonegação de impostos, e essa interpretação se amolda à condição de procedibilidade imposta pela própria Súmula Vinculante nº 24/STF. Com isso, passa-se a verificar, nesse momento de considerações conclusivas, algumas situações para a melhor arguição dessa tese:

Aos casos em que ainda não foram julgados, deverá a defesa requerer a não incidência do *quantum* de pena pela cadeia continuada de delitos na fase de apresentação dos memoriais finais (art. 403 do Código de Processo Penal), na medida em que totalmente desimportante para a verificação do fato contra a ordem tributária a quantidade de meses, ou anos, em que foram direcionadas as sonegações de tributos, em razão da tese apresentada no presente artigo.

Aos casos em que já houve a aplicação do aumento de pena pela continuidade delitiva, e ainda não existiu o trânsito em julgado: a parte deverá requerer a redução da pena, ainda que por meio dos memoriais nos respectivos recursos, independentemente da fase em que se encontrar a ação penal, a fim de que os tribunais possam, ainda que de ofício, reconhecer a extirpação do *quantum* indevido da sanção penal. Por exemplo, se o processo se encontra na fase de apelação, e o sujeito tenha sido condenado à pena privativa de liberdade de 2 anos e 4 meses, com aumento de 1/2 (metade) pela continuidade delitiva, totalizada a pena corporal em 3 anos e 6 meses de reclusão (ainda que possibilitada a substituição), poderá a defesa apresentar memoriais, indicando aos julgadores a tese, ainda que não arguida anteriormente, a fim de que a Corte possa, ainda que de ofício, analisar o pedido. Ademais disso, poderá a defesa arguir a tese quando da sustentação oral, possibilitando, também por essa via, o conhecimento da tese arguida da tribuna.

Aos casos em que já se tem a consolidação da *res judicata* em matéria criminal, e que ainda estejam com o processo de execução penal em andamento, poderá a parte ingressar com a competente ação autônoma de revisão criminal (na

115

medida em que presentes todos os elementos de constituição da ação), inclusive com pedido de liminar, para que o Poder Judiciário possa, de imediato, fazer cessar o curso do processo de execução penal em andamento e, ao depois, no mérito, possa reconhecer o erro judiciário e proceder à reforma da pena imposta, com a sua necessária redução. [Não poderá a parte ingressar apenas com o pedido ao juízo das execuções, na medida em que essa hipótese não estaria contemplada nas atribuições judiciais ou administrativas do art. 66 da Lei das Execuções Penais.[4]] Ao depois de reconhecida a extirpação do *quantum* da continuidade delitiva, novo cálculo deverá ser realizado na fase da execução, podendo existir casos em que, a partir desse reconhecimento, já se tenha alcançada a extinção da punibilidade pelo cumprimento integral da pena imposta.

Seja qual for a fase na qual esteja o processo, a tese deverá ser arguida, a fim de que se reconheça aos delitos contra a ordem tributária a impossibilidade de aumento da pena pela continuidade delitiva, na medida em que, a esses delitos, apenas importa a existência de um único valor, de um único fato, verificável a partir da consolidação do crédito tributário. A tese que ora é apresentada, sem dúvida, torna ilógica a aplicabilidade do *quantum* de aumento pela cadeia continuada de crimes aos delitos de sonegação fiscal, e poderá afetar a redução da pena a todos os casos penais, seja qual for o imposto havido como sonegado.

E, quanto ao instituto da prescrição, a consequência do reconhecimento dessa tese é o seguinte: tendo em vista que o crime de sonegação fiscal ocorre somente no momento da consolidação definitiva do crédito tributário, os atos anteriores não podem mais ser considerados "crimes" dentro de uma cadeia continuada, mas apenas atos preparatórios para o delito único de sonegação (e, dessa forma, o aumento da pena pelo crime continuado não é devido). Mas, se se entender que esses atos são "crimes", e a pena deve ser aumentada, então deve considerar esse tempo, fato a fato, para a contagem prescricional. E isso, sob pena de ocorrer o seguinte prejuízo: para o aumento da pena pelo crime continuado, são consideradas as ações antecedentes; mas, para a contagem prescricional, não são considerados! Não há lógica, sob todos os ângulos, e a jurisprudência deverá modificar.

Bibliografia

FAYET JÚNIOR, Ney. *Do crime continuado.* 6ª ed. Porto Alegre: Livraria do Advogado, 2015.
NUCCI, Guilherme de Souza. *Manual de processo penal e execução penal.* 11ª ed. Rio de Janeiro: Forense, 2014.

---

[4] Sobre esse ponto: NUCCI, Guilherme de Souza, 2014, p. 967-9.

Tema VII

Prescrição na Reforma Penal

Maria Elizabeth Queijo

1. Considerações iniciais

Algumas reformas parciais do Código Penal, notadamente nos últimos tempos, recaíram sobre a prescrição.

A Lei 9.268, de 1º.4.1996, modificou a redação do art. 114 do diploma penal, dedicado à prescrição da pena de multa, estabelecendo que, quando cominada ou aplicada cumulativamente ou alternativamente à pena privativa de liberdade, a pena de multa prescreverá no mesmo prazo desta última. Quando a multa for a única cominada ou aplicada, continuará a prescrever em dois anos, como sucedia na sistemática anterior. A referida Lei deu, ainda, nova redação aos incisos V e VI do art. 117, tratando das causas interruptivas da prescrição (início ou continuação do cumprimento da pena e reincidência).

A Lei 11.596, de 29.11.2007, também modificou uma das causas interruptivas da prescrição, constante do inciso IV do art. 117. Antes desse diploma tal inciso somente contemplava a sentença condenatória recorrível e, depois dele, passou a detalhar como causa interruptiva a "publicação da sentença ou acórdão condenatórios recorríveis".

A Lei 12.234, de 5.5.2010, ampliou o prazo prescricional se o máximo da pena é inferior a um ano, de dois para três anos, alterando a redação do inciso VI do art. 109 do Código. Essa mesma Lei deu nova redação ao *caput* do art. 109 e, principalmente, suprimiu a prescrição retroativa no lapso entre a data do fato e a data do recebimento da denúncia. Para tanto modificou a dicção do § 1º do art. 110 e revogou o § 2º desse dispositivo.

Por fim, a Lei 12.650, de 17.5.2012, introduziu o inciso V ao art. 111, que cuida do termo inicial da prescrição antes de transitar em julgado a sentença, estabelecendo que, nos crimes contra a dignidade sexual de crianças e adolescentes, previstos no Código e na legislação especial, o termo inicial dessa modalidade de prescrição dar-se-á na data em que a vítima completar 18 anos, salvo se a esse tempo já houver sido proposta a ação penal.

Nesse quadro, o que se denota é que as sucessivas reformas parciais do instituto tenderam ao agravamento de sua disciplina, sob diversos aspectos.

E, atendendo à expectativa geral da sociedade brasileira, foi nomeada Comissão de Juristas, criada pelo Requerimento nº 756 de 2011, do Senador Pedro Taques, para elaboração de anteprojeto de novo Código Penal, objetivando reforma geral, de modo, inclusive, a abarcar grande parte da legislação extravagante em vigor.

Os propósitos foram ambiciosos e por isso mesmo o anteprojeto se tornou fonte de acalorados debates sobre as opções legislativas e orientações adotadas.

Em 2012, o Relatório Final, contendo o anteprojeto e a exposição de motivos, foi apresentado aos Senadores José Sarney e Pedro Taques. No Senado, foi ele encampado pelo Senador José Sarney, transformando-se no Projeto de Lei 236/2012, que se encontra em tramitação naquela Casa do Congresso.

Diante desse panorama de mudanças, emerge a importância de se revisitar o instituto da prescrição com vistas à feição assumida na Reforma Penal, verificando as propostas da Comissão elaboradora do anteprojeto, as emendas já existentes no Congresso e o Substitutivo apresentado.

2. A Prescrição no anteprojeto de Código Penal: preservação da atual disciplina

Apesar de todas as inovações propostas no Anteprojeto de modo geral, a Comissão limitou-se a introduzir uma única modificação quanto à disciplina da prescrição, mantendo-a praticamente tal qual estampada no Código Penal em vigor.

Abdicou de maiores mudanças no instituto, justificando sua postura em razão de recentes Leis que acabaram por propiciar reformas parciais da prescrição, como a Lei 12.234, de 2010, e a Lei 12.650, de 2012.

A única modificação foi a inclusão de disposição sobre a prescrição nos crimes falimentares, em razão da incorporação de aspectos penais da Lei 11.101 de 9.2.2005, no Anteprojeto. A respeito, foi introduzido o inciso VI ao art. 111, que trata do termo inicial da prescrição antes de transitar em julgado a sentença, dispondo que, nos crimes falimentares, tal termo dá-se no "dia da decretação da falência, da concessão da recuperação judicial ou da homologação do plano de recuperação extrajudicial".

3. A Prescrição no projeto de Código Penal em tramitação: as múltiplas propostas de modificação do instituto

3.1. NOS PROJETOS DE LEI JÁ EXISTENTES NO CONGRESSO NACIONAL DE TRAMITAÇÃO CONJUNTA

Diversas propostas de alteração da disciplina da prescrição já tramitavam no Congresso Nacional, anteriormente ao Projeto de Código Penal, e estão sendo apreciadas conjuntamente com ele. A tendência clara, como adiante se detalhará, é pelo recrudescimento do tratamento da prescrição.

A mais radical dessas propostas está contida no Projeto de Lei do Senado 519, de 2007, que extingue o instituto da prescrição, estabelecendo que "a ação penal e a execução da pena não se submetem a nenhuma forma de prescrição". Contudo, tal Projeto não chegou a ser apreciado por nenhuma Comissão.

O Projeto de 327, de 2007, contém a proposta de contar em dobro os prazos prescricionais para os crimes contra a Administração Pública, a Ordem Tributária, a Ordem Econômica e o Sistema Financeiro Nacional, e ainda para os crimes falimentares e de lavagem de dinheiro. Esse Projeto foi aproveitado como substitutivo apresentado pela Senadora Kátia Abreu, na Comissão de Constituição e Justiça, ao examinar o Projeto de Lei do Senado nº 307, de 2005, que adiante será abordado.

Outro Projeto, de nº 123, de 2010, propõe o aumento do prazo prescricional dos crimes que tenham pena máxima de dois anos, de quatro para oito anos. A justificativa desse Projeto é que vários crimes de grande impacto social têm suas penas mínimas previstas em dois anos na legislação penal, tais como alguns Crimes contra a Administração Pública, a maioria dos Crimes contra o Sistema Financeiro Nacional e os Crimes contra a Ordem Tributária. Referido Projeto também não foi apreciado por qualquer Comissão.

A proposta do Projeto de Lei do Senado nº 199, de 2004, é a extinção da prescrição retroativa entre a data do fato e a data do recebimento da denúncia, ao estabelecer que a prescrição não pode ter por termo inicial data anterior à do recebimento da denúncia ou queixa. Mas, em razão da Lei 12.234, de 2010, já ter introduzido essa alteração no Código Penal, esse Projeto recebeu voto no sentido de estar prejudicado. Foi aprovado parecer pelo sobrestamento da matéria na Subcomissão de Segurança Pública.

Por fim, há dois Projetos que se referem ao art. 115 do Código Penal em vigor, que diz respeito à redução pela metade do prazo prescricional para os menores de 21 anos, na data do fato, e maiores de 70 anos na data da sentença.

O Projeto nº 248, de 2010, revoga o mencionado art. 115 e recebeu voto favorável do Senador Pedro Simon, em seu relatório, na Comissão de Constituição e Justiça.

Já o Projeto de Lei do Senado nº 307, de 2005, propõe alteração no art. 115 do Código Penal, com a redução do prazo de prescrição para os menores de 21 anos, na data do fato, e maiores de 70 anos, na data da sentença, de metade para um quarto. Esse Projeto recebeu voto pela aprovação da Senadora Kátia Abreu, na Comissão de Constituição e Justiça, com substitutivo – aproveitando o Projeto de Lei do Senado nº 327, de 2007 – acrescentando que os prazos prescricionais contam em dobro para os crimes contra a Administração Pública, a ordem tributária, a ordem econômica e o sistema financeiro, bem como para os crimes falimentares e de lavagem de bens e valores.

3.2. NO RELATÓRIO PRELIMINAR DO PROJETO DE CÓDIGO PENAL

Considerados tais Projetos, as emendas apresentadas, audiências públicas e documentação recebida, o Relator, Senador Pedro Taques, apresentou suas propostas de alteração do instituto da prescrição, como parte integrante do Relatório, modificando, assim, o desenho da matéria contido no Anteprojeto de Código Penal.

Como se verificará, a exemplo da tendência dos Projetos de Lei que já tramitavam no Congresso sobre a prescrição, em geral, as propostas do Relatório Preliminar imprimem tratamento mais gravoso ao instituto.

Na primeira etapa dos trabalhos da Comissão Temporária de Estudo da Reforma do Código Penal, no Relatório Preliminar, apresentado em 20 de agosto de 2013, as sugestões foram as seguintes:

A primeira proposta de modificação significativa é o fim da prescrição da pretensão punitiva com base na pena em concreto, seja ela retroativa (entre a data do recebimento da denúncia e a data da publicação da sentença condenatória), seja ela intercorrente (a partir da publicação da sentença condenatória até o trânsito em julgado para a defesa). Assim, propôs-se nova redação ao *caput* do art. 109 do Código Penal, que trata da prescrição antes de transitar em julgado a sentença, para extirpar a menção ao parágrafo único do art. 110, que excepcionava a contagem da prescrição pelo máximo da pena de prisão cominada ao delito:[1] "Art. 109. A prescrição, antes de transitar em julgado a sentença final, regula-se pelo máximo da pena de prisão cominada ao crime, verificando-se:...". Nessa esteira, ao art. 110 *caput* também se sugeriu nova redação: "A prescrição da pretensão punitiva será calculada com base na prescrição em abstrato, nos termos do artigo anterior, não se levando em consideração para esse fim a pena efetivamente aplicada no caso concreto".

As justificativas apresentadas para a extinção da prescrição retroativa foram de várias ordens. Argumentou-se que tal instituto só é previsto no ordenamento brasileiro, criação da jurisprudência da década de 1960, que deu origem à Súmula 146 do Supremo Tribunal Federal,[2] quando a realidade social e dos tribunais era bem diversa da atual: havia poucos processos criminais tramitando. Observou-se, em acréscimo, que essa modalidade de prescrição é a que mais gera impunidade, posto que o acusado foi condenado segundo as regras em vigor, mas não será punido. Acrescentou-se que há necessidade de tratamento isonômico aos acusados quanto aos prazos de que dispõem o Estado para puní-los, não se podendo confundir tal isonomia com o princípio da individualização da pena. Assim, o prazo

---

[1] Na dicção do Código Penal em vigor, encampada pelo Anteprojeto, o art. 109 *caput* apresenta a seguinte redação: "A prescrição, antes de transitar em julgado a sentença final, salvo o disposto no parágrafo único do art. 110 deste Código, regula-se pelo máximo da pena de prisão cominada ao crime, verificando-se:".

[2] "A prescrição da ação penal regula-se pela pena concretizada na sentença, quando não há recurso da acusação".

prescricional deve ser igual para todos, considerando-se a pena máxima prevista para o delito. Segundo essa proposta, a distinção haverá de dar-se na prescrição da pretensão executória, que levará em conta a pena efetivamente fixada para cada acusado.

Com referência à prescrição intercorrente que, na disciplina em vigor, é calculada com base na pena fixada em concreto, na sentença ou no acórdão, a proposta do Relatório preliminar é extinguí-la, seja porque já não se admite cálculo de prescrição da pretensão punitiva com base na pena aplicada, seja porque não se admite fluência de prescrição após decisão do tribunal (originária ou recursal). Para tanto, sugeriu-se alteração da redação do parágrafo único do art. 110: "Não fluirá o prazo da prescrição da pretensão punitiva após decisões do tribunal em sede originária ou recursal ordinária".

O motivo invocado para essa modificação também é a impunidade, pois, segundo o Relator, os condenados "muitas vezes exercem o direito fundamental" ao recurso "de forma desvirtuada, para gerar uma 'demora no julgamento' nos tribunais superiores", alcançando, com isso, a prescrição intercorrente. Tendo em vista tais considerações, propõe a permanência da prescrição intercorrente – mas calculada pela pena máxima prevista ao delito, se não houver o julgamento do recurso pelo tribunal de apelação em tempo hábil – observando-se o princípio da duração razoável do processo. Acrescenta o Relator que, se o acusado optar por interpor recursos especial e extraordinário, não mais fluirá prescrição. Pelo exposto fica evidente a análise distorcida do exercício do direito de recorrer, realizada pelo Relator, como se somente a defesa manejasse recursos especial e extraordinário, não com o justo objetivo de reforma da decisão judicial, mas com intuito meramente procrastinatório.

Além disso, nas sugestões retromencionadas não se levou em conta que a prescrição da pretensão punitiva com base na pena em concreto, retroativa ou intercorrente, acaba por impor ao Estado critério de eficiência na apuração dos fatos e na própria realização do processo penal, estimulando a observância da duração razoável do processo[3] e do princípio da dignidade humana. Tal princípio se vê ferido, inarredavelmente, sob a ótica do investigado ou acusado e da própria vítima, com a longa duração da persecução penal, na forma de investigação ou de processo. Nesse sentido, os prazos da prescrição da pretensão punitiva calculados pelo máximo da pena são longos por demais para nortear a duração da investigação e do processo penal. E não há dúvida de que a extinção da prescrição calculada com base na pena fixada será mais um fator a contribuir para a maior demora no encerramento da persecução penal.

Outra proposta foi a inserção de § 1º no art. 109, estabelecendo aumento de um terço do prazo prescricional, quando se tratar de crime hediondo, lavagem

---

[3] A esse respeito, já nos manifestamos no artigo intitulado *Prescrição: exigência de eficiência na investigação e razoável duração do processo* (in *Prescrição penal*: temas atuais e controvertidos: doutrina e jurisprudência. Porto Alegre: Livraria do Advogado, 2013. v. 4, p. 17-32).

de capitais, crime contra a Administração Pública ou praticado por associação criminosa, organização criminosa ou milícia, ou, para qualquer crime, no caso de condenado reincidente. Da causa de aumento em questão, a única hipótese que já era prevista no Código Penal era a do condenado reincidente que, no entanto, incidia no prazo prescricional da pretensão executória, tendo por base, portanto, a pena fixada e que foi mantida na proposta do Relator. Inova, porém, a proposta em questão também nesse aspecto, pois recai o referido aumento sobre a prescrição da pretensão punitiva, considerando-se, assim, a pena máxima prevista para o delito.

A previsão do aumento do prazo prescricional em questão foi justificada, ademais, para viabilizar a punição de delitos "de difícil investigação ou de maior gravidade social". E, ainda, para adequar a legislação brasileira à Convenção da ONU para Corrupção, aprovada pelo Congresso Nacional por meio do Decreto Legislativo nº 348, de 2005, e promulgada pelo Presidente da República pelo Decreto 5.687, de 2006. No mesmo sentido, a proposta em questão vai ao encontro da Convenção da ONU para o Crime Organizado Transnacional, incorporada ao ordenamento nacional pelo Decreto Legislativo 231, de 2003, e pelo Decreto 5.015, de 2004, diploma que reclama a previsão de prazos prescricionais mais prolongados.

Quanto a esse aspecto, não se vê fundamento de direito para incidência de aumento do prazo prescricional, em um terço, para determinados delitos. Primeiramente, porque se firmou, na proposta, que a prescrição da pretensão punitiva será calculada – sempre – com base no máximo da pena cominada. Os delitos mais graves gozam do lapso prescricional máximo, tendo em vista a pena máxima cominada. Não seriam, então, suficientes vinte anos, entre as balizas interruptivas, para apurar a infração penal, submeter o acusado a julgamento e eventualmente fazer executar a pena a ele imposta, caso condenado? Por outro lado, ainda que se cogitasse de estabelecer esse aumento do prazo prescricional, por que estabelecê-lo em favor dos delitos em foco? Por que não para outros, também graves, como é o caso do homicídio?

Sugeriu-se, ainda, a supressão do art. 115 do Código Penal, eliminando-se a causa de redução do prazo prescricional pela metade, seja para o menor de 21 anos na data do fato ou para o maior de 70 na data da sentença. Argumentou-se, para tanto, que o redutor do prazo prescricional para o menor de 21 anos encontrava razão de ser na incapacidade civil relativa que recaía sobre o jovem entre 18 e 21 anos. No entanto, com o Código Civil de 2002, a maioridade civil foi fixada aos 18 anos, não havendo mais sentido em se manter a causa de redução do prazo prescricional em questão. Com referência ao maior de 70 anos, igualmente, defendeu-se que não há justificativa para o tratamento diferenciado quanto à prescrição da pretensão punitiva. Mas, entendeu-se que o benefício deve incidir quanto à prescrição da pretensão executória, com fulcro no tratamento diferenciado que a Constituição Federal assegura para a execução da pena, que haverá de ser cumprida em estabelecimentos distintos, de acordo com a natureza do delito, idade e sexo do apenado. Em acréscimo, salientou-se que tal causa de redução do prazo prescricional deveria ser compatibilizada com o Estatuto do Idoso. Dessa forma, a proposta é inserir § 2º ao art. 112, prevendo que "No caso de execução de pena em que o condenado tiver mais de sessenta anos quando do trânsito em julgado, a prescrição será calculada pela metade".

Foram razões de política criminal e a adoção de posicionamento mais liberal que levaram à adoção da referida causa de redução do prazo prescricional, do art. 115, na reforma do Código Penal de 1984, que recai sobre todas as espécies de prescrição.[4] Antes da reforma, era prevista apenas para o menor de 21 anos, na data do fato. Com a eliminação do dispositivo em questão, na Reforma Penal em andamento, verifica-se, uma vez mais, a prevalência do agravamento da disciplina da prescrição.

A prescrição da pena de multa também foi alvo de proposta de alteração, passando a ser regulada, sempre, pelo prazo prescricional da pena de prisão. Elimina-se, desse modo, a prescrição em dois anos, quando a multa for a única cominada ou aplicada, prevista no Código em vigor (art. 114, I).

Quanto ao art. 112, propôs-se que a prescrição da pretensão executória passe a fluir do dia do trânsito em julgado da sentença condenatória para ambas as partes e não apenas para a acusação, como sucede na disciplina em vigor. Segundo a proposta do Relator a respeito, já não se pode sustentar o termo inicial da prescrição da pretensão executória com o trânsito em julgado da decisão condenatória para a acusação, considerando que a presunção de inocência impede qualquer forma de execução de pena antes do referido trânsito em julgado. Nesse sentido, realça o Relator, o Pleno do Supremo Tribunal Federal, ao julgar o *Habeas Corpus* 84078/MG, firmou entendimento em conformidade com o princípio da presunção de inocência. Em outras palavras: só se pode cogitar de execução de pena após o trânsito em julgado da sentença condenatória para ambas as partes.[5] E, por decorrência lógica, descabe fluir a prescrição da pretensão executória com o trânsito em julgado apenas para a acusação. Sobre o tema, o Relator também invoca vários precedentes do Superior Tribunal de Justiça, afirmando que a prescrição da pretensão executória se inicia com o trânsito em julgado da condenação para ambas as partes. Contudo, julgados recentes daquela Corte posicionam-se em sentido diverso, atentos ao que dispõe o art. 112, I do Código Penal em vigor, considerando, portanto, como termo inicial da prescrição da pretensão executória, o trânsito em

---

[4] A propósito: ZAFFARONI, Eugenio Raúl e PIERANGELI, José Henrique. *Manual de direito penal brasileiro*. 9ª.ed. São Paulo: RT, 2011. v. 1, p. 650.

[5] Sobre essa questão, QUEIROZ, Paulo e BARBOSA, Aldeleine Melhor. "Termo inicial da prescrição da pretensão executória." *In Prescrição penal*: temas atuais e controvertidos: doutrina e jurisprudência. Porto Alegre: Livraria do Advogado Editora, 2011. v. 3, p. 27-28, sustentam que "seria um manifesto contrassenso que, vedada legalmente a execução da pena, pudesse fluir o prazo prescricional da pretensão executória, a qual tem por pressuposto justamente a exequibilidade da sentença condenatória e a inércia estatal em fazê-la executar".

julgado para a acusação.[6] De fato, a interpretação desse dispositivo não poderia ser outra, *de lege lata.*

Entretanto, *de lege ferenda,* a modificação sugerida compatibiliza o termo inicial da prescrição da pretensão executória com o princípio da presunção de inocência.

A dicção do inciso II do art. 112 também foi modificada para que passe a prescrição da pretensão executória a fluir do "dia em que se interrompe a execução". Eliminou-se da redação em vigor a exceção prevista – "salvo quando o tempo de interrupção deve computar-se na pena" – que se justificava em razão da revogação do livramento condicional concedido. Entretanto, esse instituto foi suprimido no Projeto do Código e, assim, não há mais lugar para tal exceção.

No § 1º do art. 112, afora a previsão de que a prescrição da pretensão executória será regulada pela pena aplicada, reproduziu-se a causa de aumento do prazo prescricional de 1/3 para o condenado reincidente, mas acrescentou-se esse aumento para aquele que empreendeu fuga.

As causas impeditivas da prescrição, igualmente, foram objeto de propostas de modificação. No inciso II, além de não fluir prescrição enquanto o agente cumpre pena no estrangeiro, aduziu-se "ou se encontre preso para fins de extradição requerida pelo governo brasileiro". Foram introduzidos no art. 116 os incisos III e IV, contemplando duas novas causas impeditivas da prescrição: "III – enquanto não for possível, em razão de imunidade prevista constitucionalmente, a instauração do processo penal" e "IV – enquanto não estiver concluído procedimento de investigação, sindicância ou procedimento disciplinar, exceto se, antes disso, houver sido proposta a ação penal".

Quanto aos impedimentos para fluência da prescrição introduzidos nos incisos II e III, parece-nos acertada a proposta. No tocante à extradição, não há sentido em escoar prazo prescricional enquanto o agente está preso para fins de extradição requerida pelo governo brasileiro, porque se aguarda exatamente essa providência para que seja ele processado ou venha a executar pena no Brasil. Quanto à imunidade prevista constitucionalmente, que impede a instauração do processo penal, trata-se de compatibilização do Código Penal à Constituição que, no art. 53, §§ 3º a 5º[7] estabelece que recebida a denúncia, contra Senador ou

---

[6] Nesse sentido: Edcl nos EDcl no *HC* 246400/GO, 5ª T., Rel. Min. Laurita Vaz, j. 26.8.14, DJe 2.9.14; AgRg nos EDcl no Aresp 222566/DF, 5ª T., Rel. Min. Marco Aurélio Bellizze, j. 7.8.14, DJe 18.8.14; AgRg no AREsp n492347/DF, 6ª T., Rel. Min. Marilza Maynard (Desembargadora convocada do TJ/SE), j. 10.6.14, DJe 27.6.14 e *HC* 289458/SP, 5ª T., Rel. Min. Jorge Mussi, j.5.6.14, DJe 12.6.14, julgado no qual o Sr. Ministro Jorge Mussi aponta revisão de entendimento na matéria (veja-se, a propósito, que o precedente citado pelo Senador Pedro Taques, no sentido de que o termo inicial da prescrição da pretensão executória dava-se no trânsito em julgado da condenação para as partes, era do referido Ministro).

[7] Tal redação do dispositivo constitucional em comento decorre da Emenda 35, de 20.12.01. Antes dela, o dispositivo, em sua redação original, previa duas hipóteses de suspensão da prescrição relacionadas à imunidade parlamentar, no campo processual penal. A primeira dizia respeito ao indeferimento do pedido de licença para processar Senador ou Deputado Federal, pela respectiva Casa, só voltando a fluir a prescrição quando do encerramento do mandato. A segunda decorria da ausência de deliberação da respectiva Casa a respeito do pedido de

Deputado Federal, por crime ocorrido após a diplomação, poderá a Casa respectiva, pelo voto da maioria de seus membros, até a decisão final, sustar o andamento da ação penal.[8] Tal pedido terá que ser apreciado pela Casa respectiva no prazo improrrogável de quarenta e cinco dias do seu recebimento pela Mesa Diretora. Segundo o dispositivo constitucional, a sustação do processo suspende a prescrição, enquanto durar o mandato.

Quanto ao inciso IV do art. 116, cuja inserção foi proposta, na prática, equivale a extinguir a prescrição, mesmo pela pena em abstrato, entre a data do fato e o recebimento da denúncia ou queixa. É que, de acordo com tal dispositivo, não flui prescrição enquanto não estiver concluído procedimento de investigação, sindicância ou procedimento disciplinar, exceto se a ação penal tiver sido proposta antes disso. Com isso, não há estímulo para que a investigação do fato seja ultimada em prazo razoável.

Inseriu-se proposta de modificação no § 1º do art. 116, reproduzindo sua dicção "Depois de passada em julgado a sentença condenatória, a prescrição não corre durante o tempo em que o condenado está preso por outro motivo" e acrescentando "no Brasil ou no estrangeiro, ou no caso de se encontrar preso para fins de extradição requerida pelo governo brasileiro". Ainda sobre essa matéria, foi introduzido o § 2º ao art. 116, dispondo que: "No caso de extradição requerida pelo governo brasileiro, a suspensão do prazo prescricional ocorrerá a partir da efetivação da prisão do agente por parte do governo brasileiro".

As sugestões de modificações no art. 116, de acordo com o Relator, foram fruto de proposta da Estratégia Nacional de Combate à Corrupção e à Lavagem de Dinheiro (ENCCLA). As regras sugeridas buscam evitar a fluência de prescrição durante a tramitação do processo de extradição requerida pelo Brasil que, normalmente, é demorado. Como anteriormente observado, a nosso ver, tais alterações mostram-se necessárias e pertinentes.

Por último, pretendendo afastar o posicionamento vigente de que o acórdão confirmatório da sentença condenatória não interrompe a prescrição, sugeriu-se alteração na dicção do art. 117, IV, para constar, como causa interruptiva, expressamente a "sentença ou acórdão condenatórios recorríveis ou pelo acórdão que julgar recurso interposto pela parte".

---

licença. Como não havia prazo expressamente previsto para essa deliberação, conforme preleciona Damásio de Jesus, na obra *Prescrição penal,* duas interpretações deveriam surgir: a primeira de que a prescrição estará em curso enquanto não houver deliberação e a segunda de que fica suspenso o prazo prescricional a partir da data do recebimento do pedido (4ª. ed., São Paulo: Saraiva, 1989, p. 78-9).

[8] Está se tratando, nesse caso, de imunidade formal e não material, que é aquela decorrente das manifestações, opiniões e votos no exercício da função parlamentar. Essa última impede, de modo absoluto, persecução penal e até interpelação judicial, mesmo que encerrado o mandato (veja-se, a propósito, escrito de Ney Fayet Júnior e Amanda Varela, no v. IV, da *Prescrição penal*: temas atuais e controvertidos. Porto Alegre: Livraria do Advogado editora, 2013. p. 91-117, intitulado "A imunidade parlamentar e a prescrição penal").

3.3. NO SUBSTITUTIVO AO PROJETO DE LEI 236/2012, APROVADO NA COMISSÃO TEMPORÁRIA DE ESTUDO DA REFORMA DO CÓDIGO PENAL (PARECER 1576, DE 2013)

Os trabalhos prosseguiram com a análise de emendas e propostas recebidas após a apresentação do Relatório Preliminar, na data de 20 de agosto de 2013. Muitas das sugestões recebidas já estavam incorporadas naquele Relatório.

O resultado final foi a apresentação do Substitutivo, que foi aprovado pela Comissão Temporária de Estudo da Reforma do Código Penal, por meio do Parecer 1576, de 2013.

Nele foram contempladas algumas novidades com relação ao Relatório Preliminar. Foi acrescentado o inciso IV ao art. 112, estabelecendo que, nos crimes habituais, a prescrição começa a fluir do dia em que cessou a habitualidade, acolhendo entendimento jurisprudencial firmado nesse sentido.[9] Tal proposta mostra-se adequada.

No art. 116 foram introduzidos os incisos V e VI. O inciso V impede a fluência da prescrição quando suspenso o processo para exame de sanidade mental ou dependência de drogas. E o inciso VI estabelece impedimento ao curso da prescrição, nos delitos de menor potencial ofensivo, quando o processo estiver suspenso ou aguardando o cumprimento da transação penal, por força do disposto nos arts. 76 e 89 da Lei 9.099/95. Tal dispositivo permite que, descumpridas a transação penal ou as condições da suspensão condicional do processo, possa o processo ter prosseguimento sem que a prescrição tenha fluído.

Ainda para adaptar o instituto da prescrição à transação penal e à suspensão condicional do processo, foi acrescido o inciso VI ao art. 117, prevendo como causa interruptiva da prescrição a decisão que homologa a transação penal ou a suspensão condicional do processo.

A proposta de impedimento de fluência da prescrição enquanto se aguarda o cumprimento da transação penal era acomodação necessária à Lei 9.099/95. É que não há dispositivo naquele diploma que contenha essa determinação. Quanto à suspensão condicional do processo, a Lei em questão já estipula que: "Não correrá a prescrição durante o prazo de suspensão do processo" (art. 89, § 6º). Assim, a proposta de inserção de disposição a esse respeito no Código Penal é mera reprodução de tal norma.

O que se observa, porém, é que, diante do impedimento do curso da prescrição nas hipóteses retromencionadas, parece excessiva a criação da causa interruptiva

---

[9] Na doutrina, sustenta-se que, nos crimes habituais, a prescrição tem início a partir do último ato praticado (nesse sentido: PORTO, Antonio Rodrigues. *Da prescrição penal.* 4ª ed. São Paulo: RT, 1988. p. 47). A jurisprudência, no mesmo diapasão, preconiza que a prescrição, no crime habitual, terá termo inicial na data em que cessaram as ações, posto que o crime habitual se consuma com o cometimento da última das condutas que constituem o fato típico (*v.g.,* STJ, *HC* 105074/SP, 5ª T., Rel. Min. Laurita Vaz, j. 18.5.10, DJe 7.6.10 e REsp n705334/RS, 5ª T., Rel. Min. Gilson Dipp, j. 18.8.05, DJ 19.9.05, p. 372).

de prescrição contemplada no inciso VI do art. 117, no que concerne à decisão que homologa a transação penal ou a suspensão condicional do processo.

Também foi esclarecido, quanto à reincidência, que a interrupção da prescrição ocorrerá na data da prática do novo crime e não na data do trânsito em julgado da decisão que reconheceu a reincidência (inciso VII do art. 117). Nesse aspecto, entendemos que a harmonização do dispositivo com o princípio da presunção de inocência recomenda que seja adotada a data do trânsito em julgado da decisão que reconheceu a reincidência e não a data da "prática do novo crime".[10]

E em observância ao instituto do concurso de pessoas, no art. 117, § 1º., quanto ao alcance dos efeitos da interrupção da prescrição, substituiu-se a expressão a "todos os autores do crime" por "a todos os que concorreram para o crime". Foram abrangidos, assim, autores, coautores e partícipes. Quanto a esse ponto, a alteração proposta foi de ordem técnica.

4. Conclusões

Das propostas de modificação do tratamento da prescrição, na Reforma Penal, conclui-se que algumas realmente mostram-se necessárias, notadamente quanto a novas causas de impedimento do curso da prescrição, abrangendo as hipóteses de extradição, imunidade constitucional, bem como enquanto for cumprida a transação penal e a suspensão condicional do processo. Além delas, destacam-se também as adaptações da legislação a orientações jurisprudenciais sedimentadas e acertadas (*v.g.*, quanto ao termo inicial da prescrição da pretensão punitiva no crime habitual e ao termo inicial da prescrição da pretensão executória com o trânsito em julgado para acusação e defesa). Tal cenário demonstra que a postura adotada no Anteprojeto do Código Penal não foi acertada, já que manteve praticamente inalterada a disciplina da prescrição em vigor. Em uma Reforma Penal, aperfeiçoamentos são almejados.

No entanto, outras propostas de alteração, constantes do Substitutivo, são passíveis de críticas. Não se cuidou, na Reforma do Código, de estabelecer limites à suspensão do curso da prescrição, no caso de acusado não encontrado, citado por edital, em relação ao qual o processo fica suspenso (hipótese hoje regulada no art. 366 do Código de Processo Penal). É certo que há Súmula do Superior Tribunal de Justiça a respeito (nº 415), no sentido que o período de suspensão do prazo prescricional, no caso, é regulado pelo máximo da pena cominada. Mas, em se tratando de Reforma Penal, que, naturalmente, deve abrigar todas as disposições

---

[10] COSTA JR., Paulo José. *Direito penal objetivo*.3ª ed. Rio de Janeiro: Forense Universitária, 2003. p. 188, recorda, em relação ao Código em vigor, duas correntes jurisprudenciais quanto à referida causa interruptiva da prescrição: a primeira, no sentido que o momento interruptivo é o da prática do novo crime e a segunda, que identifica a interrupção da prescrição à sentença condenatória transitada em julgado pelo novo crime. No mesmo sentido, BITENCOURT, Cezar Roberto. *Tratado de direito penal*. 8ª ed. São Paulo: RT, 2003, p. 725, observando que a corrente minoritária é a que entende interrompida a prescrição da data do novo crime.

normativas necessárias ao tratamento do tema, melhor que houvesse disposição legal a respeito. Outra hipótese de suspensão da prescrição que não mereceu atenção na Reforma foi a que se dá nos casos de parcelamento de débitos tributários, que conduz à suspensão da pretensão punitiva e que deveria ser prevista no novo Código Penal.

Mas as principais críticas à Reforma, quanto ao instituto em análise, recaem sobre a extinção de todas as formas de prescrição da pretensão punitiva calculadas com base na pena em concreto; a extinção de prescrição da pretensão punitiva após decisão dos tribunais, originária ou em grau de recurso; o impedimento da fluência da prescrição enquanto não concluído procedimento investigatório, sindicância ou procedimento disciplinar e o aumento do lapso prescricional em um terço, para determinados crimes que foram selecionados.

É que, de modo geral, as preocupações que permeiam o Substitutivo estão voltadas para dificultar a ocorrência da prescrição, sob o falacioso discurso de combate à impunidade, como se o Estado já não dispusesse de instrumentos suficientes e aptos a impedi-la. Perdeu-se a oportunidade de realizar tarefa da maior importância em qualquer ordenamento: a harmonização do instituto com princípios constitucionais, especialmente a dignidade humana, a duração razoável do processo e a eficiência, que reclamam respeito ao indivíduo investigado ou processado criminalmente, à vítima e o bom desempenho das funções por parte do Estado.

ANEXO:
Título VIII da Emenda nº 807 – CTRCP – Substitutivo ao Projeto de Lei do Senado nº 236, de 2012

TÍTULO VIII
DA EXTINÇÃO DA PUNIBILIDADE

Extinção da punibilidade

Art. 106. Extingue-se a punibilidade:

I – pela morte do agente;

II – pela anistia, graça ou indulto;

III – pela retroatividade de lei que não mais considera o fato como criminoso;

IV – pela prescrição, decadência ou perempção;

V – pela renúncia do direito de queixa ou pelo perdão aceito, nos crimes de ação privada;

VI – pela retratação do agente, nos casos em que a lei a admite; ou

VII – pelo perdão judicial, nos casos previstos em lei.

VIII – pela falência da pessoa jurídica.

§ 1º Na hipótese do inciso I do *caput*, não tem validade jurídica a declaração da extinção da punibilidade pela morte do agente com base em documento falso ou em situação de fato inexistente, salvo se já ocorrente a prescrição da pretensão punitiva em abstrato.

§ 2º Não será declarada ou terá validade jurídica a extinção da punibilidade da pessoa jurídica diante de alteração da razão social, composição societária, aquisição, incorporação, fusão, extinção ou qualquer ato que, no entendimento do juiz, tiver ocorrido com o fim de evitar a aplicação da lei penal, salvo se já ocorrente a prescrição da pretensão punitiva em abstrato.

Art. 107. A extinção da punibilidade de crime que é pressuposto, elemento constitutivo ou circunstância agravante de outro não se estende a este. Nos crimes conexos, a extinção da punibilidade de um deles não impede, quanto aos outros, a agravação da pena resultante da conexão.

Prescrição antes de transitar em julgado a sentença

Art. 108. A prescrição, antes de transitar em julgado a sentença final, regula-se pelo máximo da pena de prisão cominada ao crime, verificando-se:

I – em vinte anos, se o máximo da pena é superior a doze;

II – em dezesseis, se o máximo da pena é superior a oito anos e não excede a doze;

III – em doze anos, se o máximo da pena é superior a quatro anos e não excede a oito;

IV – em oito anos, se o máximo da pena é superior a dois anos e não excede a quatro;

V – em quatro anos, se o máximo da pena é igual a um ano ou, sendo superior, não excede a dois;

VI – em três anos, se o máximo da pena é inferior a um ano.

Aumento do prazo prescricional

Art. 109. Aumenta-se de um terço o prazo prescricional fixado no artigo anterior quando se tratar de crime hediondo, lavagem de capitais, crime contra a Administração Pública ou praticado por associação criminosa, organização criminosa ou milícia, ou, para qualquer crime, no caso de condenado reincidente.

Prescrição das penas restritivas de direitos

Art. 110. Aplicam-se às penas restritivas de direitos os mesmos prazos previstos para as de prisão.

Prescrição da pretensão punitiva

Art. 111. A prescrição da pretensão punitiva será calculada com base na prescrição em abstrato, nos termos do artigo anterior, não se levando em consideração para esse fim a pena efetivamente aplicada no caso concreto.

Parágrafo único. Não fluirá o prazo da prescrição da pretensão punitiva após as decisões do tribunal em sede originária ou recursal ordinária.

Termo inicial da prescrição antes de transitar em julgado a sentença final

Art. 112. A prescrição, antes de transitar em julgado a sentença final, começa a correr:

I – do dia em que o crime se consumou;

II – no caso de tentativa, do dia em que cessou a atividade criminosa;

III – nos crimes permanentes, do dia em que cessou a permanência;

IV – nos crimes habituais, do dia em que cessou a habitualidade;

V – no crime de falsificação ou alteração de assentamento do registro civil, da data em que o fato se tornou conhecido;

VI – nos crimes contra a dignidade sexual de crianças e adolescentes, previstos neste Código ou em legislação especial, da data em que a vítima completar dezoito anos, salvo se a esse tempo já houver sido proposta a ação penal;

VII – nos crimes falimentares, do dia da decretação da falência, da concessão da recuperação judicial ou da homologação do plano de recuperação extrajudicial.

Prescrição da pretensão executória

Art. 113. A prescrição da pretensão executória começa a correr:

I – do dia em que transita em julgado a sentença condenatória; ou

II – do dia em que se interrompe a execução.

§ 1º. A prescrição da pretensão executória regula-se pela pena aplicada e verifica-se nos prazos fixados no art. 108 deste Código, acrescidos de um terço se o condenado é reincidente ou empreendeu fuga.

§ 2º. No caso de execução de pena em que o condenado tiver mais de sessenta anos quando do trânsito em julgado, a prescrição será calculada pela metade.

129

Prescrição no caso de evasão do condenado

Art. 114. No caso de evadir-se o condenado, a prescrição é regulada pelo tempo que resta da pena.

Prescrição da multa

Art. 115. A prescrição da pena de multa seguirá os mesmos prazos da prescrição da pena de prisão.

Causas impeditivas da prescrição

Art. 116. Antes de passar em julgado a sentença final, a prescrição não corre:

I – enquanto não resolvida, em outro processo, questão de que dependa o reconhecimento da existência do crime;

II – enquanto o agente cumpre pena no estrangeiro ou se encontre preso para fins da extradição requerida pelo governo brasileiro;

III – enquanto não for possível, em razão de imunidade prevista constitucionalmente, a instauração do processo penal;

IV – enquanto não estiver concluído procedimento de investigação, sindicância ou procedimento disciplinar, exceto se, antes disso, houver sido proposta a ação penal;

V – enquanto o processo estiver suspenso para realização de exame pericial de sanidade mental ou dependência de drogas;

VI – durante os prazos de suspensão condicional do processo ou de cumprimento de transação penal.

§ 1º. Depois de passada em julgado a sentença condenatória, a prescrição não corre durante o tempo em que o condenado está preso por outro motivo, no Brasil ou no estrangeiro, ou no caso de se encontrar preso para fins de extradição requerida pelo governo brasileiro.

§ 2º. No caso de extradição requerida pelo governo brasileiro, a suspensão do prazo prescricional ocorrerá a partir da efetivação da prisão do agente por parte do governo estrangeiro.

Causas interruptivas da prescrição

Art. 117. O curso da prescrição interrompe-se:

I – pelo recebimento da denúncia ou da queixa;

II – pela pronúncia;

III – pela decisão confirmatória da pronúncia;

IV – pela sentença ou acórdão condenatórios recorríveis ou pelo acórdão que julgar recurso interposto pela parte;

V – pelo início ou continuação do cumprimento da pena;

VI – pela decisão que homologa a transação penal ou a suspensão condicional do processo;

VII – pela reincidência, na data da prática do novo crime.

§ 1º. Excetuados os casos dos incisos V e VII deste artigo, a interrupção da prescrição produz efeitos relativamente a todos os que concorreram para o crime. Nos crimes conexos, que sejam objeto do mesmo processo, estende-se aos demais a interrupção relativa a qualquer deles.

§ 2º. Interrompida a prescrição, salvo a hipótese do inciso V deste artigo, todo o prazo começa a correr, novamente, do dia da interrupção.

Art. 118. As penas mais leves prescrevem com as mais graves.

Art. 119. No caso de concurso de crimes, a extinção da punibilidade incidirá sobre a pena de cada um, isoladamente.

Perdão judicial

Art. 120. A sentença que conceder perdão judicial não será considerada para efeitos de reincidência.

Bibliografia

BITENCOURT, Cezar Roberto. *Tratado de direito penal*. 8ª. ed. São Paulo: RT, 2003.

COSTA JR., Paulo José. *Direito penal objetivo*. 3ª. ed. Rio de Janeiro: Forense Universitária, 2003.

FAYET JÚNIOR, Ney; VARELA, Amanda. "A imunidade parlamentar e a prescrição penal." *In Prescrição penal*: temas atuais e controvertidos: doutrina e jurisprudência. Porto Alegre: Livraria do Advogado, 2013. v. 4, p. 91-117.

FERRARI, Eduardo Reale. *Prescrição da ação penal*: suas causas suspensivas e interruptivas. São Paulo: Saraiva, 1998.

JESUS, Damásio E. de. *Prescrição penal*. 4ª ed. São Paulo: Saraiva, 1989.

PORTO, Antonio Rodrigues. *Da prescrição penal*. 4ª ed. São Paulo: RT, 1988.

QUEIJO, Maria Elizabeth. "Prescrição: exigência de eficiência na investigação e razoável duração do processo." *In Prescrição penal*: temas atuais e controvertidos: doutrina e jurisprudência. Porto Alegre: Livraria do Advogado Editora, 2013. v. 4, p. 17-32.

QUEIROZ, Paulo e BARBOSA, Aldeleine Melhor. "Termo inicial da prescrição da pretensão executória." *In Prescrição penal*: temas atuais e controvertidos: doutrina e jurisprudência. Porto Alegre: Livraria do Advogado, 2011. v. 3, p. 23-30.

ZAFFARONI, Eugenio Raúl e PIERANGELI, José Henrique. *Manual de direito penal brasileiro*. 9ª ed. São Paulo: RT, 2011. v. 1.

Tema VIII

A prescrição penal no ordenamento italiano[1]

Antonio Vallini

1. A prescrição do crime e da pena: natureza e *ratio* entre Direito Penal substancial e processual

1.1. ENQUADRAMENTO GERAL

O ordenamento penal italiano[2] conhece dois institutos que inibem a pretensão punitiva em razão do decurso de um determinado período de tempo: a prescrição do crime (arts. 157-161, c.p.) e a prescrição da pena (denominada, na verdade, "extinção da pena por decurso do tempo": arts. 172 e 173, c.p.). O primeiro tipo é formalmente reconduzido, pelo código penal italiano, à categoria das causas de extinção do crime; e o segundo, à das causas de extinção da pena.

Com causas de extinção em geral[3] se entendem situações que, se e quando se verificam, impedem, em grande parte, a ocorrência de consequências jurídicas negativas para o réu, que a lei faz derivar da realização de um crime. A despeito da sua denominação, tais causas não extinguem, evidentemente, o crime como evento histórico (*factum infectum fieri nequit*) nem como figura jurídica. Trata-se, de fato, de institutos que não têm nenhuma relação com a *ratio* dos requisitos constitutivos da tipicidade, antijuridicidade objetiva e culpabilidade; tanto que o crime, íntegro em todos os seus elementos, continua produzindo alguns efeitos típicos, apesar da intervenção de causas de extinção. Assim o crime pode ser, por exemplo: fonte de formas de responsabilidade civil correlatas apenas ao ilícito penal (art. 198, c.p.); suportar – em presença de uma sentença condenatória (v. infra) – a atribuição do *status* de reincidente ou delinquente habitual e profissional (art. 106 c.p.); continuar operando como algum crime pressuposto, perfil constitutivo ou circunstância agravante de outras modalidades típicas; ou como referência da

---

[1] Tradução e revisão de Ney Fayet Júnior e Paulo Fayet.

[2] O código penal atualmente vigente na Itália é ainda o de 1930, apesar de amplamente modificado por intervenções do legislador e da Corte constitucional e exposto a interpretações de adequação inspiradas pela Constituição republicana de 1948. As numerosas propostas de reforma avançadas, ao longo do tempo, inclusive por comissões cientificamente qualificadas não receberam atenção especial por parte dos órgãos legislativos.

[3] Para um quadro geral desses institutos: Stortoni, 1990, *passim*; Id., 2000, *passim*; mais recentemente Martini, 180 ss.

agravante da conexão entre as figuras criminosas (art. 170 c.p., referido à agravante do art. 61, n. 2, c.p.); consentir o confisco «das coisas, a fabricação, o uso, o porte, a detenção ou a alienação das quais constitui crime» (o art. 240, inciso 2, n. 2, c.p., afirma que esse confisco é ordenado ainda que não tenha sido pronunciada uma condenação, e até mesmo no caso de absolvição por extinção intervinda).

Antes, as causas de extinção da pena, por intervir necessariamente quando uma condenação definitiva foi cominada, se referem à "punibilidade em concreto". Certamente, por pressupor um processo já concluído, não têm nenhuma relação com as condições de procedibilidade e revelam uma natureza apenas substancial.

Ao contrário, as causas de extinção do crime operam, geralmente, antes da existência de uma condenação definitiva – impedida por elas – ou até mesmo em fases antecipadas do procedimento (o art. 129, 1° inciso, do código de processo penal italiano estabelece que «em todo e qualquer estado e grau do processo [...] o juiz que reconhece [...] que o crime é extinto [...], o declara de ofício mediante sentença»). Neste sentido, além da prescrição do crime, operam a morte do réu (art. 150), a anistia própria (art. 151), a remissão da queixa (art. 152, c.p.), a oblação nas contravenções (arts. 162 ss., c.p.). O instituto, de recente criação, da "suspensão do processo com colocação à prova" (arts. 168 *bis* –168, *quater* c.p., introduzidos com a lei 28 de abril de 2014, n. 67), prevê ainda um mecanismo extintivo composto por atividades processuais destinadas a se exaurir antes da condenação. Todas essas situações concernem, portanto, à chamada punibilidade "em abstrato".[4]

Algumas causas de extinção do crime intervêm, contudo, em consequência da realização de uma circunstância completa que pressupõe uma sentença de condenação definitiva. Assim, por exemplo, aquelas correlatas à suspensão condicional da pena (arts. 163-168, c.p.), ou ao perdão judicial (art. 169, c.p.), ou à causa especial de extinção do crime de bigamia com base no art. 556, 3° inciso, c.p.

Outra linha distintiva, não totalmente coincidente com aquela codicista e nominal que separa as causas de extinção do crime das causas de extinção da pena, é aquela que leva em consideração a abrangência do efeito extintivo. Esta é máxima para as causas extintivas, como a prescrição do crime, que antecedem e precluem a sentença de condenação definitiva, impedindo, portanto, todos os efeitos característicos da própria condenação, como, por exemplo, a aplicação de penas aces-

---

[4] Com punibilidade «se designa [...] o conjunto das eventuais condições, ulteriores e externas respeito ao fato antijurídico e condenável, que fundamentam ou excluem a oportunidade de puni-lo», de acordo com a doutrina que entende este requisito como elemento constitutivo do crime (Marinucci, Dolcini, 375). Em mérito aos nexos entre causas extintivas e punibilidade: Padovani, 1986, 401 ss. V., em seguida, especialmente di Martino, 261, exatamente com referência à prescrição do crime: «se se prevê a prescrição de um crime, após um certo número de anos fixado em relação à pena máxima aplicável, o significado da causa extintiva se aprecia não respeito ao crime, mesmo como fato hipotético (é indicativo que o legislador não faça nenhuma referência à pena que o juiz aplicaria se o fato tivesse sido efetivamente cometido, mas sim tão somente à pena), mas respeito ao fundamento da repressão penal; isso independentemente do tipo de fundamento identificado a cada vez». Essa impostação parece especialmente correta após a exclusão feita pelo legislador, em linha de princípio, da computabilidade das agravantes para os fins da individuação do tempo necessário a prescrever (v. *infra* ao longo do texto).

sórias[5] e todo e qualquer efeito penal da condenação[6] (ficam ressalvados os perfis de relevância do crime extinto dos quais anteriormente se falou).

Menor o impacto extintivo de causas extintivas do crime que pressupõem a condenação, que incidem apenas sobre os efeitos da condenação expressamente levados em consideração pela lei.[7] Efeito mínimo compartilhado por todas as causas de extinção do crime é, de qualquer forma, tornar a pena principal e as medidas de segurança inaplicáveis e fazer a execução cessar (art. 210, 1° i., c.p.).

Pontual e limitada, finalmente, a eficácia das causas de extinção da pena, que – como em particular a prescrição da pena – operam tão somente sobre a pena (principal ou acessória) aos quais se referem,[8] ou sobre o efeito penal a cada vez considerado, assim como, em determinadas condições rigorosas, sobre a medida de segurança (art. 210, 2° e 3° incisos).[9]

Perfis de disciplinas compartilhadas por todas as causas extintivas (inclusive, a prescrição do crime e da pena) são aqueles considerados nos arts.182 e 183, c.p. Essas causas têm eficácia pessoal, ou seja, produzem efeitos «apenas para os quais a causa de extinção se refere» (em relação à prescrição do crime, essa regra deve ser coordenada com aquela segundo a qual «a suspensão e a interrupção da prescrição têm efeito para todos aqueles que cometeram o crime», concorrentes ou até mesmo sujeitos distintamente imputados, independentemente de uma contemporânea sotoposição ao mesmo processo, às mesmas investigações ou de uma situação de formal computação, e a prescindir da circunstância da futura verificação da responsabilidade de apenas um autor).[10] Em seguida, elas operam *ex nunc*; portanto, antes de seu aperfeiçoamento, o crime é plenamente produtivo de efeitos, e a eventual pena pode ser executada (assim, por exemplo, a prescrição da pena não pode ser declarada em relação a penas já executadas). Em caso de concurso, as causas extintivas do crime prevalecem sobre as causas extintivas da pena; e, em todo caso, é preciso aplicar a norma mais favorável, ou seja, dotada da maior e da mais imediata eficácia extintiva; mesmo assim, «quando diversas causas de extinção do crime e da pena intervêm em tempos diversos, a causa antecedente extingue o crime ou a pena, e aquelas seguintes fazem cessar os efeitos até agora não extintos em consequência da causa antecedente».

---

[5] «Aspenas accessórias (como, por exemplo, a publicação da sentença) são consequência de direito da sentença condenatória como efeitos penais da mesma, de acordo com o art. 20 cód. pen., com a consequência que não podem ser mantidas em caso de absolvição do imputado, mesmo se pronunciada após a extinção do crime pela prescrição»: S.C., Seção 2, Sentença *n.* 11033 *de* 03/03/2005.

[6] Sobre o significado e o âmbito deste conceito, ver S.C., Seção.un., n.7 *de* 20/04/1994.

[7] Finalmente, por exemplo, S.C. *Seção* 5, n. 3553 de 26/11/2013, acerca da suspensão condicional.

[8] Em particular, sobre as penas acessórias que pressupõem uma pena principal executável, como a interdição legal de acordo com o art. 32, 3° i., c.p.: Molari, 704; Antonini, 134.

[9] A extinção do art. 172 c.p. concerne, mais especificamente, à pena ainda a ser cumprida concretamente, mesmo quando não mais coincidente com aquela cominada com a condenação a causa da eventual intervenção de outras causas de extinção (por exemplo, indulto ou graça) ou de benefícios penitenciários como a liberação antecipada: Pisa, 96.

[10] Para os esclarecimentos necessários Romano, Grasso, Padovani, 117 ss.

1.2. A PRESCRIÇÃO DO CRIME EM GERAL: INSTITUTO SUBSTANCIAL OU PROCESSUAL?

Segundo uma importante doutrina,[11] a prescrição do crime, assim como mais em geral as causas de extinção do crime, operaria, na verdade, sobre o processo, como "causas sobrevenientes de não procedibilidade". Não poderia, de fato, incidir sobre a abrangência substancial do ilícito penal, um instituto capaz de entender a sua eficácia em um momento em que ainda falta uma adequada verificação judicial sobre aquele ilícito (lembre-se do já citado art. 129, c.p.p.). Sugestivo, neste sentido, é como o código penal previgente (chamado de código penal "Zanardelli", de 1889), em seu art. 91, disciplinava o instituto correspondente à atual prescrição do crime subespécie de "prescrição da ação penal" (ao qual contrapunha, no art. 95, a "prescrição da condenação"). Lembramos, em apoio a esta tese, em especial, como a absolvição por extinção intervinda de crime, além de ser denominada com terminologia processual (sentença de "não necessidade de proceder": art. 531, 1°, i., c.p.p.) não adquira o categoria de *res iudicata* no processo administrativo, civil e disciplinar (ao contrário dos arts. 652-654, c.p.p.), como demonstração do fato que se trata de decisão não inerente ao mérito, mas sim a motivos de improcedibilidade apenas da ação penal.

Claramente prevalente, entretanto, é a ideia de colocar o instituto no âmbito do direito penal substancial,[12] e não apenas em razão da alteração da denominação sofrida pelo instituto na transmigração do código previgente àquele atualmente em uso.

A distinção entre situações que fazem decair ou impedem a "procedibilidade", e institutos que, ao contrário, incidem sobre o crime e a sua disciplina substancial, tem fundamento primariamente na perspectiva da repetibilidade do juízo pelo mesmo fato (art. 649, c.p.p.) – além do que em relação às regras para a aplicação da lei no tempo, como veremos melhor no próximo parágrafo. Ora, ninguém duvida que a intervenção de uma chamada "causa de extinção do crime" impeça, em todo caso, um segundo juízo pelo mesmo fato, produzindo assim um efeito tipicamente substancial.[13] Além disso, a presença de todos os requisitos do caso extintivo não preclui, necessariamente, uma absolvição no mérito (v. infra, par. 3), como ocorre em caso de ausência das condições de procedibilidade como queixa, instância ou pedido (art. 529, c.p.p.), que fazem decair «a própria legítima instauração da relação processual penal».[14] Merecedora de consideração é, ainda, o fato da operatividade das causas de extinção do crime ser condicionada pelo consentimento do imputado. Assim, por exemplo, a remissão da queixa deve ser aceita pelo imputado (art. 155, c.p.); a oblação é obtida a pedido do imputado;

---

[11] Pagliaro, 726 ss.; v. ainda Mantovani M., 119 ss.

[12] Romano, Grasso, Padovani, 62, Pisa, 79; Antonini, 125 ss.; Martini, 253 ss.; Molari, 680; Cass. IV 18 de maio de 1982, CP 1984, 898. Sobre a questão em geral e com soluções originais, di Martino, 256 ss.

[13] Serraino, 989.

[14] Martini, 296.

a anistia é "renunciável"; para o tema de interesse aqui, a prescrição do crime é renunciável (v.infra, par 2.4.). Como foi também evidenciado pela Corte Constitucional na sentença que introduziu primeiro a regra da renunciabilidade (n. 275, de 23 de maio de 1990), essa subordinação à autodeterminação do interessado encontra, principalmente, a sua *ratio* no direito constitucional à defesa (art. 24, inciso 2, Const.), em razão do qual cada um tem direito de ver consagrada a sua inocência, caso lhe seja atribuída uma possível responsabilidade criminal; exigência que, de alguma forma, inspira inclusive o art. 129, 2°, i, c.p.p., segundo o qual «quando recorre uma causa de extinção do crime, mas dos autos aparece evidente que o fato não subsiste ou que o imputado não o cometeu ou que o fato não constitui crime ou não é previsto pela lei como crime, o juiz pronuncia sentença de absolvição ou de não procedimento com a fórmula prescrita»,[15] assim como a regra (objeto de discussão) da prevalência da fórmula absolutória no mérito respeito àquelas de extinção do crime, inclusive no caso de mera "insuficiência" do quadro probatório que fundamenta a tese acusatória (v. infra, par. 3). Se o sistema é assim articulado, evidentemente é por levar em consideração o fato da declaração de extinção se referir à possível atribuição de responsabilidade, ou implicar, pelo menos, uma não completa satisfação do direito de ver a própria inocência certificada.[16] Se as causas de extinção fossem mecanismos que, sem veicular nenhuma "mensagem institucional" de confirmação, mesmo indireta e ampla da hipótese acusatória, simplesmente obstam a continuação do processo, respondendo a instâncias que não têm nada a ver com o mérito, mais difícil parece ver um válido motivo em razão do qual a satisfação dessas instâncias deveria ser subordinada a uma escolha do sujeito, ou a uma evidência não total da não responsabilidade substancial do imputado.[17] Verdadeira parece, até um certo ponto, ou seja, até quando se faz referência ao conteúdo explícito da declaração judicial de prescrição, a afirmação – feita, de fato, nesta sede há pouco – que a mesma não se resolve em uma pronúncia sobre a relação substancial.

1.3. SEGUE: AS IDEAIS ORIUNDAS DO "DIÁLOGO ENTRE AS CORTES", CONSTITUCIONAL E CEDU: O TEMA DA RETROATIVIDADE

De qualquer forma, não se pode hoje discutir do tema "clássico" da natureza da prescrição sem considerar as solicitações oriundas do sistema supranacional baseado na Convenção Europeia dos Direitos do Homem (CEDU), cujas normas (como interpretadas pela Corte Europeia dos Direitos do Homem – Corte EDU –

---

[15] Para uma melhor compreensão dessa regra respeito à prescrição, ver Martini, 291

[16] Releva-o, com palavras críticas (alegando, *de iure condendo*, que nesta fase a fórmula da absolvição deveria ser processual): Pulitanò, 3.

[17] Serraino, 989

com sede em Estrasburgo) operam no ordenamento italiano como fontes "subconstitucionais", por meio da mediação do art. 117 da Constituição.[18]

Na jurisprudência da Corte EDU, apesar das mais antigas decisões em sentido oposto, a prescrição parece ser agora qualificada como hipótese processual. Ver, neste sentido, a decisão C. Edu, Coëme c. Bélgica, 22.6.2000, § 149, na qual se afirma claramente que, por essa razão, não encontra aplicação, em caso de prolongamento dos termos de prescrição, o art. 7 da Convenção EDU; norma que codifica, entre outros, o princípio de irretroatividade da norma penal desfavorável. Opera, entretanto, o cânone processual do *tempus regit actum*.[19]

Alguns desenvolvimentos recentes da jurisprudência citada, mais unívocos, foram induzidos por casos italianos.[20]

Como será indicado mais detalhadamente a seguir, com a l. 251, de 5 de dezembro de 2001 (chamada lei "ex-Cirielli"),[21] foi reformulado o art. 157, c.p., com uma substancial modificação dos critérios de cálculo dos termos prescricionais. A norma transitória do art. 10, i. 3, da mesma lei, prescrevia que essas modificações, quanto mais favoráveis respeito ao regime previgente encontrassem aplicação retroativa, menos poderiam, todavia, ser aplicadas aos procedimentos pendentes em grau de apelação perante a Corte Suprema, ou em respeito aos quais fosse já intervinda a declaração de abertura da discussão em primeiro grau.[22]

Depois de um período em que a Suprema Corte, na intenção de reduzir o potencial retroativo de uma nova disciplina, vista como excessivamente indulgente,

---

[18] A Corte EDU é uma Corte supranacional que se pronuncia em relação aos Estados parte da CEDU em mérito a eventuais transgressões convencionais em matéria de tutela dos direitos humanos. Essa não declara, portanto, "a ilegitimidade" da norma interna e (obviamente) não a elimina do ordenamento estadual, fazendo, mais corretamente, surgir uma obrigação para o Estado de sucessiva eliminação daquela disposição se considerada em contraste com a Convenção EDU (Pirrone, *L'obbligo di conformarsi alle sentenze della Corte Europea dei Diritti dell'Uomo*, Milão, 2004, 80 ss.). Obrigação de cuja execução se faz garante, no ordenamento italiano, a Corte constitucional, a qual, a partir das chamadas sentenças "gêmeas" n. 349 e 349 de 22/10/ 2007, esclareceu, claramente, como não seja consentido ao juiz ordinário *desaplicar* a disposição censurada, mas apenas *interpretá-la* em termos "convencionalmente adequados", desde que possível. Caso contrário, aquele juiz deverá investir a Corte constitucional da questão de legitimidade para contraste com o art. 117 Const. («A potestade legislativa é exercida pelo Estado e pelas Regiões no respeito da Constituição, assim como dos vínculos oriundos do ordenamento comunitário e das obrigações internacionais»), respeito ao qual as normas da Convenção, *como interpretadas pela Corte EDU*, adquirem o papel de *norma interposta* (Lamarque, *Il vincolo alle leggi statali e regionali derivante dagli obblighi internazionali nella giurisprudenza comune*, em www.cortecostituzionale.it, spec. 34 ss., 50 ss.; Manes, *Il giudice nel labirinto. Profili delle intersezioni tra diritto penale e fonti sovranazionali*, Roma, 2012, 151 ss.; Viganò, *Il giudice penale e l'interpretazione conforme alle norme sovranazionali*, em *Studi in onore di Mario Pisani*, II, aos cuidados de Corso e Zanetti, Roma, 2010, 636 ss.).

[19] Em mérito a esse tema, na doutrina italiana assinalamos o recente estudo de B. Galgani, *Diritto probatorio e successione di leggi nel tempo. Tempus regit actum?* Turim, 2012.

[20] Sobre a questão relativa à norma transitória da lei *ex*-Cirielli ver, em especial, Viganò, 2011, 3 ss.

[21] O honorado Edmondo Cirielli, primeiro signatário do projeto de lei, do qual derivou (em seguida) a lei em questão, retirou essa assinatura como dissentimento próprio no momento em que a maioria parlamentar decidiu introduzir as normas em matérias de prescrição. Daí a denominação, no "vernáculo" das pessoas designadas aos trabalhos, como "ex-Cirielli".

[22] A disciplina parecia discriminatória, na medida em que distinguia, irracionalmente, a eficácia retroativa do *novum* normativo mais favorável, não em razão do *tempus commissi delicti*, mas em consideração de contingências processuais: Micheletti, 291 ss.; Silvani, 284.

respondia com declaratórias de manifesta falta de fundamento dos pedidos de se dirigir à Corte constitucional,[23] esta finalmente investida da questão, com a sentença n. 393, de 23/10/2006, declarava constitucionalmente não legítima a norma transitória, mas apenas na parte em que individuava irracionalmente como elemento preclusivo da eficácia retroativa dos termos mais favoráveis um ato processual, sem qualquer ligação de sentido com o instituto da prescrição, como a declaratória de abertura do debate.[24] Em resumo, a Consulta reconhecia a natureza substancial da prescrição, a aplicabilidade, portanto, do instituto da retroatividade *in mitius*; e, todavia, individuava a cobertura constitucional do mesmo no art. 3 da Carta fundamental italiana (princípio de igualdade),[25] prefigurando, assim, a legitimidade de disciplinas derrogativas dos efeitos intertemporais, na medida em que a Constituição tolera exceções razoáveis (ou seja, funcionais à mediação com interesses contrapostos de importância confrontável) ao princípio de igual tratamento. Sobrevivia, portanto – inclusive a solicitações seguintes[26] – a preclusão da dimensão retroativa respeito aos processos pendentes em grau de apelação. Entre eles havia o processo por corrupção em atos judiciários relativo a um "imputado excelente" – Cesare Previti, já ministro e parlamentar, advogado e colega político do corriqueiramente Presidente do Conselho, Silvio Berlusconi – que, em ausência daquela limitação à regra da retroatividade da norma favorável, teria de, outra forma, desfrutado da causa extintiva.

Em seguida, a Corte constitucional esclareceu a sua impostação. Com sentença n. 72, de 12/3/2008,[27] retoma e atualiza os conteúdos da já citada sentença 393/2006. Fica excluída a ilegitimidade do art. 10, inciso 3, l. 251/2001, já citado, na parte em que impede a aplicação do regime prescricional mais favorável aos processos pendentes em apelação e na Suprema Corte, alegando que a derrogação parcial à operatividade retroativa das novas normas sobre a prescrição – das quais se reitera a natureza substancial – seria constitucionalmente legítima enquanto racionalmente funcional a «evitar a dispersão das atividades processuais já realizadas». Esta argumentação, na verdade não totalmente perspícua, suscita um intenso debate na doutrina.[28]

No entanto, com uma decisão histórica originada a partir de um outro famoso caso italiano, o caso "Scoppola",[29] a Corte EDU extrai do art.7 CEDU, norma

---

[23] V. por ex: S.C., Seção.II, 25.1.2006; S.C., Seção.VI, 4.5.2006.

[24] Momento processual nem sequer levado em consideração pelo art. 160 c.p. como motivo de interrupção do prazo útil à extinção e ainda por cima não referível a procedimentos especiais como o rito abreviado

[25] Não podendo se tolerar o fato de autores do mesmo ilícito penal ser sujeitados, ao mesmo tempo, a tratamentos penais *a priores* diferenciados por gravidade, em razão do dado, por si próprio insignificante, do diverso momento de consumação

[26] V. Corte const., sent. n.72, de 28.3.2008.

[27] Cujos conteúdos são confirmados na sentença n. 324, de 1 de agosto de 2008.

[28] Podem ser, por exemplo, consultar as intervenções de Pulitanò e Ardizzone em *Diritto penale e processo*, 2007, 198 ss.

[29] Sentença Scoppola c. Itália (n. 2), 17 de setembro de 2009. Para um comentário, entre outros, Gambardella, *O «caso Scoppola». Para a Corte Europeia o art.7 CEDU garante também o princípio de retroatividade da lei penal mais favorável*, em *Cass.pen.*, 2010, 2020 ss. *Amplius* Valentini, 217 ss.

139

que literalmente preclui apenas a aplicação retroativa *in malam partem* de normas penais, o princípio especular de necessária retroatividade da norma penal sucessiva mais favorável, configurado quase que nos termos de um direito individual à aplicação da disposição sucessiva mais favorável.

Essa solicitação supranacional parece redefinir o sistema dos princípios de referência em matéria[30] (lembramos que a jurisprudência da Corte EDU possui, no ordenamento italiano, valor de fonte subconstitucional ex art. 117, Cost., igualmente às normas Convencionais das quais fornece uma interpretação);[31] sendo assim, a Corte constitucional é novamente investida da mesma questão, no pressuposto que a avaliação da legitimidade do art. 10, inciso 3, l.251/2001 não possa mais ser apenas o art. 3, Const., mas também o art. 7, CEDU (além do art. 49, inciso 1, da Carta dos direitos fundamentais da União Europeia: «Ninguém pode ser condenado por uma ação ou omissão que, quando foi cometida, não constituía crime segundo o direito interno ou o direito internacional. Da mesma forma, não pode ser imposta uma pena mais grave daquela aplicável no momento da comissão do crime. Se, após a comissão do crime, a lei prever a aplicação de uma pena mais leve, é necessário aplicar esta»).[32] Com a sentença n. 236, de 19 de julho de 2011, entretanto, a Corte constitucional italiana declara infundada também a nova questão, impedindo, de um lado, que o art. 49, inciso 1, da Carta dos direitos fundamentais UE se refira apenas às normas incriminadoras *stricto sensu*; por outro lado, que da decisão CEDU sobre o caso Scoppola não possa ser dessumida a absoluta inderrogabilidade do "direito do imputado" a ver aplicada a *lex mitior* seguinte, operando mesmo em sede supranacional, respeito àquela prerrogativa, um balanceamento com possíveis interesses contrapostos.[33] A Consulta, apesar de ressaltar a natureza substancial da prescrição no contexto do novo ordenamento, lembra ainda como, na leitura da Corte Europeia, o âmbito de operatividade do art. 7 CEDU seja limitado às "disposições que definem os crimes e as penas que os reprimem"; portanto, a um âmbito não tocado por disposições que disciplinam a extinção do crime pelo decurso do tempo. Como veremos em breve, chegará de Estrasburgo uma importante confirmação *a posteriori* a estas afirmações.

O imputado Cesare Previti, já anteriormente menciomado, constatada a indisponibilidade da Corte constitucional italiana, se dirigiu à Corte EDU, lamentando uma violação irracional do art. 7 CEDU.

A segunda seção da Corte EDU (Previti c. Itália – n. 3 –, decisão de 12 de fevereiro de 2013), repreendendo e generalizando passagens de motivação da já citada decisão Cöeme c. Bélgica (que, para dizer a verdade, levava em alta consideração a natureza atribuída ao instituto naquele ordenamento nacional especí-

---

[30] A discussão na Itália é ampla. Entre as mais recentes contribuições, ver De Francesco, *passim*, e autores lá indicados.

[31] *Supra*, nt. 17.

[32] Sobre o estatuto da retroatividade favorável no ordenamento da União Europeia e na jurisprudência da Corte de justiça UE, um por todos, Valentini, 222 ss.

[33] Em doutrina, em sentido análogo, Valentini, 221 s., 247 ss.; perplexidades em Viganò, 2011, 15 ss.

fico), indefere a instância reiterando, em primeiro lugar, a natureza meramente processual das disposições em tema de prescrição (enquanto concernentes a uma *simple condition préalable pour l'examen de l'affaire*), e portanto a estraneidade das mesmas ao âmbito de pertinência das disposições convencionais referíveis apenas a *les dispositions définissant les infractions et le peines qui les répriment*, como o art. 7 CEDU. Em via subordinada, a Corte de Estrasburgo repropõe motivações típicas de decisões mais antigas, nas quais, ao contrário, era suposta a operatividade em linha geral inclusive respeito à prescrição, dos princípios penalísticos do art. 7 CEDU. Em particular, a Corte CEDU procede sempre na avaliação se, admitido (mas não afirmado) que o art. 7 CEDU possa concernir à causa extintiva em questão, eventuais derrogações dos princípios dedutíveis do art. 7 CEDU possam ser considerados "razoáveis"; no caso em objeto, conclui-se que o regime transitório do art. 10 c. 2 l. 251/2005 cit. não seria "irracional nem arbitrário". Avaliação com um fundamento técnico incerto e implicações obscuras, que teria, no mínimo, pretendido um esforço argumentativo bem diferente.[34]

De qualquer forma, sintetizando até o extremo, ressalta-se um tipo de aproximação progressiva, recíproca de fato entre as duas Cortes. O enquadramento formal do instituto continua sendo oposto: substancial pela Corte italiana, processual pela Corte europeia. Aprecia-se, entretanto, uma disponibilidade recíproca: por parte dos juízes de Estrasburgo na avaliação, segundo princípios de razoabilidade, eventuais exceções à retroatividade *in mitius* das normas em matéria de prescrição (segundo uma abordagem tipicamente substancialista); por parte do Juiz italiano das leis a serem consideradas como parâmetro daquela razoabilidade, instâncias esquisitamente processuais (como a exigência de conservação da atividade processual executada).

Parece, em suma, manifestar-se nos fatos uma "instintiva" sensibilidade das Cortes dos direitos respeito à dimensão híbrida do instituto, colocado efetivamente entre pressões processuais e razões substanciais; sensibilidade a ser gerenciada, em linha fundamental, com uma dose de pragmatismo e segundo o princípio elástico do juízo de razoabilidade.[35]

1.4. A *RATIO* DA PRESCRIÇÃO DO CRIME E DA PENA

A natureza da prescrição do crime não pode ser esclarecida sem ter tentado esclarecer sua *ratio*. Uma operação que parecer produzir resultados mais apreciados se estendida, ao mesmo tempo, à prescrição da pena.

---

[34] Para oportunas críticas a essa sentença ver Borgna, 1004 ss.

[35] De Francesco, 229 ss., vê no critério de razoabilidade o parâmetro fundamental, se não exclusivo, de avaliação da legitimidade de regras acerca da eficácia intertemporal de novações em matéria de prescrição, sendo este instituto, em certa medida, estranho ao âmbito aplicativo da proibição de irretroatividade desfavorável, ou ao princípio da retroatividade *in mitius*. Esses princípios tendem a garantir expectativas pessoais e subjetivas legítimas, correlatas ao princípio de culpa e à finalidade reeducativa da pena (art. 27 Const.), que não tem nenhuma relação com o prazo da extinção e as exigências, inclusive processuais, aos quais estes correspondem, apesar de indiretamente. Em sentido análogo Marinucci-Dolcini, Corso di diritto penale, 3° ed., Milão, 2001, 262 ss.; Viganò, 2011, 13 ss.

O debate italiano acerca do fundamento dos institutos em exame é rico e destinado a continuar inconcluso, dependendo, em boa parte, das diversas opções do legislador.[36]

De acordo com uma opinião de origem abalizada,[37] a passagem do tempo acabaria obstaculizando as possibilidades de defesa, tornando árdua a individuação e elaboração de provas contrárias, arriscando, assim, a pronúncia de uma condenação sem a plena garantia do direito de defesa, constitucionalmente garantido pelo art. 24, Const.[38] Esta leitura, que projeta a prescrição do crime em uma lógica marcadamente processual, é parcialmente invalidada pela circunstância que o passar do tempo inviabiliza, em primeiro lugar, a possibilidade para o ministério público de provar plenamente a hipótese acusatória, ou seja, de chegar a uma condenação, vista a presunção de não culpabilidade e o ônus probatório principalmente direcionado ao órgão da acusação.[39] De qualquer forma, assim é possível atribuir um sentido à prescrição do crime, não à prescrição da pena, que pressupõe um procedimento já concluído.

Diversas, mas não incompatíveis (portanto "cumuláveis") com aquela apenas descrita, são outras argumentações inspiradas pelo notório catálogo das "funções da pena".

Pouco atraente a tentativa de individuar um nexo entre a prescrição (do crime ou da pena) e retribuição,[40] que – respeito à prescrição do crime – seria de qualquer forma efetuada pela «presença contínua do medo da pena».[41] Na verdade, uma ideia clássica de retribuição pretende um elo lógico e axiológico incindível, destinado a continuar igual no tempo, entre comissão culpável do crime e sanção criminal relativa.[42] Mais plausível, eventualmente, a alegada correlação funcional entre prescrição e lógicas de prevenção especial positivas e reeducativas,[43] que, no ordenamento italiano, encontram menção expressa no art. 27, in. 3º, Const.

---

[36] Uma ampla síntese crítica em Giunta – Micheletti, 35 ss., 44 ss., 63 ss.; em uma perspectiva inclusive histórica, Silvani, 14 ss.;

[37] V. já Filangieri,: «Nada é mais difícil do que se defender de uma acusação, quando esta surge anos depois do crime». Sobre o tema Silvani, 21 ss.

[38] Neste sentido, C.const., sent., 16.12.1971, n. 202.

[39] Neste sentido, Serraino, 987. É verdade que cabe ao ministério público a iniciativa das investigações que podem, aina por cima, ficar substancialmente secretas até a atuação de um ato "garantido" ou de qualquer forma até pouco antes o exercício da ação penal. Portanto, se o magistrado não precisasse se confrontar com o limite da prescrição, poderia juntar no tempo, as próprias provas e apresentá-la tardiamente em um processo, em um momento em que o imputado e seu defensor vivem as dificuldades citadas, É verdade ainda que, para afastar essa hipótese, já foi predisposto o instituto estritamente processual da duração máxima das investigações preliminares. Os princípio de oralidade e imediação, como implementados pelo código processual italiano, prescrevem, em linha de princípio, a necessária repetição das provas em sede de debate, e a tendencial irrelevância, portanto, do material juntado durante as investigações.

[40] Sobre o tema: Pisa, 80.

[41] Criticamente: Mantovani F., 817.

[42] Romano, Grasso, Padovani, 64; Serraino, 987.

[43] Stortoni, 1990, 358 s.; Bartoli, 1360 ss., que argumenta, no mérito, quanto à previsão de limites sujeitivos à operatividade da causa extintiva.

(«a pena deve tender à "reeducação do condenado"»). De fato, o princípio de reeducação pretende que o sujeito ao qual a pena é imposta e concretamente aplicada manifeste, atualmente, aquela urgência de ser educado à legalidade, através de um tratamento penal, que tinha revelado quando escolheu delinquir.[44] Uma passagem excessiva de tempo colocaria em dúvida esta correspondência, pois o sujeito – como a experiência humana ensina – poderia ser profundamente mudado, em virtude de um amadurecimento fisiológico e da evolução das experiências e da personalidade. A implícita presunção, na qual a intervenção punitiva encontra legitimação,[45] acerca de uma correspondência entre culpa em ocasião do crime e exigência reeducativa em ocasião da condenação perderia, enfim, progressivamente mais plausibilidade empírica com o distanciamento no tempo dos dois momentos. E mesmo raciocinando em uma visão de prevenção especial negativa, pode-se supor que, com o passar do tempo, a pessoa não manifeste mais aquele tipo de perigosidade expressa no momento da comissão do crime.[46]

Este tipo de argumentação encontra uma confirmação problemática no regime pejorativo dos termos de prescrição do crime, hoje dedicado a reincidentes qualificados e delinquentes habituais e por tendência (v. infra, par 2.1. e 2.2), certamente respondente a lógicas de prevenção especial negativa,[47] mas também sensível, até de mais, a uma manifesta "persistência" no réu de uma inclinação criminosa. Se, contudo, a disciplina da prescrição fosse realmente assim intimamente ligada à exigência subjetiva da reeducação do réu, o prazo de prescrição deveria decorrer, em primeiro lugar, não do momento de consumação, como se verifica (infra, par 2.3), mas sim daquele em que a conduta se realizou; e, portanto, quando se manifestou aquela "culpa" pessoal do réu que deixa aparecer a exigência de uma intervenção reeducativa. A duração do termo de prescrição deveria ser, ainda, de alguma forma sensível ao nível de criticidade revelada em concreto na comissão do crime, não apenas à sua gravidade em abstrato, (infra, par. 2.1). Ainda: não deveriam existir crimes imprescritíveis e talvez não deveria ter espaço para verificações empíricas, caso a caso, acerca da efetiva extinção daquela exigência reeducativa.[48]

Não menos verossímil a conexão com a função geral-preventiva. «Cada dia que se passa é um dia adicionado ao livro do esquecimento»[49] (e a própria Corte constitucional parece, recentemente, prefigurar um "direito ao esquecimento"):[50]

---

[44] Mantovani F., *op.ult.cit., loc.cit.*

[45] Basicamente nesse sentido se orientava a "histórica" sentença n. 364 de 23/3/1988 da Corte constitucional, que introduziu, no sistema italiano, a desculpa do "erro inevitável sobre a lei penal" e desenhou o estatuto constitucional da culpa normativa, argumentando, entre outros, em mérito à função reeducativa da pena *ex* art. 27, in. 3º Const.

[46] Molari, 680 ss.

[47] Martini, 254.

[48] Argumentações contrárias inclusive em Pisa, 80, e em Mantovani M., 133 ss.

[49] G. Crivellari, *Il codice penale per il Regno d'Italia*, IV, Turim, 1892, 569.

[50] Corte const., n.23/2013, citada neste sentido por Balbi, 392.

a inflição da pena expressa um significado de aviso a todos os consociados, até quando é possível supor que estes guardem memória do crime cometido – ou, vulgarmente falado, até o "alarme social" perdurar.[51] Nesta perspectiva, compreender-se-ia por qual motivo quanto mais longo for o tempo, mais grave é o crime. O crime mais grave se fixa, de fato, mais vívido e persistente na memória coletiva. A reforma atuada com a l. 251/2005, introduzindo, como veremos, diversas exceções pejorativas em relação ao (suposto) especial "alarme social" de alguns crimes, parece de uma certa forma suportar esta leitura.[52]

Essa impostação deve se confrontar, contudo, com objeções ou limitações sensatas. Assim, se a prescrição da pena correspondesse verdadeiramente a uma lógica geral-preventiva, deveria decorrer inclusive durante a execução, pois mesmo naquela fase a memória do crime vai se perdendo.[53] A prescrição do crime não deveria, de forma alguma, decorrer durante o processo, pública liturgia finalizada, entre outros, a revigorar a memória do crime cometido.[54]

A *ratio* dos institutos em exame pode ser esclarecida por outras avaliações. Beccaria escreveu[55]: «a prontidão das penas é mais útil, pois quanto menor é a distância de tempo que separa a pena e o fato criminoso, mais forte e durável no ânimo humano é a associação destas duas ideias, crime e pena, pois insensivelmente se consideram o primeiro como razão e a segunda como efeito necessário fundamental [...]. Quanto mais os homens se afastam das ideias gerais e dos princípios universais, ou seja, quanto mais vulgares eles são, mais atuam para as associações imediatas e mais próximas, trascurando as mais remotas e complexas». Resumindo, se a ameaça da pena encontra justificação na sua idoneidade de afastar o potencial réu da escolha criminosa, é necessário que esta seja percebida como estrita e imediatamente ligada àquela escolha, não como uma hipótese remota. Uma condenação e uma pena autorizadas a intervir demasiadamente tarde, implicariam, portanto, *a priori* uma capacidade motivante escassa, resultando tendencialmente deslegitimadas. Não se pode subestimar, em sentido exatamente oposto, a influência criminógena exercida pela expectativa de conseguir a impunidade pelo mero decurso de tempo.

Escrevia ainda o Beccaria: «quanto a pena será mais pronta e próxima ao crime cometido, mais justa será [...] pois elimina para o réu os inúteis e duros tormentos da incerteza, que crescem com o vigor da imaginação e o sentimento da própria fraqueza». Essas frases contêm, *in nuce*, a intuição de uma correlação entre o instituto da prescrição e uma exigência, diríamos hoje, personalística.[56]

---

[51] Padovani, 1986, 402 s.; Molari, 684; Romano, Grasso, Padovani, 64; Pulitanò, 2 s.; C.const., sent., 16.12.1971, n.202; Corte const., n. 393 de 2006; Corte const. n. 143 de 28.5.2014.

[52] Martini, 254.

[53] Padovani, 1986, 404.

[54] Giostra, 2221.

[55] cap. XIX de "Dos delitos e das penas", cujo título se refere à "prontidão da pena".

[56] Giunta – Micheletti, 44 ss.

A "espada de Dâmocles" de uma possível condenação, ou da execução de uma pena, representa uma ameaça incerta e contínua que *per se* atua sobre o indivíduo, inviabilizando escolhas de vida plenamente livres e serenas. Poderíamos quase alegar que a espera de uma possível sanção penal seja, ela própria, uma pena, devido à carga de desconforto psicológico e existencial que comporta, seja essa também uma sanção que, por sua natureza, não pode ser limitada cronologicamente. O princípio personalístico, comportando a prevalência da pessoa respeito às pretensões da coletividade e dos órgãos públicos, implica absolutamente um direito do indivíduo (se culpado e mais ainda se inocente)[57] de viver livre da atual ameaça de uma pena, se não dentro daqueles limites lógicos restritos e cronológicos que consentem a satisfação de exigências contrapostas de segurança social e justiça. Deste ponto de vista, fundamento da prescrição poderia se encontrar no art. 3, inciso 2º, da Constituição italiana, na qual é prevista a obrigação estadual de remover fatores de impedimento que representam um empecilho para o pleno desenvolvimento da pessoa humana.[58]

Esta perspectiva é de tipo substancial, ligada àquela mais primorosamente processual que informa o princípio da "duração razoável do processo", do qual tratam, entre outros, os arts. 6 CEDU e 111 da Constituição italiana.[59] Esse ulterior princípio leva em conta o fato de a ação penal ser por si própria motivo de aflição para quem a sofre, pretendendo, portanto, que as dinâmicas da verificação não se atrasem em atividades não estritamente funcionais, ou até desfuncionais, respeito à satisfação de válidas instâncias e garantias. Resumindo, "razoável" é uma duração do processo não necessariamente "curta"; e, todavia, não desproporcional por excessivo respeito a quanto instrumental ao perseguimento dos objetivos institucionais do processo, correlatos àquelas pretensões de defesa social avançadas, apesar de implicitamente, pela Constituição.[60] O regime atual da prescrição aparece, contudo, não muito sensível à exigência da duração razoável do processo.[61] Determinadas atividades processuais são, no máximo, consideradas como motivo de suspensão ou de interrupção que apenas em certos limites pode "prolongar" os termos prescricionais. No final das contas, então, a disciplina resulta excessivamente vexatória respeito a processos rápidos mas iniciados tardiamente, e excessivamente benévola respeito a processos lentíssimos mas concernentes a crimes imprescritíveis ou iniciados em proximidade do *tempus commissi delicti*. Além

---

[57] Romano, Grasso, Padovani, 64.

[58] Balbi, 394.

[59] Sobre os nexos entre prescrição e princípio da duração razoável do processo – iluminados inclusive pela jurisprudência da Corte constitucional e da Corte europeia dos direitos humanos – v. finalmente Balbi, 392 ss.; Silvani, 129 ss.

[60] Viganò, 5 s., citando entre outros Pulitanò, *Sui rapporti fra diritto penale sostanziale e processo*, em *Riv. it. dir. proc. pen.*, 2005, 951 ss., assim como a ampla jurisprudência da Corte EDU que assinala como o processo penal não seja apenas local de implementação das garantias do imputado, mas também de afirmação das instâncias da vítima.

[61] Acredita que a prescrição do crime seja, enquanto tal, instituto que visa a objetivos diferentes, e de uma certa forma contrapostos, respeito à exigência de uma duração razoável do processo: Pulitanò, 7.

disso, é totalmente insensível à menor ou maior dificuldade objetiva da prova em cada processo.[62] Não por acaso que o ordenamento italiano, apesar de aflito por um número demasiadamente elevado de prescrições, é ao mesmo tempo destinatário de um número embaraçoso de condenações da Corte EDU por violação do princípio da duração razoável do processo.[63]

Em conclusão, podemos dizer que nenhuma daquelas impostações parece, por si só, exaurir a *ratio* da prescrição do crime e da pena. Cada uma ilumina, problematicamente, perfis relevantes nem sempre conciliáveis entre si e que solicitam balanceamentos cautelosos por parte do legislador. Todas juntas definem uma natureza – agora já podemos afirmá-lo – em boa parte substancial; ligada não tanto às dinâmicas das verificações ou às condições de oportunidade de ativação da relação processual, mas antes disso aos limites de tempo além dos quais desaparecem razoavelmente os motivos que tornam a sequência entre crime e pena necessária ou oportuna.[64] O tempo progressivamente cancela esses nexos instrumentais com funções e princípios que legitimam a intervenção penal.

Essas instâncias devem, por sua vez, ser sopesadas com razões que atuem em sentido oposto, de caráter geral-preventivo (além que especial-preventivo e retributivo), em consideração das quais a perspectiva de conseguir a impunidade por um único acidente cronológico pode invalidar a eficácia decorrente, geral e especial, da ameaça sancionatória, assim como a capacidade do sistema punitivo de corresponder a uma exigência difusa de "justiça" e "tranquilidade social".[65] Razões, estas, que justificam a regra segundo a qual quanto mais grave o crime, e quanto mais veicula uma mensagem deturpada, mais longos se tornam os prazos de prescrição (até a imprescritibilidade das situações punidas com prisão perpétua ou dos crimes internacionais),[66] pois particularmente intensa fica a exigência de evitar movimentos criminógenos contrários respeito à função dissuasiva do preceito penal e a "impressão" do crime, e, por conseguinte, o pedido de uma punição efetiva é destinado a permanecer na memória coletiva.

As disposições com as quais o legislador decide, portanto, acerca dos termos e modos de prescrição do crime e da pena pressupõem um exercício de discricionalidade política que vise a balancear instâncias que conformam condições e espaços de legitimação de uma reação punitiva respeito a alguns fatos, segundo lógicas, novamente, primariamente substanciais. Continuam mais no fundo exigências processuais, em particular aquelas ligadas à efetiva possibilidade de examinar as provas, ou ao princípio de duração razoável do processo.

---

[62] Micheletti, 223, 267 ss.; Viganò,14 ss.

[63] Micheletti, 223; Lanzillo.

[64] Pulitanò, 1.

[65] Cfr. Balbi, 394 s.

[66] Micheletti, 254, que apesar de avaliar plausível a *ratio* desta imprescritibilidade substancial justamente evidencia como também o imputado para crimes condenados à prisão perpétua teria, no mínimo, direito a uma duração razoável do processo, jamais garantida pelo sistema.

2. A disciplina da prescrição no sistema italiano

2.1. A DURAÇÃO DO PRAZO

Os arts. 172 c.p. e 173 c.p. definem o tempo de prescrição da pena em base a critérios simples, inerentes à tipologia de sanção concretamente estabelecida. O esgástulo não é sujeito à prescrição; a reclusão prescreve em um tempo igual ao dobro da duração da pena cominada, de qualquer forma, não superior a trinta anos e não inferior a dez; a multa prescreve em dez anos; prisão e multa (penas típicas das contravenções) prescrevem em cinco anos. Em caso de cominação conjunta de penas detentivas e pecuniárias, considera-se apenas o prazo relativo à pena detentiva, que continua igual independente das ocorrências executivas referentes à própria pena detentiva.[67] Por razões de prevenção especial positiva e negativa, em relação a quem seja declarado reincidente agravado, pluriagravado ou reiterado, ou delinquente habitual, profissional ou por tendência, o prazo referente a multa ou prisão são dobrados, enquanto não se prescreve a pena cominada por um crime. Da mesma forma, esta não prescreve se ao condenado for aplicada, no período necessário à extinção da pena, uma condenação à reclusão por um crime dessa mesma índole.

Em relação à prescrição do crime, o texto do art.157 c.p. – antes da reforma produzida pela l. 251/2005 – definia seis possíveis termos, correspondentes a seis faixas de gravidade às quais os comportamentos típicos eram reconduzidos em razão da sua qualificação como crimes ou contravenções, da qualidade da pena (para as contravenções),[68] da entidade do máximo de lei (para os crimes);[69] modificada pela eventual incidência de circunstâncias agravantes ou atenuante, devendo-se operar um balanceamento em base aos critérios do art. 69 c.p. em caso de concurso heterogêneo de *accidentalia delicti*.[70] Esse mecanismo, apesar de garantir, de certo ponto de vista, um bom "compromisso" entre a medição da gravidade em abstrato (mais conforme às exigências de legalidade) e a consideração da gravidade em concreto mediante o cálculo das circunstâncias (mais conforme a lógicas de razoabilidade e ofensividade), podia sempre determinar parificações ou distinções nem sempre plausíveis entre crimes, respectivamente todos recondutíveis ao

---

[67] A jurisprudência considera relevante o fato de parte da pena a ser executada já estar extinta por indulto (S.C., seção I, n.21867 de 1.6.2006). Em sentido oposto a doutrina, ex. Pisa, 96. Após a expiação da pena detentiva, o prazo de prescrição da pena pecuniária continua aquele *per relationem* do art.172 in.3, e não aquele do inciso 2 (S.C., I, n.19736 de 25/3/2013).

[68] As contravenções punidas com uma simples multa prescreviam em dois anos; todas as outras, em três anos.

[69] Prescreviam em vinte anos os crimes punidos com a reclusão máxima, segundo o código, não inferior a vinte e quatro anos; em quinze anos os crimes punidos com reclusão máxima não inferior a dez anos; em dez anos, os crimes punidos com reclusão máxima não inferior a cinco anos; em cinco anos, prescreviam todos os outros crimes.

[70] Referências mais precisas (porém sintéticas) em Martini, 255 s. Em mérito à função e noção das "circunstâncias do crime" no sistema italiano, e ao balanceamento entre circunstâncias heterogêneas, reenviamos a Vallini, *Circostanze del reato*, in *Le forme di manifestazione del reato*, aos cuidados de De Francesco, Turim, 2011, 1 ss., 58 ss.

mesmo grupo, apesar de caracterizados por um desvalor não totalmente comparável, ou recondutíveis a grupos diferentes em razão de divergências sancionatórias mínimas. O cálculo do prazo era ainda subordinado a um exercício de discricionalidade judicial fundamentalmente livre, como, especialmente, aquele que visa em primeiro lugar à individuação de algumas circunstâncias, depois ao seu balanceamento, todas atividades não orientadas por indicações legais significativas.[71] É lícita a suspeita de que, em alguns casos, o juiz tenha sido tentado por uma perigosa inversão lógica, atribuindo prevalência às agravantes com o fim inconfessável de evitar a prescrição do crime, ou enfatizando a incidência das agravantes por razões opostas, por exemplo, por efeito daquelas urgências deflatoras que continuam pressionando o congestionado sistema italiano.

O diverso regime introduzido com a l. 251, de 2005, e atualmente vigente faz corresponder exatamente o tempo necessário à prescrição do crime à duração da pena detentiva máxima estabelecida por lei para o crime consumado ou tentado.[72] São declarados imprescritíveis os crimes punidos com o ergástulo (inclusive quando a pena em questão resulte da aplicação das agravantes) e é determinado um período de tempo mínimo para o atingimento do efeito extintivo: seis anos para os crimes, quatro para as contravenções (termo aplicável mesmo se tratando de ilícitos punidos apenas com pena pecuniária; em caso de pena detentiva e pecuniária alternativas e conjuntas, se considera tão somente a pena detentiva).[73] Não é mais levada em conta a incidência das circunstâncias. Única exceção: é preciso considerar o aumento máximo de pena determinado por eventuais agravantes havidas "com efeito especial"[74] (parece, então, irracional a irrelevância de circunstâncias atenuantes recondutíveis à mesma categoria).[75]

---

[71] Existem, no sistema italiano, circunstâncias atenuantes indefinidas, entre as quais as chamadas "atenuantes genéricas" contidas no art. 62 bis c.p. ou, de qualquer forma, circunstâncias, inclusive agravantes, que reenviam a avaliações concretas. A atividade de balanceamento é atribuída, no final das contas, a uma "prudente apreciação" não orientada por indicações legais, nem em termos de finalidade: sobre esse ponto Vallini, *op.cit.*, 15 s., 58 ss.

[72] Foi fixada uma prescrição de três anos pelo inciso 5º em relação a crimes punidos com penas "diversas daquelas detentiva e pecuniária". O problema é que, atualmente, não existem, no sistema italiano, crimes assim caracterizados. Exclui-se a referência às penas aplicáveis às figuras criminosas de competência do juiz de paz, visto que para essas figuras é sempre previstas, em abstrato, a multa ou coima e as outras sanções (prisão domiciliar, trabalho socialmente útil) são equiparadas por todo e qualquer efeito jurídico à pena detentiva originária da "comutação" da qual são oriundas (art. 58, in. 1, d. lgs. 274/2000; neste sentido Corte const., sent. n.2 de 18.1.2008). Resumindo, a norma deve ser entendida "a futura memória": põe as bases para um (auspicioso e talvez não tão afastado) novo sistema sancionatório caracterizado por penas principais diversas daquelas detentiva e pecuniária. Sobre o tema, por exemplo, Martini, 258 s.; Romano, Grasso, Padovani, 72 ss.

[73] Para esclarecimentos mais detalhados, ver Romano, Grasso, Padovani, 68 ss.

[74] De acordo com o atual art. 63, in. 3, c.p. são aquelas «que comportam um aumento ou uma diminuição da pena superior a um terço». Se trata, contudo de uma categoria controversa: reenviamos a Vallini, *op.cit.*, 16 ss. Em caso de concurso de mais agravantes com efeito especial se considerará o aumento de pena máxima ex art.63, in. 4, c.p.: S.C., II, 10.5.2012, n. 31065.

[75] *Amplius* Martini, 262. Todavia, inclusive para esse propósito a Corte constitucional rejeitou uma questão de constitucionalidade, escondendo-se atrás do princípio da insindicabilidade da discricionalidade do legislador, que, no caso em questão, teria sido exercida segundo razoabilidade, correspondendo a exclusão de relevância das atenuantes à exigência de não chegar a uma declaratória de extinção condicionada por elementos cuja subsis-

Entre as circunstâncias agravantes de efeito especial, assinalamos (pela recorrência peculiar na praxe e pela relevância político-criminal peculiar) aquelas da recidiva denominada agravada,[76] da recidiva pluriagravada[77] e da recidiva reiterada.[78]

Estas parecem fundamentadas, em primeiro lugar, em um novo tipo de recidiva – introduzida pela l. 251/2005 – por si própria contrastante com a Constituição, na medida em que parece inspirada, nas suas formas mais elementares, por uma presunção de perigosidade subjetiva absoluta correlata ao fato de ter sido genericamente condenado por mais crimes dolosos e implica, também, uma multiplicidade de regimes especiais pejorativos (em matéria, por exemplo, de concurso formal, crime continuado, atenuantes genéricas, juízo de comparação entre circunstâncias, benefícios penitenciários, etc.).[79] A Corte constitucional já eliminou boa parte dessas exceções, postas irracionalmente em violação do princípio de igualdade e relativas a institutos que deveriam ser principalmente orientados por parâmetros de ofensividade, mais do que de subjetiva perigosidade ou culpabilidade.[80] Por sua vez, a jurisprudência avaliada pela própria Corte constitucional interpreta há bastante tempo o novo art. 99 c.p. de modo a considerar essas hipóteses como circunstâncias facultativas e não obrigatórias, ou seja, declaráveis a critério do juiz, em posição subordinada a uma avaliação em concreto acerca da efetiva idoneidade da reiteração criminosa a testemunhar uma culpabilidade e/ou perigosidade especialmente acentuadas daquele objeto específico.[81] Sentenças recentes

---

tência pode ser apreciada apenas com a decisão de mérito, com consequente inutilidade da atividade processual desenvolvida até o momento; Corte const., sent. n.324/2008.

[76] Art. 99 inciso 2 c.p., aumento da pena até a metade: é o caso de quem, depois de ter sido condenado por um crime não culposo, comete outro crime ou da mesma índole ou dentro de cinco anos da condenação antecedente ou durante ou depois da execução da pena, ou no período em que o condenado se subtraiu voluntariamente à execução da pena.

[77] Art. 99, in. 3, c.p., situação integrada quando recorrem mais circunstâncias entre aquelas já indicadas, às quais segue o aumento de pena pela metade.

[78] Art. 99, inciso 4°: é a hipótese de quem, já reincidente, comete outro crime não culposo: neste caso, o aumento da pena é da metade, ou até de dois terços caso ocorram as circunstâncias mencionadas.

[79] Sobre o instituto da recidiva e sua *ratio*, com referência especial à atual disciplina italiana – no tempo significativamente mudada em razão de intervenções da Corte constitucional e de interpretações de adequação da jurisprudência – pode-se ver recentemente Bartoli R., *Lettura funzionale e costituzionale della recidiva e problemi di razionalità del sistema*, em *Studi in onore di Alfonso M.Stile*, cit., 409 ss. Imediatamente após a reforma, ampla foi a análise de L.Bisori, *La nuova recidiva e le sue ricadute applicative*, em *Le innovazioni al sistema penale*, aos cuidados de F.Giunta, Milão, 2006, 37 ss.

[80] V. assim, Corte constitucional, sent. n.183/2011, in relação ao art.62 bis c.p. (limitações respeito à concessão de atenuantes genéricas); sentenças n. 251/2012, de 18 de abril de 2014, n. 105 e 106, com relação ao art.69, 4° i., c.p. (proibição de prevalência, sobre a agravante da recidiva contida no art.99, 4° inciso, de atenuantes de efeito especial como aquela relativa ao "fato de leve entidade" em matéria de entorpecentes, violência sexual, receptação); sent. n. 257/2006 (em matéria de licenças prêmio). V. D. Notaro, *La fine ingloriosa, ma inevitabile, di una manifesta irragionevolezza: la Consulta "lima" il divieto di prevalenza delle attenuanti sulla recidiva reiterata*, em *Cass. pen.*, 2013, 1755 ss.; A.Michael, *Le attenuanti del "fatto lieve" in materia di violenza sessuale e ricettazione possono prevalere sulla recidiva reiterata*, em *Dir.pen.proc.*, 2014, 1086 ss.

[81] Corte const., 14 de junho de 2007, n. 197; S.C., Seção Un., 27 de maio de 2010, n. 35738; cfr. ainda S.C., Seção Un., 24 de fevereiro de 2011, n. 20798. Indiscutível permanece a obrigatoriedade da recidiva segundo o art. 99, in. 5 («Caso se trate de um dos crimes indicados no artigo 407, inciso 2, letra a), do código processual penal, o aumento da pena para a recidiva é obrigatório e, nos casos indicados no inciso segundo, não pode ser inferior

confirmam: apenas uma recidiva qualificada efetivamente reconhecida pelo juiz no caso específico pode influir na prescrição.[82]

Em todo caso, o fato de o sujeito ativo ser qualificado como reincidente não torna o novo crime cometido objetivamente mais grave nem de mais difícil verificação, pois, depois de ter compreendido a razão pela qual ele – apenas por ser, em hipótese, mais perigoso ou culpado – deveria ser mais longamente exposto à ameaça incerta de uma possível reação penal.[83] A Suprema Corte excluiu, contudo, perfis de inconstitucionalidade dessas passagens da disciplina da prescrição, negando que sejam comparáveis, na ótica do princípio de igualdade do art. 3 Const. (mas também de acordo com o art. 111, Const., princípio da "duração razoável do processo"), à situação de uma pessoas sem antecedentes criminais e de outra já condenada à qual, sucessivamente, tenham sido cominadas novas condenações.[84] Poderíamos eventualmente avaliar que o ordenamento penal, consolidando aquela capacidade deterrente fornecida pela legitimação, deve ser mais ameaçador perante quem, enquanto reincidente, tenha demonstrado uma maior insensibilidade às sugestões gerais e de prevenção especial do sistema penal, redimensionando a sua expectativa de obter a impunidade apenas pelo decurso do tempo. Já se viu, por outro lado (supra, par. 1.4), como esse posicionamento normativo ostenta uma certa plausibilidade de lógicas de prevenção especial negativa e positiva, encontrando correspondências na disciplina de prescrição da pena.

Na parte final desta contribuição, veremos como as escolhas do legislador tenham revelado perfis discriminatórios e classistas, pela forma com a qual estão detalhadas e coordenadas com o sistema em sua totalidade. Aqui será suficiente denunciar a ausência de consideração *in bonam partem* de perfis subjetivos e personalísticos que, contrariamente à recidiva, assinalam uma menor crítica, redimensionam o diagnóstico de insensibilidade da pena, e incrementam o prejuízo potencial da espera de uma possível condenação. A referência é, primariamente, à atenuante da menor idade do réu.[85]

Os prazos úteis para a prescrição do crime são, finalmente, dobrados para alguns crimes indicados pelo legislador e selecionados em razão – acreditamos – de seu suposto, peculiar "alarme social", ou de uma dificuldade presumida de verificação probatória (na verdade, essas exceções foram pensadas e aprovadas de

---

a um terço da pena a ser cominada pelo novo crime»). Recentemente, a Suprema Corte levantou uma questão de inconstitucionalidade em mérito a esta hipótese resídua: S.C., Seção V pen., ord. 3 de julho de 2014, Pres. Lombardi, rel. Caputo (v. Gatta, *Recidiva obbligatoria: la Cassazione solleva questione di legittimità costituzionale per violazione degli artt. 3 e 27, i. 3 Const.*, em www.penalecontemporaneo.it, 29/9/2014).

[82] S.C., IV., 10.1.2012, n. 2090.

[83] V. as importantes críticas de Padovani, 2006, 36.

[84] S.C., V, 24.3.2009, n.22619; já investida da questão a Corte const., sent. n.324 de 1.8.2008, tinha declarado a inadmissibilidade sem entrar substancialmente no mérito, considerando o *petitum* "obscuro e ancípite", visando a pedir a inconstitucionalidade do regime mais favorável garantido aos não recidivantes (pretensão contrastante com o monopólio do legislador em matéria penal: art.25 Const.), ou visando a eliminar o estatuto diferencial pejorativo dos recidivantes, sem argumentar corretamente a relevância da questão nos juízos *a quibus*.

[85] Silvani, 270.

modo apressado e bastante casual, para acalmar a opinião pública assustada pela eficácia extintiva generalizada que a reforma de 2005 ameaçava instituir).[86] Trata-se de alguns crimes culposos contra a incolumidade pública; do homicídio culposo cometido com violação das normas concernentes à circulação rodoviária ou à prevenção dos infortúnios no trabalho;[87] dos crimes de escravidão, tráfico, pedopornografia e prostituição de menores; do crime de maus-tratos e de alguns crimes contra a liberdade sexual.[88] São ainda dobrados os termos para todos os crimes previstos pelo art. 51, in. 3-bis, c.p.p.: a norma mencionada elenca graves crimes principalmente em matéria de crime organizado, terrorismo, criminalidade eversiva e de tipo mafioso, entorpecentes e contrabando, assim como em matéria de escravidão, tráfico, sequestro de pessoa com fins extorsivos.

Este regime derrogatório merece críticas.[89]

A categoria do "alarme social" é ambígua e manipulável; não se compreende seu conteúdo específico e a sua forma de medição, ou seja, quais sejam as bases "racionais" para direcionar à mesma um tratamento penal pejorativo. Se o legislador, no exercício da sua discricionalidade política, considera um crime mais grave do que os outros, deve expressar essa diferença em termos de entidade da pena; e esta gravidade – em um ordenamento conformado em base ao princípio de materialidade e ofensividade – deve ser primariamente proporcionada ao grau de ofensa e à posição do bem jurídico tutelado na hierarquia dos interesses constitucionalmente salvaguardados. Consequentemente, qualquer outro instituto que considere a "gravidade" como elemento relevante, como de fato a prescrição, deverá, por sua vez, ser modelado em razão daqueles limites legais, sem diferenciações entre crimes igualmente sancionados. No caso específico, efetua-se ainda um reenvio acrítico a um elenco de situações vinculadas, no art. 51, c.p.p., não pela peculiar ofensividade que as agruparia, mas sim por características "criminológicas" que tornam oportuno concentrar as investigações nas mãos de poucos órgãos investigativos especializados.[90] Selecionam-se, ainda, outros crimes, dando pouca atenção a exigências de congruência sistemática com referência a perfis de

---

[86] Balbi, 400.

[87] O prazo se torna duodecimal e pode chegar a quinze anos em caso de interrupção: S.C. IV, 16 de abril de 2013; mais elevado ainda o prazo para as hipóteses previstas no inciso terceiro do art. 589 (homicídio culposo por violação de regras sobre a circulação referentes a quem dirigir em estado de embriaguez ou sob influência de entorpecentes: o prazo máximo chega a vinte anos), e para as hipóteses do quarto inciso do art. 589 c.p. (homicídio culposo múltiplo: o prazo necessário à prescrição corresponderá ao dobro da medida do aumento da pena cominada para a violação mais grave, com o limites de seis vezes a medida do aumento, ressalvado o limite máximo de trinta anos, visto que a pena máxima cominável é de quinze anos).

[88] Outra exceção introduzida peloart. 4, L. 1 de outubro de 2012, n. 172, que não se aplica nos casos de fato de leve entidade (art.609 *bis*, último inciso, c.p.; 609 *quater*, 4° inciso, c.p.), cuja subsistência torna o regime ordinário aplicável : a atenuante obsta, portanto, à duplicação dos termos, sem incidir, entretanto, no cálculo do tempo para a prescrição, sempre correspondente com o máximo fixado por lei.

[89] Esclarecimentos e notas críticas em Romano, Grasso, Padovani, 74 s.

[90] Micheletti, 241.

gravidade e ofensividade, tanto que já foi exigida, pelo menos em alguns pontos, uma intervenção corretiva por parte da Corte constitucional.[91]

Por outro lado, a dificuldade de verificação probatória não depende tanto das características abstratas da situação criminosa, mas sim das suas caracterizações em concreto e de situações contingentes frequentemente estranhas ao fato típico. Aparenta ser, de qualquer forma, irracional a exclusão das exceções *in malam partem* de outros casos de homicídios culposos que, na experiência forense, suscitam normalmente grandes problemas de avaliação técnica e de reconstrução fática, como aqueles ligados à responsabilidade médica.

2.2. INTERRUPÇÃO E SUSPENSÃO DA PRESCRIÇÃO

No ordenamento italiano o decurso do tempo útil à extinção do crime é interrompido por alguns atos que identificam formas qualificadas (por serem de matriz judiciária[92]) de exercício da pretensão punitiva, idôneas, portanto, a atestar pública e institucionalmente a plena atualidade do interesse público à repressão do crime. Trata-se, no caso específico, da sentença ou decreto de condenação, da ordenança que aplicava medidas cautelares pessoais, ou convalidava a prisão ou detenção preventiva, do interrogatório prestado perante o ministério público ou o juiz, do convite a se apresentar ao ministério público para o interrogatório, da medida do juiz de designação da audiência em câmara de conselho para a decisão sobre o pedido de arquivamento, do pedido de reenvio a juízo, do decreto de marcação de audiência preliminar, da ordenança que dispõe o juízo abreviado, do decreto de designação da audiência para a decisão acerca do pedido de aplicação da pena (chamado negociação da sentença), da apresentação ou citação para o juízo direto, do decreto que dispõe o juízo imediato, do decreto que dispõe o juízo e do decreto de citação em juízo (elenco considerado taxativo,[93] não extensível analogicamente nem integrável pela Corte constitucional, para o devido respeito perante a discricionalidade do legislador).[94] De acordo com o inciso segundo do art.160 c.p.,

---

[91] Com sentença n. 143, de 28.5.2014 (em www.penalecontemporaneo.it, com nota de N. Recchia), a Consulta declara inconstitucional, por violação do princípio de razoabilidade (art. 3 Const.), o art. 157, inciso sexto, do código penal, na parte em que prevê que os termos indicados nos incisos antecedentes do mesmo artigo são dobrados para o crime de incêndio culposo (e não para o de incêndio doloso). Outros perfis de irracionalidade sistemática, dependentes da escolha de prever termos mais longos para crimes culposo de dano – mas também, por exemplo, por não ter citado o caso de incêndio florestal culposo, contido no art. 423 bis c.p. – são evidenciados por Micheletti, 246 ss.; Martini, 260; Balbi, 400 s. Outros graves perfis de não razoabilidade impregnados no reenvio aos crimes citados no art.51, incisos 3 bis e 4 bis, c.p.p., são evidenciados sempre por Micheletti, 242 ss.

[92] S.C., seções un., 11.7.2001 n. 33543 declarou manifestadamente infundada a questão de constitucionalidade visando a estender ao interrogatório prestado perante à polícia judiciária sob mandato do ministério público, evidenciando a inoportunidade da atribuição do poder de interrupção do curso prescricional a órgãos não jurisdicionais.

[93] Reenviamos para obter informações mais profundas sobre cada hipótese a Martini, 285 ss.; Romano, Grasso, Padovani, 106 ss. (aqui estão citadas inclusive as hipóteses especiais de interrupção da prescrição previstas pela regulamentação do procedimento perante o juiz de paz e acerca de crimes em matéria de impostos diretos sobre o valor adquirido).

[94] Corte const., 155/1973 e ord. 391/1993, 412/1998, 245/1999, 65/2008.

esses atos comportam que a prescrição comece a decorrer *ex novo* do momento em que se aperfeiçoam (no caso de mais atos de interrupção, do momento em que de aperfeiçoa o último deles).[95]

O tempo já passado não é, contudo, irrelevante, pesando no cálculo dos limites máximos de duração do prazo indicado pela lei (art. 161 c.p.). Na verdade, não se podendo sacrificar inteiramente o interesse individual a não ser exposto *sine die* à ameaça penal, independente do número de interrupções, a extinção do crime não poderá ocorrer além do vencimento de um prazo computado pelo *tempus commissi delicti*, superior por um quarto àquele ordinariamente referido àquele tipo de crime. Assim ocorre após a alteração feita pela norma da l. 251/2005; em antecedência o aumento máximo determinado pela norma era, ao invés, igual à metade.

Prevê-se, contudo, uma importante exceção, mais uma vez em relação a figuras criminosas consideradas geradoras de um peculiar "alarme social". No caso específico, não são indicados novos termos máximos, após a interrupção, para os crimes mencionados no art. 51, incisos 3 bis, e 3 *quater*, c.p.p. Eles acabam sendo substancialmente imprescritíveis, em razão do máximo de lei já elevado, a ser multiplicado vezes dois para os fins do cálculo do termo de prescrição "base" (supra, par. 2.1), cujo decurso é, ainda, «aumentado até o infinito»[96] sempre que ocorra uma causa interruptiva. Êxito irracional, na medida em que comporta um sacrifício incrível da instância personalística que deve sempre orientar a disciplina da prescrição, especialmente considerando como esse regime pejorativo descende de uma avaliação discutível, pelas razões já expostas, acerca da "gravidade percebida" de alguns crimes. É apreciada, portanto, pelo menos nas intenções, uma interpretação adequada, segundo a qual a exceção indicada no art. 161, 2° inciso c.p. deveria ser entendida no sentido que, para alguns crimes, não opera o instituto da interrupção, por serem já dobrados os termos ordinários.[97]

Mais discutíveis ainda as exceções concebidas para os reincidentes agravados ou reiterados (e para os delinquentes habituais ou profissionais). O prazo máximo total chega até a metade daquele ordinário nos casos de recidiva agravada infraquinquenal, não ultrapassa os dois terços em caso de recidiva reiterada, não supera a metade respeito ao sujeito declarado delinquente habitual ou profissional. Lembramos que respeito a essas categorias de pessoas é previsto um forte incremento do prazo ordinário de prescrição (supra, par. 2.1): um regime assim duas vezes diferenciado foi incisivamente relevado, «se inscreve na lógica do furor, não naquela da razão».[98] Podemos apenas repropor, de modo ainda mais sentido, as dúvidas já expressadas acerca de uma piora da disciplina da prescrição em ra-

---

[95] Mesmo quando processualmente viciados ou nulos – esclarecem os intérpretes – e sem precisar que o efeito interruptivo, que atua automaticamente e no plano substancial, deba ser notificado ao interessado. S.C., Seções un., 18.12.1998 n.13390; S.C., I seção, 26.2.2009, n. 13544.

[96] Padovani, 2006, 37.

[97] V. todavia a plausível crítica de Romano, Grasso, Padovani, 114; Silvani, 310.

[98] Padovani, 2006, 32 ss.

zão dos perfis subjetivos, ou até personalísticos, dependentes, inclusive, em certa medida de dados ocasionais, como o momento de intervenção de certas condenações.[99] Mais especificamente, foi justamente relevado como o art. 161, c.p. opera em relação a um processo ainda em andamento, portanto, em prejuízo daquela pessoa que é apenas imputada por um novo crime a ser considerado para os fins da atribuição do status de reincidente. Ou seja, a extensão do prazo arrisca operar mesmo em relação a quem será absolvido e não adquirirá aquele *status*.[100]

Diferente da "interrupção" é a "suspensão" (art. 159, modificado pela l. 251/2005), ligada à concretização de alguns institutos processuais específicos os quais, mesmo impedindo a continuação do procedimento por um determinado período, não expressam, todavia, um desinteresse do Estado à verificação da responsabilidade penal. *Contra non valentem agere non currit praescriptio*.[101] Trata-se, na substância e em síntese, de uma pluralidade de causas taxativas (portanto, não estendíveis em via analógica) de suspensão do processo ou dos prazos de duração máxima da custódia cautelar.[102] O período de suspensão não é computado para os fins da prescrição; o período antecedente à suspensão é somado ao seguinte, para os fins do cálculo do tempo ordinário necessário à extinção do crime.[103]

De acordo com o art. 161, in. 1°, c.p., suspensão e interrupção têm efeito para todos aqueles que cometeram o crime, inclusive os concorrentes.

---

[99] Podemos individuar perfis de um direito criminal do tipo do autor e do inimigo: Marinucci, 172.

[100] Micheletti, 289 s. A jurisprudência esclarece, pelo menos, que não pode influir na prescrição a recidiva não regularmente contestada: S.C., Seção 2, n. 14248 de 5/4/2011.

[101] Cfr. Pisa, 89.

[102] Trata-se, em particular, da autorização a proceder (arts. 313 c.p. e 343-344, c.p.p.); da questão deferida a outro juízo (cfr. art. 2, 3 e 479, c.p.p.); dos casos típicos, previstos por lei, de suspensão dos termos de custódia cautelar ou do procedimento ou do processo penal, como, por exemplo, aqueles ligados ao impedimento das partes processuais ou de seus defensores (art. 159, n.3, c.p.p.), à ausência do imputado (art. 420, *quater* c.p.p., nesse caso e art.159, co.4, como reformado pelo art.6, inciso 3, l. 251/2005, estabelece que o prazo de suspensão não pode ultrapassar o prazo máximo estabelecido em caso de interrupção da prescrição do art. 161, 2° co., c.p.), à remissão do processo (47, c.p.p.), à prejudicial constitucional (v. arts. 23 e 29 l. 11 .3.53 n.87), à recusa do juiz (art. 37, c.p.p.), à incapacidade do imputado (art. 71, c.p.p.), ao reenvio ao debate por necessidade de tratamento prioritário de outros procedimentos levados em consideração pelo art. 132 bis disp. at. c.p.p., ao procedimento de citação direta quando o defensor tenha solicitado o adiamento da audiência para propor instância de rito abreviado, outros casos previstos por normas de lei especial (para os necessários esclarecimentos e integrações ver Martini, 275 ss.; Romano, Grasso, Padovani, 92 ss.; Serraino, 1004 ss.). V. ainda a causa de suspensão do procedimento e, declaradamente, da prescrição introduzida pela L. 28 de abril de 2014, n. 67 em relação ao "novo" instituto da "sotoposição à prova" dos adultos nos arts. 168-bis e 168-ter c.p

[103] Caso muito especial é o da suspensão do procedimento e, portanto, da prescrição por ocorrência de enfermidade mental do imputado (art. 71 e 72, c.p.p.). Caso essa enfermidade seja irreversível, ou caso seja remediável após muitos anos, ter-se-ia a situação de um imputado "eternamente julgável", ou julgável mesmo após um tempo demasiadamente longo. Nessa disciplina o Tribunal de Alexandria (ordenança de remissão à Corte constitucional de 27 de fevereiro de 2012) individuou perfis de inconstitucionalidade respeito aos arts.3 (princípio e igualdade e razoabilidade), 24, 2° inciso (direito de defesa) e 111, 2° in. (duração razoável do processo) da Constituição. A Corte constitucional, sent, n. 23 de 11/2/2013, apesar de reconhecer a irracionalidade intrínseca da disciplina, reenviou, contudo, ao legislador solicitando uma intervenção corretiva, no pressuposto que da Constituição não pudesse se deduzir com clareza uma disciplina suscetível de ser introduzida diretamente pela Corte. Em seguida, o Tribunal de Milão, com ordenança 21 de março de 2013, investiu novamente da questão a Corte constitucional, com referência inclusive aos arts. 27, inciso 3, e 117 Const., em relação ao art. 6 CEDU (duração razoável do processo).

Pelo menos em geral, a prescrição da pena não conhece causas de suspensão ou interrupção. Ressalta-se, contudo, que a mesma não decorre durante a execução da pena.[104]

2.3. O *DIES A QUO*

A prescrição da pena decorre do dia em que a condenação se tornou irrevogável, ou do dia em que o condenado se subtraiu voluntariamente à execução já iniciada. Quando a execução da pena seja subordinada ao vencimento de um prazo ou à verificação de uma condição, o tempo útil à extinção decorre do dia de vencimento do prazo ou de verificação da condição (considerem-se, por exemplo, a suspensão condicional da pena, a liberação condicional e o indulto – todos benefícios revogáveis[105] – ou ainda a suspensão da executividade da ordem de prisão emitida pelo ministério público em base ao art. 656, inciso 5, c.p.p.). Em caso de concurso de crime, mesmo se as penas foram imposta (e cumuladas) com uma única sentença, para os fins da extinção, devem ser consideradas distintas.[106]

Ao contrário, o período de tempo útil para obter a prescrição do crime começa a decorrer do dia da consumação,[107] ou, em caso de tentativa, do dia de término da atividade do culpado que integra aqueles atos "idôneos e unívocos" aos quais se refere o art. 56, c.p.,[108] ou daquele que vê o encerramento da permanência, em caso de crime permanente (art. 158).[109] A lei não disciplina explicitamente a prescrição do crime habitual, mas em aplicação da regra geral pode-se alegar que se deve considerar o momento em que se realiza o último episódio recondutível ao paradigma típico, na sua expressão máxima de gravidade.

Na sua formulação originária, o art. 158, c.p. prescrevia uma regra especial para o crime continuado, estabelecendo que mesmos os prazos diferenciados de

---

[104] O art. 660, in. 3, c.p.p. prescreve um tipo de pseudo-suspensão do cálculo do prazo útil à extinção da pena pecuniária para o período em que a execução dessa sanção é diferido pelo magistrado de vigilância no procedimento de conversão. Esclarecimentos em Perrone, 1161 s.

[105] Recentemente, S.C., Seções un., n. 2 de 30/10/2014, resolvendo um antigo contraste jurisprudencial, estabeleceu que o *dies a quo* decorre do momento em que o fato (a nova condenação) sobre a qual a revogação se fundamenta se verifica, não do momento em que a revogação é declarada. Sobre o ponto v. já Martini, 301 s., que distingue entre hipótese em que a revogação opera *ex lege*, e hipóteses nas quais é subordinada a uma verificação judicial discricional.

[106] Para esclarecimentos sobre esse ponto, Perrone, 1182 ss.

[107] De acordo com uma importante doutrina, isso ocorre quando o crime, já perfeito em razão da realização de todos os seus requisitos constitutivos na forma típica essencial deles, alcança a sua maior gravidade em concreto (Mantovani F., 431 s.), sem a realização, ou o grau de gravidade de perfis estranhos ao fato típico ou relevantes, no máximo, como circunstâncias do crime (*accidentalia delicti*). assumam a menor relevância.

[108] Para esclarecimentos, ver S.C., II, 29.4.2011 n. 16609.

[109] Delicadas questões entre o direito penal substancial e processual se põem, especialmente, quando o ministério público, na contestação, determina o início da permanência, mas não seu término. Reenviamos, sem dúvida, a Serraino, 999 s., inclusive para referências à jurisprudência. Em mérito ao problema do momento a partir do qual decorre a extinção dos crimes omissivos próprios, às vezes considerados (erroneamente) "essencialmente permanentes", ver Romano, Grasso, Padovani, 85 ss. (*ivi* ulteriores, importantes referências ao problema da individuação da chamada "interrupção judicial da permanência").

prescrição referidos a cada crime inserido no mesmo desenho criminoso, *ex* art. 81, 2° in., c.p., devem decorrer todos a partir do «momento de conclusão do estado de continuação». Esse regime se prestava a várias críticas por diversos perfis de irracionalidade e disfuncionalidade: por ser incompreensivelmente desfavorável em relação ao sujeito ativo, quando a continuação é um instituto concebido fundamentalmente *pro reo*;[110] por ser pouco compatível com um sistema que parecer ver o crime continuado não como uma situação única, mas sim como forma de concurso material de crimes peculiar apenas quanto ao tratamento sancionatório; por ser destinado a fazer depender, de fato, a individuação do *dies a quo* de um exercício de discricionalidade do juiz dificilmente falsificável em mérito à extensão de um perfil meramente subjetivo como o mesmo desenho criminoso. A disposição em questão foi eliminada pelo art. 6, inciso 2, l. 251/2005, considerando, portanto, hoje aplicável o regime ordinário, válido em geral por todo e qualquer caso de concurso material de crimes, segundo o qual a cada ilícito concorrente se referirá um termo prescricional diferente, decorrente do momento de sua própria consumação.[111]

Nenhuma relevância é atribuída ao tempo necessário à concretização de uma condição de procedibilidade, seja esta queixa, instância ou pedido. Uma confirmação, como foi corretamente escrito, da natureza substancial da prescrição «que não tolera condicionamentos ligados à efetiva instauração de um processo penal pelo fato ao qual está ligada».[112]

De acordo com o art. 14, c.p., não é computado o dia no qual se coloca o momento de início do decurso da prescrição, enquanto se calcula inteiramente o *dies ad quem*. Deve-se fazer recurso ao calendário comum e o vencimento, quando o prazo seja expresso em meses ou anos, cai no dia correspondente por número àquele inicial do cálculo, sem considerar os dias efetivos que compõem os meses ou os anos a partir dos quais o prazo se desenvolve. Esclarecendo, se a aquisição da coisa móvel alheia subtraída mediante violência – elemento que comporta a consumação do crime de roubo próprio, *ex* art. 628, inciso 1°, c.p., ao qual corresponde uma pena máxima de dez anos de reclusão – se realiza no dia 15 de janeiro de 2014, o prazo útil à prescrição (deduzindo-se de eventuais hipóteses de interrupção e suspensão) começa a decorrer a partir das 0h do dia 16 de janeiro de 2014 e termina às 24h do dia 16 de janeiro de 2024, independente do número de dias realmente transcorridos entre os dois extremos.[113]

---

[110] Micheletti, 259 s.; Pisa, 84.

[111] V. S.C.fer., 26.8.2008, n.34505; Silvani, 273. A Corte constitucional, com sentença n.324 de 30 de julho de 2008, rejeitou uma questão de constitucionalidade que visava repristinar a disciplina previgente, alegando que a escolha fizesse parte da livre discricionalidade política do legislador e considerando a questão indeferível, pois *in malam partem*.

[112] Martini, 272 s.

[113] Para ulteriores esclarecimentos detalhados inclusive acerca do ônus da prova do *dies a quo* e outras implicações processuais Serraino, 998 s.

2.4. A RENÚNCIA À PRESCRIÇÃO

Como já se disse, a Corte constitucional, com sentença n. 275, de 31/5/1990, tinha declarado inconstitucional o texto previgente do art. 157, c.p. na parte em que não tornava renunciável a prescrição do crime por parte do imputado. Essa influente indicação foi inserida no art. 6 das frequentemente mencionada l. 251/2005 que adicionou ao art. 157 um sexto inciso, em base ao qual «a prescrição é sempre expressamente renunciável por parte do imputado». Não se considera então suficiente uma renúncia tácita ou *per facta concludentia*,[114] como vale, por exemplo, para a renúncia à queixa. O motivo reside, por assim dizer, nas implicações que essa manifestação de vontade tem em relação a direitos pessoais do imputado, comportando a continuação de um juízo penal contra ele, em outro caso destinado a ser interrompido. Pela mesma razão, este ato não pode ser realizado pelo defensor, como se verifica no art. 99, 1° in., no lugar do imputado, se não em virtude de uma procuração especial *ad hoc*.[115]

De acordo com a mais recente jurisprudência, não pode ser entendido como forma de implícita renúncia o exercício de algumas atividades processuais propulsivas do procedimento, como o recurso à Suprema Corte.[116] Não unívoca é a solução acerca daquelas que podem considerar-se substancialmente expressões de uma adesão voluntária a uma sentença condenatória, como o pedido de negociação de sentença *ex* art. 444, c.p.[117] e, *a fortiori*, a adesão ao acordo proposto pelo ministério público.[118]

A renúncia pode ser exercida utilmente apenas se for transcorrido o prazo prescricional,[119] e não pode mais ser praticada depois da verificação da prescrição ocorrida mediante sentença.[120] A renúncia apresentada tempestivamente é, ao contrário, irrevogável no momento em que é conhecida pelo órgão judiciário procedente.

Considerados os nexos entre direito à renúncia e prerrogativas processuais do imputado, das quais já se disse, se compreende a razão pela qual o ordenamento não torna a prescrição da pena renunciável, instituto que pressupõe um processo concluído e uma condenação imposta.[121]

---

[114] Cfr. S.C., Seção 1, 13.3.2007, n.18391.

[115] S.C., Seção 6, n.23412 de 9/5/2005; S.C., Seção 1, n. 21666 *de* 14/12/2012.

[116] S.C., S.U., 30.9.2010, n.43055, com motivações, a parecer de Balbi, 401 s., estendíveis inclusive ao análogo caso do pedido de negociação de sentença.

[117] S.C., Seção 2, sent. n. 47940 de 6/12/2011. Em sentido oposto: S.C., Seção 1, 15.5.2007, n.18391; S.C., Seção 3, n. 14331 de 4/3/2010; Martini, 257.

[118] Não é, portanto, possível declarar a prescrição em sede de juízo de impugnação de uma condenação consequente a negociação de sentença. S.C., Seção 3, n. 207 de 05/07/2012 (em antecedência, no mesmo sentido, v. S.C., Seção 6, n. 44 de 23/10/1995; S.C., Seção V, n. 14109 de 28/10/1999; S.C., Seção 2, n. 2900 de 20/11/2003). Em sentido oposto: S.C., Seção 5, n. 3548 de 26/11/2009; S.C., Seção 5, n. 45023 de 12/10/2010.

[119] S.C., Seção 6, n. 42028 de 4/11/2010.

[120] Cass., Seção 3, n. 37583 de 7/7/2009; S.C., Seção 1, n. 32623 de 23/6/2009.

[121] Cfr. Perrone, 1161.

3. Perfis processuais

A prescrição da pena, intervindo após a condenação, pode ser verificada e declarada apenas pelo juiz da execução penal, competente segundo o art. 665, c.p.p., em consequência de incidente próprio de execução, de acordo com os arts. 666 e 676, c.p.p.

Mais complexas as questões processuais referentes à prescrição do crime.

Enquanto instituto substancial, a prescrição pode e deve ser declarada, de ofício, pelo juiz de ofício. Se os pressupostos emergem antes da conclusão do debate, ele tem a obrigação de declarar imediatamente a extinção, com sentença de não procedimento; ressalvado o fato que «dos atos não seja evidente que o fato não existe ou que o imputado não o cometeu ou que o fato não constitui crime ou não é previsto como crime pela lei» (art. 129, c.p.p.). O direito individual de obter um pronunciamento de mérito plenamente absolutório prevalece sobre as razões que sustentam a extinção por decurso do tempo. Caso os elementos que favorecem uma absolvição no mérito não apareçam, naquela fase, com plena evidência, e caso o imputado queira vê-los reconhecidos, pode renunciar à prescrição (supra, par. 2.4).[122]

Após o encerramento do debate, em fase, portanto, de decisão, a declaratória de prescrição poderá intervir apenas em presença dos pressupostos por uma sentença condenatória; vice-versa, quando existam evidências de inocência – ou se a culpa seja apenas duvidosa (cfr. art. 530, c.p.p.)[123] –, o sistema impõe dar prevalência a um pronunciamento de absolvição no mérito.

A presunção de inocência inserida no art. 27, 2°, i, Const. pretende a plena prova da situação que fundamenta a responsabilidade penal. A este princípio se adequa a regra geral do processo italiano já citada (art. 530, inciso 2°, c.p.p.), em virtude da qual o juiz que dispõe de um quadro probatório não convincente ou incompleto para fundamentar a tese acusatória é obrigado a pronunciar uma sentença plenamente absolutória, sem o uso de fórmulas com significado ambíguo ou suspeito, como aquela – conhecida ao código de rito previgente – da absolvição "por insuficiência de provas". Mesmo em presença de indicações apenas duvidosa acerca do vencimento do prazo prescricional (assim, por exemplo, a que se refere à exata colocação do *dies a quo*)[124] o juiz deve declarar, sem dúvida, a extinção do crime (art. 531, 2° co., c.p.p.).[125]

No caso de indeferimento do pedido de extinção do crime, manifestado pelo juiz de primeiro grau, os pedidos de ressarcimento no procedimento penal pelas

---

[122] Por todos, Martini, 291 s.

[123] Sobre o tema, por exemplo, Martini, 292 s., que evidencia como a lógica do art. 129 c.p.p. – que alega a prevalência da absolvição de mérito apenas no caso de plena prova de inocência – se compreende apenas em relação a fases antecedentes àquelas em que o juiz tem capacidade de avaliação das provas juntadas após uma instrutória inteiramente realizada. Em sentido oposto se posiciona a S.C., Seções unidas, 28/5/2009 n. 35490, em *Cass.pen.*, 2010, 4091; ver Beltrami, *Estinzione del reato e assoluzione nel giudizio di impugnazione*.

[124] Romano, Grasso, Padovani, 80, com citações da jurisprudência.

[125] S.C., Seção 2, n. 6476 del4/7/1997 – em conformidade a S.C., Seção 3, n. 187772 de 26/5/2006.

partes civis não podem, naquela sede, encontrar satisfação. Se, contudo, se chega, em primeiro grau, a uma condenação que comporta a restituição ou o ressarcimento do dano, apesar de indeterminado no *quantum*, o juiz de Apelação e a Suprema Corte decidem sempre sobre as alegações relativas às pretensões da parte civil, mesmo quando devem declarar extinto o crime por anistia ou prescrição (art. 578, c.p.p.). As Seções Unidas da Corte Suprema (sentença 28/05/2009) estabeleceram o princípio de direito segundo o qual «quando, segundo o art. 578, c.p.p., o juiz de Apelação – ao se apresentar uma causa extinta do crime – é chamado a avaliar o conjunto probatório para os fins das deliberações civis para a presença da parte civil, a absolvição no mérito prevalece sobre a causa extintiva, mesmo em caso de contradição já verificada ou de provas insuficientes». Nesta hipótese, portanto, se afirma uma regra diferente respeito àquela extraída em geral do art. 129, c.p.p., no pressuposto que, mesmo quando exposto a uma avaliação da própria responsabilidade apenas para fins civilistas, o imputado conserva o direito de ver essa responsabilidade afirmada tão somente em presença de um quadro probatório unívoco e completo.

Ainda, em razão da natureza substancial do instituto, já relevada, parece aceitável o rigoroso posicionamento jurisprudencial segundo o qual atos processuais inválidos que pretendam adiar o processo (por exemplo, impugnações inadmissíveis segundo o art. 591 ou 606, in. 3°, c.p.p.) não consintam ao juiz decretar uma prescrição maturada depois dos mesmos.[126] Nem pode se imaginar um recurso proposto apenas para ver declarada uma prescrição intervinda após a decisão impugnada (e, portanto, obviamente, não considerada nesta decisão). Um ato desse cunho não poderia nem ser semanticamente recondutível à categoria das impugnações, enquanto não visa a censurar conteúdos da medida impugnada.[127] Diversa solução vale quando, por meio da impugnação, se quer ver reconhecida uma prescrição ocorrida antes da sentença de apelação, mas não deduzida pelas partes nem relevada pelo juiz.[128]

4. Pormenores empíricos, criticidades, perspectivas de reforma

4.1. *STATUS* EMPÍRICO DA PRESCRIÇÃO DA PENA

Em um sentido prático, a prescrição da pena é um instituto destinado a operar, fundamentalmente, no caso de fuga, não reparação, impossibilidade de ser encontrado, ou permanência do condenado no exterior, sem possibilidade de extradição. O âmbito de maior incidência do instituto é, todavia, aquele das penas pecuniárias, sujeitadas a um sistema de cobrança e recuperação famoso pela sua

---

[126] S.C., Seções.un., sent. n.33542 de 27/6/2001.

[127] S.C., Seções.un. n.33542 de 27/6/2001.

[128] Cass., Seção 5, Sentença n. 47024 de 11/07/2011.

159

confundibilidade e inefetividade.[129] Alguém, para reduzir o fenômeno desconfortante propõe, por exemplo, considerar *dies a quo* o dia em que se verificam comportamentos qualificáveis como subtração voluntária à execução da pena pecuniária, adaptando, assim, o texto do art. 172, c.p. ao caso em questão (pense-se, por exemplo, a quem, para impedir a cobrança, depaupere voluntariamente o próprio patrimônio, oculte bens, se torne impossível de encontrar). Em virtude de uma interpretação adequada do próprio art. 172, c.p. sugere-se, ainda, não se considerar o tempo de execução da pena detentiva para os fins da extinção da pena pecuniária cominada conjuntamente.[130]

4.2. CONTINGÊNCIAS FACTUAIS E POLÍTICO-CRIMINAIS DA PRESCRIÇÃO DO CRIME

A muitas vezes lembrada l. 251/2005 foi objeto de duras polêmicas em ocasião da sua aprovação. Era acusada de tornar verdadeiras lógicas de "privilégio" em favor de certas categorias sociais, ou melhor, de alguns imputados ilustres em especial (foi falado de outra lei *ad personam*),[131] arriscando agravar a medida de inefetividade repressiva e preventiva do sistema, tornando-se ao mesmo tempo mais dura em relação a pessoas socialmente marginais.[132] Alguns juízes perspectivam questões de constitucionalidade tendo como objeto perfis diversos da nova disciplina, qualificados como uma "criptoanistia" (na Itália, de acordo com o art. 79, Const., uma lei de anistia pode ser aprovada apenas por maiorias parlamentares qualificadas). A Corte as rejeitou principalmente em razão da sua incom-

---

[129] No sistema atual, a conversão da pena pecuniária não executada em sanções privativas da liberdade pessoal representa a *extrema ratio*, e opera apenas no caso de insolvibilidade verificada (ou seja, objetiva impossibilidade de pagar). Os arts. 200 e ss. T.U. Custas de Justiça (DPR 30.5.2002 n. 115), que ab-rogou expressamente o art. 181 disp. at. c.p.p., estabelecem que, uma vez que a sentença que aplica a pena pecuniária se tornou definitiva, o ofício de recuperação de créditos deve notificar ao condenado a solicitação de pagamento (art. 212), em base às normas processuais civis (arts. 137 e ss. c.p.c.) Se a pessoa não adimplir no prazo, o ofício realiza a entrada do processo no tribunal, cuidado contextualmente da entrega da documentação relativa ao concessionário para o pagamento dos tributos (art. 213). Caso essa tentativa tenha também resultado negativa, o ofício transmite os atos ao M.P. para a promoção da conversão da pena pecuniária. O magistrado de vigilância deve verificar a efetiva condição de insolvibilidade do condenado. Em caso de impossibilidade de encontrá-lo, além da recuperação do crédito se tornar enviável, até a conversão parece precluída.

[130] V., ainda para outras propostas interpretativas, a intervenção de Maiorano no encontro de estudo *Problemi attuali in tema di esecuzione penale*, 9 de abril de 2013, disponível em www.giustizia.lazio.it.

[131] Marinucci, 174.

[132] Marinucci, 170 ss. V. ainda em geral sobre a orientação ideológica da disciplina total da recidiva introduzida com a l.251/2005, Pavarini, The spaghetti incapacitation. *La nuova disciplina della recidiva*, em *La legislazione penale compulsiva*, aos cuidados de G.Insolera, Pádua, 2006, 3 ss., onde se profetiza, entre outros, o impacto devastante dessa intervenção do legislador sobre a população carcerária. Recentemente, o Balbi, 395, escreve em mérito àquela lei: «inspirada por instâncias de direito penal do autor (recidiva), lisonjeada pelas mais brutas opções mediáticas de *law and order*, modulada em objetos personalísticos pouco nobres (prescrição), é contudo uma normativa de interesse inclusive sociocultural, constituindo a síntese de uma época crepuscular, sublimada no infeliz encontro entre os interesses de poucos e a indiferença em relação aos mais fracos». Todavia, o autor adiciona oportunamente que, se a lei foi aprovada pela maioria de centro-direita, na época liderada por Silvio Berlusconi, é verdade também que a aliança de centro-esquerda prevalente (por pouco) no Parlamento, após as eleições de 2006, não fez nada para racionalizar a nova disciplina da recidiva e da prescrição.

petência a rever *in malam partem* escolhas do legislador expressivas de opções político-criminais livres.[133]

Em detalhes,[134] respeito à disciplina previgente, esta interessante intervenção comportou alguns – poucos – incrementos do prazo prescricional, ou seja: por todas as contravenções (antes prescritíveis em 2 ou 3 anos, agora depois de 4); para os crimes leves, puníveis com penas inferiores a cinco anos (por exemplo, furto simples, dano, fraude), antes prescritíveis em cinco anos, agora, em seis; para alguns crimes de gravidade especial, por exemplo, o homicídio doloso (antes prescritível em vinte anos, agora depois de vinte e quatro), o homicídio preterintencional (o prazo de prescrição cresce de 15 para 18 anos), para roubo e extorsões agravadas (a prescrição se realiza hoje depois de vinte anos, antes intervinha depois de quinze anos).

Bem mais numerosas e significativas foram, de fato, as reduções do prazo necessário à prescrição. Assim, por exemplo, bastam seis anos – antes eram necessários dez – para extinguir crimes sancionados com penas máximas entre 5 e 6 anos (por exemplo, calúnia, participação em associações criminosas, homicídio culposo cometido por médico, fraude agravada); hoje, bastam dez anos, respeito aos quinze exigidos antes, para extinguir modalidades típicas sancionadas com a reclusão não inferior a dez anos (por exemplo, peculato, violência sexual, roubo e extorsão não agravadas, bancarrota fraudulenta). Finalmente, principalmente a redução do prazo máximo total em caso de interrupção favorece aquela extinção em massa, com referência pelo menos a algumas categorias de crimes.[135]

Os resultados empíricos do instituto são, efetivamente, preocupantes.[136] Na realidade do processo italiano, a prescrição do crime, como é concebida hoje, é um instituto que – muito além de corresponder ao seu fundamento racional[137] – frequentemente acaba premiando táticas defensiva meramente dilatórias (ou seja, paradoxalmente, induz o prolongamento dos processos),[138] que podem aproveitar de uma máquina judiciária sobrecarregada e complexa.[139] Por outro lado, o

---

[133] S.C., 1/08/2008 n. 324, na qual se censura, entre outros, o confronto impróprio e instrumental entre anistia (medida de clemência generalizada, referida a crimes cometidos dentro de um certo período de tempo) e prescrição. Recentemente, (2/10/2012) a Procuradoria da República de Milão apresentou instância ao Tribunal pedindo que não fosse declarada manifestadamente infundada a questão de legitimidade dos arts. 160, in. 3º e 161, in. 2º c.p., na parte em que definem os prazos máximos de prescrição, por contraste com o art. 6 da Convenção OCSE de Paris de 1997 sobre a corrupção internacional («A disciplina da prescrição do crime de corrupção oficial público estrangeiro deve prever um prazo de decurso adequado às investigações e à punição do crime»), considerada norma interposta respeito ao art. 117 Const. A instância se referia ao processo por pagamento de propina na África por parte de gerentes da Eni. O Tribunal indeferiu com ordenança em 5.11.2012, por se tratar de pedido de obtenção de um resultado *in malam partem*, e, portanto estranho à competência da Corte constitucional (para mais detalhes, ver Scoletta, 117 ss.).

[134] Um quadro articulado de síntese em mérito aos efeitos da reforma "ex Cirielli" – que obviamente levava em contas as sanções previstas na época para as hipóteses criminosas citadas – é proposto em Micheletti, 234 ss.

[135] Sobre esse ponto, em detalhes, Micheletti, 278 ss.; Balbi, 397 s.

[136] Silvani, 171 ss.

[137] Balbi, 395.

[138] Balbi, 398.

[139] Viganò, 16 s., inclusive para alguns exemplos.

instituto da prescrição ativa sinergias perversas devidas à duração excessiva das investigações preliminares, assim como às complicações do sistema processual, que pode desorientar as estratégias de inquiridores e juízes.[140] Em um ordenamento penal que em abstrato afirma solenemente a obrigatoriedade da ação penal (art. 112, Cost.), em concreto solicita exercícios de discricionalidade (incontrolada) apenas porque sobrecarrega os ofícios judiciários com um número impossível de trabalhos, é compreensível que nos tribunais se experimentem formas de "clemências em concreto" com fins de deflação, exercíveis simplesmente atrasando alguns procedimentos considerados menos significativos, condenando-os, assim, programaticamente à prescrição.[141] Tudo isso produz, em nível geral, consequências perigosas quanto à capacidade preventiva do sistema penal e à sua respondência a exigências difusas de justiça.

Na verdade, o problema já tinha se manifestado, com gravidade particular, após a passagem de um rito em boa parte inquisitório (aquele delineado pelo código do processo penal de 1930) a um rito de caráter acusatório (introduzido com o código processual de 1988), com consequente (e oportuno) incremento das garantias defensivas, particularmente funcionais a táticas dilatórias. Já pesava, ainda, o agravamento dos ofícios judiciários determinado pelo desaparecimento da praxe (na verdade, discutível) das "clemências cíclicas", em consequência de uma reforma constitucional de 1992 que tornou mais árdua a aprovação de medidas de anistia e indulto (art. 79, Const.).[142] A situação acabou se agravando mais ainda após a reforma atuada com a l. 251/2005 que, por um lado, incrementou efetivamente em modo exponencial os termos de prescrição por determinadas tipologias de crimes e de "réus" (recidivistas qualificados, em especial), por outro lado, comportou realmente um tratamento mediamente mais benévolo para crimes, inclusive graves, geralmente característicos de "colarinhos brancos". Estes são mais facilmente delinquentes primários, e não necessariamente devido a uma menor inclinação congênita a delinquir, mas frequentemente pela possibilidade de dispor de defesas melhores, por uma menor exposição à justiça penal – em razão de notas dinâmicas de "seleção primária" dos ilícitos e dos potenciais réus – e por cometer geralmente crimes em boa parte excluídos do âmbito aplicativo do art. 99, c.p., em tema de recidiva (enquanto de natureza contravencional – como muitos ilícitos ambientais, edilícios, societários – ou culposa).[143] Considerado que o status de reincidente pode depender, em concreto, de fatos pouco indicativos de atitudes criminais peculiares,[144] ou até de condições social e pessoais desavantaja-

---

[140] Pulitanò, 3 s.

[141] Insolera, 5 ss.

[142] Padovani, 2006, 34; Micheletti, 222.

[143] Marinucci, 172.

[144] A recidiva, no sistema italiano, é genérica quanto a crimes que a fundamentam (desde que sejam "crimes não culposos") e sem limites temporais (a pouca distância de tempo entre um crime e outro pode comportar, no máximo, a integração de certas hipóteses qualificadas de recidiva, mas sem excluir outras). Esclarecendo, o regime pejorativo em exame poderia interessar, por exemplo, até quem foi condenado por uma ofensa na juventude e,

das e intrinsecamente criminógenas (como, por exemplo, o estado de dependência de entorpecentes, ou o caso do estrangeiro em condição de "clandestinidade" devido a uma regulamentação rígida e contrária à imigração), no final das contas, o sistema, depois de 2005, mais do que gerar um número mais elevado de prescrições,[145] acabou mostrando uma atitude mais desequilibrada[146] e classista (basta olhar os elementos da população carcerária),[147] com extremismos opostos dos termos prescricionais que arriscam se revelar ambos incompatíveis com o princípio da duração razoável do processo, ora por defeito, ora por excesso.[148] Além disso, em um mecanismo perverso, a mais fácil prescrição para o réu "socializado" e sem condenações perpetuará essa condição de irrepreensibilidade, enquanto a mais complexa prescrição para o crime do "desviante" aumentará as probabilidades dele adquirir qualificações sempre mais graves de recidiva, com progressivo agravamento do regime prescricional.

Em termos sistemáticos e teleológicos, contudo, é apreciável a drástica redução feita pela l. 251/2005 dos espaços de discricionalidade do juiz – principalmente negando relevância à incidência das circunstâncias[149] e revendo a disciplina da prescrição dos crimes atingidos pela continuação[150] – de modo a garantir mais ainda o principio de igualdade e as razões da certeza que intimamente impregnam

---

em seguida, após uma vida inteira baseada em rigor e honestidade, seja condenado com sessenta e cinco anos por uma ameaça "escapada" durante uma briga condominial.

[145] Em 2013, o Ministério de Justiça (últimos dados ISTAT disponíveis) contava com 123.078 prescrições. O número diminuiu respeito às 159.703 prescrições em 2006 (apesar de incrementado respeito às 113.057 prescrições de 2012), assim como, para dizer a verdade, em 2004, antes da entrada em vigor da chamada lei "ex-Cirielli", se contavam 214.196 prescrições. O dado deve ser bem interpretado, em primeiro lugar confrontando-o com o número de procedimentos e as fases do processo nas quais ocorre a extinção (ver, sobre esse ponto, Tomasello, 6 ss.). Contesta-se à reforma de 2005 não o fato de ter favorecido de modo geral a prescrição – no passado, de fato, o rigor de determinados termos abstratos se prestava facilmente a abrandamentos em concreto em virtude das atenuantes: Padovani, 32 ss. –, mas de tê-la favorecido por alguns crimes e alguns réus, enquanto era quase impossível de alcançar por outros crimes e outros réus, até se verificarem situações de verdadeira imprescritibilidade substancial.

[146] Romano, Grasso, Padovani, 67.

[147] Em 31 de dezembro de 2014, nos 202 institutos penitenciários italianos residem 53.623 detentos, 17.462 dos quais estrangeiros; apenas 6146 deles são detentos para crimes contra a administração da justiça, 6994 para crimes contra a administração pública, apesar de se tratar de tipologias criminosas estaticamente muito frequentes (e no número está incluída a cota de pessoas não condenadas em via definitiva, mas submetidas a medida cautelar); 30.287 os presos para crimes contra o patrimônio, 18.946 os detentos para crimes previstos pelo texto único em matéria de entorpecentes (número reduzido por recentes, importantes modificações do texto único feitas pela Corte constitucional e pelo legislador, que operaram em termos de deflação; assim como o drástico redimensionamento dos detentos por violações do texto único em matéria de imigração – atualmente apenas 1305 unidades – foi induzido pela recente eliminação de sanções detentivas por muitos desses casos, solicitada pela União Europeia). A soma é influenciada também por recentes intervenções de limitações do aprisoamento, induzidas pela necessidade de se adequar a uma sentença "piloto" de condenação emanada pela Corte Europeia dos Direitos Humanos em relação à Itália (Corte EDU, Seção II, sent. 8 de janeiro de 2013, Torreggiani e o. c. Itália), na qual se censurava a grave superpopulação carcerária vendo nela uma violação da proibição de tratamentos desumanos e degradantes (apenas para a l. 199/2010 e suas alterações em tema de execução das penas detentivas em domicilio, 15697 pessoas deixaram os institutos penitenciários). Fonte: ministério de justiça www.giustizia.it.

[148] Micheletti, 282.

[149] Romano, Grasso, Padovani, 64; Micheletti, 261 ss.

[150] Micheletti, 256 ss.

163

a *ratio* do instituto;[151] apesar de depois (visando a objetivos condivisíveis) a juris-prudência retomou um espaço de forte discricionalidade para os fins da atribuição do *status* de reincidente qualificado, que tanto incide inclusive no regime da pres-crição. Sensata parece a mais clara ancoragem à gravidade "típica" de cada crime, como expressa pela pena máxima segundo o código.[152]

É, todavia, discutível a coincidência quantitativa entre tempo máximo da pena e tempo da prescrição. Os dois institutos respondem, de fato, a lógicas que não podem ser sobrepostas e pressupõem aflitividades não comparáveis. O dado cro-nológico tem peso e significado diferentes se usado para medir um sacrifício atual e real da liberdade pessoal, ou a incerta exposição a uma mera ameaça de pena, ou até o "tempo do esquecimento".[153] Já falamos da incongruência intrínseca de um regime de duração da prescrição que se diferencia em termos até mesmo drásticos em relação a crimes punidos igualmente com base ao código penal, portanto presu-mivelmente "igualmente graves" para o legislador (v. supra, par. 2.1 e 2.2.).

4.3. ADVERTÊNCIAS MÍNIMAS PARA INTERVENÇÕES DE REFORMA DESEJÁVEIS

A ação mais urgente no curto prazo é, portanto, uma intervenção normativa que elimine todo e qualquer regime irracional e, em particular, redimensione o impacto que perfis meramente subjetivos podem ter sobre a operatividade dos ins-titutos em exame. Se não é estranho imaginar uma sensibilidade dos prazos pres-cricionais respeito a perfis personológicos, quando denotem uma maior resistência à mensagem preventiva e uma persistente inclinação criminal, não é, entretanto, tolerável que esses perfis deturpem, de modo radical, uma regulamentação que de-veria, sempre, permanecer principalmente ancorada à gravidade objetiva do fato.

Dito isso, é preciso evitar erros óticos em avançar notações críticas e sugerir intervenções melhorativas ao legislador. Em alguns casos, percebendo uma subs-tancial inadequação por defeito do prazo de prescrição, é possível que a razão do problema não resida apenas na disciplina dos arts. 157 ss., c.p. (que, de qualquer forma, como se disse, não deveria equiparar acriticamente tempo da pena e da prescrição), mas sim em um balanceamento inadequado dos limites de lei em relação a um determinado crime, que comporta, automaticamente, uma duração incôngrua do período necessário à extinção. A solução, nessas hipóteses, reside principalmente em uma reconsideração da resposta sancionatória abstrata. Neces-sita, contudo, uma abordagem cautelosa e atenta aos equilíbrios sistemáticos. É

---

[151] Pulitanò, 5.

[152] O máximo determinado por lei denota o «limite de reação intransponível, além do qual faltaria proporção entre ofensa e punição», sendo, portanto, posto a salvaguarda do mínimo de lei que, ao contrário, «marca o limite de reação indefectível comparada à gravidade abstrata do fato» – parece então razoável a comparação do máximo de lei com outro instituto, como a prescrição, que considera, da mesma forma, o sacrifício máximo tolerável de exigências ligadas à personalidade do réu: Serraino, 993.

[153] Micheletti, 228 ss.

preciso, de fato, evitar, simultaneamente, que a coincidência entre tempo máximo da pena e tempo máximo da sanção segundo a lei, induza o legislador a incrementar (ou não diminuir) este segundo – apesar de proporcionado (ou excessivo) respeito à gravidade da ofensa típica – visando apenas a incrementar (ou não diminuir) o primeiro.[154]

Em alguns casos, uma intervenção da prescrição sentida como prematura pode ser consequência de uma inadequação não da sanção, mas sim da situação abstrata a representar as especificidades do dado criminológico de referência. Na verdade, o momento de ocorrência da prescrição depende inclusive da colocação, no tempo, do *dies a quo*, que é, por sua vez, influenciada pela estrutura do fato típico. Esse ulterior inconveniente surgiu recentemente em toda a sua dramaticidade inclusive "mediática", no processo para as mortes provocadas pela difusão no meio ambiente de uma cidade do norte da Itália de fibras de amianto por parte de uma fábrica de propriedade da firma "Eternit" (S.C., 19 de novembro de 2014).[155] Característica desta triste série de casos é a grande distância entre o momento em que a conduta casual se esgota (a difusão de fibras de amianto no meio ambiente) e o momento em que as mortes ou doenças se apresentam; assim como peculiares são as dificuldades de configuração lógica e verificação do nexo causal respeito a cada evento lesivo, considerada a peculiar etiologia do mesotelioma pleural, ainda não integralmente decifrada pelos cientistas. Em defeito de uma situação penal concebida *ad hoc* para hipóteses desse tipo, a acusação pública se deparou com um dilema estratégico: contestar uma multidão de homicídios – encontrando, assim, dificuldades provavelmente insuperáveis de prova respeito ao nexo etiológico – ou tentar adaptar ao caso concreto um crime de perigo como o "desastre inominado" (art. 434 c.p.), que se consuma, entretanto, com o exaurimento da conduta e o surgimento (ou, segundo outros, o perdurar) do perigo para a incolumidade pública (o segundo inciso da norma faz referência ao caso em que o desastre se verifica, mas se trata de um evento considerado meramente circunstancial, portanto irrelevante para os fins da individuação do *dies a quo*).[156] O ministério público tentou esta segunda estratégia; os juízes reconheceram a tipicidade do fato *ex* art. 434, c.p. – suscitando duras críticas na doutrina – e, com essas premissas, declararam a prescrição, por ter a situação de perigo se extinguida já em 1986, quando a Eternit fechou os estabelecimentos.

Finalmente, uma consideração que prevalece sobre qualquer outra. Se constatarmos ainda uma excessiva recorrência de declarações de extinção por prescrição

---

[154] Pulitanò, 4 s., que por isso propõe um retorno ao sistema da determinação do prazo prescricional "por faixas de gravidade", que menos interferem com escolhas de dosimetria sancionatória.

[155] Uma análise crítica clara e perfeitamente possível de ser compartilhada do fato é aquela de G.L. Gatta, *Il diritto e la giustizia penale davanti al dramma dell'amianto: riflettendo sull'epilogo del caso Eternit*, em www. penalecontemporaneo.it, 24/11/2014.

[156] De fato, o art. 158, 2° co., c.p., adia o momento a partir do qual decorre o prazo em caso de condição de punibilidade, portanto, se deve negar, *a contrario*, igual relevo às circunstâncias que intervêm após a consumação do crime, apesar de relevantes para a determinação da duração do tempo necessário à extinção: Romano, Grasso, Padovani, 81.

advinda, o problema reside principalmente em um sistema judiciário cansado, sobrecarregado, que expressa procedimentos demasiadamente longos.[157] O legislador que se limitasse a incrementar o prazo para a prescrição, arriscaria, portanto, sacrificar, além do razoável, a instância personalística que inspira o instituto, sem intervir na real patologia, dando-lhe, pelo contrário, legitimação prática e abertura, atenuando em aparência um sintoma. Uma reforma assim orientada submeteria e agravaria o existente, incrementando mais ainda aquela dissociação cronológica entre crime e pena das implicações negativas sob qualquer perfil.

A mais incisiva reforma da prescrição "substancial" parece ser, em definitiva, uma reforma do processo e da organização do sistema judiciário, visando a garantir a prontidão da intervenção punitiva mesmo preservando intactas todas as garantias (exigências que, certamente, não teriam sido satisfeitas pela mera introdução de formas de "prescrição do processo" concebidas para "extinguir" procedimentos demasiadamente prolongados, sem torná-los mais céleres, oferecendo, assim, mais inspiração a táticas dilatórias e incrementando a irracionalidade do existente).[158] Veremos assim satisfeitas, ao mesmo tempo e da melhor forma, instâncias personalísticas e de defesa social, dando finalmente uma resposta à clara visão de Cesare Beccaria.

4.4. A RECENTE PROPOSTA DE REFORMA APRESENTADA PELO GOVERNO ITALIANO

Numerosas são as proposta na mesa de reforma do instituto e de coordenamento com normas visando a garantir a duração razoável do processo. Não tendo

---

[157] Viganò, 2. V. em seguida amplamente: Lanzillo, *passim.*

[158] Há alguns anos foi realizada uma ampla discussão, na Itália, a proposta de um projeto de lei, chamado sobre o "processo breve" (d.d.l. S/1880 e d.d.l. 3137 A), visando a introduzir, no sistema, uma figura de "prescrição do processo", em termos pouco razoáveis, contudo, por serem pouco correspondentes à exigência de garantir aquela duração que serve para que o processo sirva ao seu objetivo. Bem longe de proporcionar a duração do prazo para a prescrição do processo a dificuldades probatórias verificáveis concretamente, ou pelo menos tipicamente ligadas a certas tipologias, a proposta previa uma correspondência seca respeito à gravidade do crime – referência pouco significativa, nesta ótica. Eram ainda contemplados adiamentos excessivos do prazo, irracionais pois dedicados: a crimes que não comportam dificuldades de investigação e prova excessivas, selecionados apenas por suas implicações lucrativas "políticos-mediáticas", como o crime de "clandestinidade"; a situações consideradas fonte de "alarme social" particular (que não se compreende o porquê deveria solicitar um incremento da duração do processo); a figuras criminosas que constituem geralmente motivos de dificuldade na fase das investigações e não do debate, como aquelas em matéria de "pedo-pornografia". Mais inaceitáveis ainda na ótica do "processo justo", são as derrogações pejorativas previstas para algumas categorias de pessoas, como os reincidentes qualificados, visto que esses perfis personológicos não incrementam, por si só, as dificuldades do processo. Não era feita uma adequada distinção, depois, entre a fase de debate, caracterizada por uma instrutória complexa e articulada, e as mais "simplificadas" fases da apelação e do juízo de legitimidade perante a Suprema Corte. As interações sistemáticas com as regras sobre a prescrição do crime apareciam, finalmente, deletérias: resumindo ao máximo, os processos tempestivamente ativados eram expostos à prescrição processual; aqueles ativados tardiamente, à prescrição substancial. Uma vez aceita pela Câmara dos Deputados, o projeto (nunca transformado em lei) foi fortemente modificado, eliminando todo e qualquer motivo de extinção do processo e prevendo, no máximo, obrigações de comunicação ao Ministério por parte dos chefes dos ofícios judiciários em caso de processos de duração excessiva. Para uma análise posterior: Tomasello, 34 ss.

espaço suficiente para tratá-las nesta sede, reenviamos a notáveis análises articuladas disponíveis na internet.[159] Aqui assinalamos apenas o "pacote" de reformas apresentado pelo Governo ao Parlamento em 23 de dezembro de 2014 (projeto de lei contendo «Alterações do código penal e do código do processo penal para o reforço das garantias defensivas e a duração razoável dos processos e para um maior contraste do fenômeno corrutivo, além do ordenamento penitenciário para a efetividade reeducativa da pena», documento da Câmara dos Deputados n. 2798), que parece se orientar parcialmente, pelo menos, em suas intenções em base a diretrizes auspiciosas.[160]

Por um lado, a proposta opera no sentido de incremento dos termos de prescrição do crime. Com esse objetivo, é elevado, em primeiro lugar, de oito até doze anos o máximo para um crime específico – o de corrupção próprio do art. 319 c.p. – respeito ao qual geralmente se adverte uma discrasia entre ofensividade efetiva e percebida, elevada frequência estatística, número de processos instruídos e baixo número de condenações pronunciadas e executadas.[161]

Incide-se ainda sobre a disciplina geral da prescrição (art. 159, c.p.), prevendo uma regra efetivamente adapta à *ratio* do instituto, segundo a qual o termo prescricional é suspenso a partir da apresentação da sentença condenatória em primeiro grau, assim como da sentença de apelação. O período de suspensão é, todavia, novamente computado no caso de reformulação da sentença condenatória ou de anulação em apelação, ou de anulação da confirmação da condenação em apelação. O relatório de acompanhamento esclarece: «*a sentença de condenação de primeiro grau [...], afirmando a responsabilidade do imputado, pode só ser absolutamente incompatível com o ulterior decurso do prazo útil ao chamado esquecimento coletivo respeito ao fato criminoso cometido. [...] trata-se [...] de introduzir parênteses específicas de suspensão para permitir aos juízos de impugnação de poder dispor de um período côngruo para sua execução, evitando o perigo de extinção do crime por decurso do tempo mesmo após o reconhecimento da fundamentação da pretensão punitiva do Estado, consagrado pela sentença condenatória não definitiva*». Contudo, em caso de não confirmação da sentença condenatória nos graus seguintes, «*se perde o pressuposto que justifica a suspensão, ou seja, como foi dito, o reconhecimento da fundamentação da pretensão punitiva do Estado*».

---

[159] Uma panorâmica em Tomasello, 9 ss.; v. em seguida Pulitanò, 8 ss.; Viganò, 17 ss.

[160] Uma síntese em Zirulia-Matarrese, *passim*.

[161] O art. 3 do projeto de lei incrementa inclusive o mínimo legal. Além de incidir sobre a prescrição, assim se quer evitar que o eventual recurso à negociação da sentença leve à aplicação de penas excessivamente reduzidas respeito à gravidade do fato; entende-se tornar residual a possibilidade de recurso a alguns benefícios como a suspensão condicional da pena. Ressalta-se que uma reforma dessa natureza comportaria um incremento diferencial de difícil compreensão da pena prevista por um caso que apresenta corresponsabilidade do privado, respeito a outro – o da indução indevida a dar ou prometer utilidades (art. 319, *quater* c.p.) – nas quais o privado é induzido pelo oficial público mediante abuso de poder ou de qualidade.

167

Não parecem interessar aos redatores da reforma as muitas outras incongruências que foram individuadas no exame da disciplina vigente.

Por outro lado, o projeto de lei pretende reduzir os tempos do processo, principalmente incidindo em algumas regras consideradas motivo de dilações sem um fundamento real garantista, por exemplo, em tema de imputados em estado de incapacidade mental irreversível (se prevê o encerramento do processo com sentença de obrigação de não proceder, não mais uma mera suspensão que arrisca se protrair ilimitadamente no tempo), de audiência preliminar (a qual, por ter função de mero *«controle sobra a fundamentação da acusação na perspectiva de um prognóstico acerca da utilidade do debate»*, não deve ser sede de atividades instrutórias tipicamente do debate, como agora é, pelo menos parcialmente), e principalmente de impugnações para evitar que estas se reduzam de sacrossanta garantia do imputado a um *«percurso de empecilhos e preclusões que comprometam a eficiência do sistema e garantam impunidade»*.

Talvez em uma próxima edição poderemos relatar quantas dessas medidas se tornaram direito vigente e o efetivo impacto delas sobre a práxis.

Bibliografia essencial

ANTONINI, Contributo alla dommatica delle cause estintive del reato e della pena, Milão, 1990;

BALBI G., Questioni aperte in tema di prescrizione del reato, in Scritti in onore di Alfonso M.Stile, aos cuidados de A.Castaldo, V.De Francesco, M.Del Tufo, S.Manacorda, L.Monaco, Nápoles, 2013, 391;

BARTOLI R., Prescrizione della pena, in Studium iuris, 1998, 1360;

BORGNA G., Retroattività in mitius e norme sulla prescrizione: profili critici della giurisprudenza CEDU sul regime transitorio della ex-Cirielli, Dir.pen.proc., 2014, 1001;

DE FRANCESCO G., Sulle garanzie in materia di disciplina intertemporale della legge penale, em Dir.pen.proc., 2014, 224;

DI MARTINO A., La sequenza infranta. Profili della dissociazione tra reato e pena, Milão, 1998;

GIOSTRA G., Il problema della prescrizione penale: aspetti processuali, em Giur. it., 2005, 2221;

GIUNTA F. - Micheletti D., TEMPORI cedere. Prescrizione del reato e funzioni della pena nello scenario della ragionevole durata del processo, Turim, 2003;

INSOLERA G., Le «clemenze anomale», in www.penalecontemporaneo.it, 29 de setembro de 2014;

LANZILLO L., Le statistiche sulle cause di inefficienza del sistema giudiziario ed i rimedi all'eccessiva durata del processo penale, em www.treccani.it/magazine/diritto/approfondimenti/diritto_penale_e_procedura_penale/, 13/10/2010;

MANTOVANI F., Diritto penale, Pádua, 2011;

MANTOVANI M., La prescrizione della pena. Spunti comparatistici per la rimeditazione di un istituto negletto, Turim, 2008;

MARINUCCI G., La legge ex Cirielli: certezza di impunità per i reati gravi e mano dura per i tossicodipendenti in carcere, Dir.pen.proc., 2006, 170

MARINUCCI G. – Dolcini E., Manuale di Diritto Penale, parte generale, 4° edição, Milão, 2012;

MARTINI A., Cause di estinzione del reato e della pena, in Le conseguenze sanzionatorie del reato, aos cuidados de G. De Francesco, Turim, 2011, 180;

MICHELETTI D., La nuova disciplina della prescrizione, em Le innovazioni al sistema penale, a cura di F.Giunta, Milão, 2006, 221;

MOLARI, Prescrizione del reato e della pena, em Novissimo Dig.it., XIII, Turim, 1966, 679

PADOVANI T., Il traffico delle indulgenze. «Premio» e «corrispettivo» nella dinamica della punibilità, em Riv.it.dir.proc.pen., 1986, 398;

PADOVANI T., Una novella piena di contraddizioni che introduce disparità inaccettabili, em Guida al diritto, 2006, 1, 32;

PAGLIARO A., Principi di diritto penale. Parte geral, 8° edição, Milão, 2003;

PERRONE D., Commento agli artt. 172 – 173, em Codice penale, aos cuidados de T.Padovani, 6° ed., Milão, 2014, 1160;

PISA P., Prescrizione (diritto penale), em Enc.dir., XXXV, Milão, 1986, 78;

PULITANÒ D., Il nodo della prescrizione, em www.penalecontemporaneo.it, 29 de setembro de 2014;

ROMANO M. – Grasso G. – Padovani T., Commentario sistematico del codice penale, III, 2° edição, Milão, 2011;

SCOLETTA M., La "rilevanza" delle questioni di legittimità costituzionale in malam partem: il caso della prescrizione del reato, em Diritto penale contemporaneo – Revista trimestral, 2012, 117;

SERRAINO M., Commento agli artt.157 – 161, em Codice penale, aos cuidados de T.Padovani, 6° ed., Milão, 2014, 985;

SILVANI S., Il giudizio del tempo. Uno studio sulla prescrizione del reato, Bolonha, 2009;

STORTONI L., Estinzione del reato e della pena, em Dig.disc.pen., IV, Turim, 1990, 342;

STORTONI L., Estinzione del reato e della pena, em Dig.disc.pen., Aggiornamento∗, Turim, 2000, 272;

TOMASELLO F., Per una riforma della prescrizione: le opzioni sul tappeto, em www.penalecontemporaneo.it, 10/12/2013;

VALENTINI V., Diritto penale intertemporale. Logiche continentali ed ermeneutica europea, Milão, 2012;

VIGANÒ, Sullo statuto costituzionale della retroattività della legge penale più favorevole, em www.penalecontemporaneo.it, 6/9/2011;

VIGANÒ, Riflessioni de lege lata e ferenda su prescrizione e tutela della ragionevole durata del processo, www.penalecontemporaneo.it, 18/12/2012;

ZIRULIA S. – Matarrese L., Il Governo presenta alla Camera un articolato pacchetto di riforme del codice penale, del codice di procedura penale e dell'ordinamento penitenziario, in www.penalecontemporaneo.it, 15/1/ 2015.

Tema IX

Prescrição penal, memória e esquecimento: mecanismos de minimização de danos no processo penal

"Eu sozinho tenho mais lembranças que terão tido os homens desde que o mundo é mundo. Meu sonho é como a vigília de vocês. Minha memória é como um monte de lixo."
(*Funes, o memorioso* – Jorge Luis Borges.)

Marçal Luís Ribeiro Carvalho

Introdução

A prescrição penal constitui-se inequivocamente na mais importante e mais complexa causa de extinção da punibilidade,[1] prevista na legislação penal brasileira.

Além de significar "a perda do direito de punir do Estado, pelo decurso do tempo, em razão de seu não exercício, dentro do prazo previamente fixado",[2] a prescrição, possui dentre os seus fundamentos políticos, o "esquecimento", como fator primordial que embasa legitimidade ao instituto.

O presente ensaio tem como objetivo analisar o instituto da prescrição penal enquanto mecanismo de esquecimento em contraposição às praticas punitivas tidas como instrumentos mnemônicos, ou seja, formas institucionalizadas de (re)memorização através da violência estatal.

Através de uma aproximação criminológica, o que propicia ao pesquisador uma preciosa abertura,[3] busca-se um diálogo lícito, franco e aberto com outras

---

[1] Impende salientar que a punibilidade é consequência direta e natural da realização da ação típica, antijurídica e culpável, crime. Nasce, portanto, o direito de punir por parte do Estado. Porém, em que pese ser o *ius puniendi* gerado automaticamente com a prática de um delito, há fatos posteriores a esta prática que podem fazer com que o Estado perca o direito de punir o agente que se denominam causas extintivas. Na dicção do Art. 107, IV, CP: "Extingue-se a punibilidade: [...] IV– pela *prescrição*, decadência ou perempção".

[2] BITENCOURT, Cesar Roberto, 2012, p. 867.

[3] Salo de Carvalho (2013, p. 46-7) assevera que "A criminologia, porém, em decorrência da fragmentação interna e do desenvolvimento de inúmeros discursos com matrizes epistemológicas distintas (v.g. antropologia, sociologia, psicologia, psiquiatria, psicanálise), diferente do direito penal, não logrou delimitar unidade de investigação. A pluralidade de discursos criminológicos , com a consequente diversidade de objetos e de técnicas de pesquisa, tornou ilimitadas as possibilidades de exploração, podendo voltar sua atenção ao criminoso, à vitima,

áreas do conhecimento frente à insuficiência do monólogo jurídico em compreender que toda e qualquer forma de violência "pode ser considerado um fenômeno complexo, e, portanto, impossível de ser explicado à luz de uma só ciência".[4] Tarefa árdua e de difícil realização em face da grande resistência a qual sempre enfrentou a interdisciplinaridade no Direito, pois coloca em xeque a base epistêmica, calcada na razão moderna.

A despeito de toda problematização na qual está inserida a interdisciplinaridade, tema que por si só requereria um estudo mais refinado e de maior fôlego, o presente ensaio parte da hipótese de que o processo penal encerra em si uma pena, ou conjunto de penas, cujas misérias (Carnelutti) aumentam em dimensões diretamente proporcionais à (de) mora jurisdicional.[5]

Para, além disso, os castigos institucionalizados com toda a sua ritualística patrocinada pelos arcaicos procedimentos de processo penal, fornecidos, mormente pela matriz inquisitorial, constitui-se em instrumento de rememorização e presentificação do delito e suplícios vividos na medida em que faz latejar no âmago de quem o sofre, toda sorte de angústias e ressentimentos, mantendo também acesa no corpo social a experiência de dor do crime.[6]

A prescrição penal aparece então, como mecanismo de frenagem e minimização dos danos causados por toda sorte de violência estatal investida de legalidade, encoberto pelo manto da persecução penal e a busca pela verdade, uma vez que o instituto traz no seu bojo a proposta de esquecimento, bloqueando os efeitos da presentificação do passado, assumindo destarte uma política de redução de danos.

Procuraremos abordar as questões ora propostas, buscando uma articulação entre o processo penal enquanto pena e a qualidade do tempo nas mnemotécnicas e presentificação do passado, traçando assim o nosso *locus* de discussão.

Após a análise pormenorizada do fenômeno criminógeno e estigmatizante da persecução penal, faz-se a análise do instituto da prescrição penal tanto pelo viés dogmático (necessário), quanto pelo viés criminológico (indispensável) buscando articular noções de memória e esquecimento à necessidade de extinção da punibilidade pelo decurso exacerbado de tempo no processo penal.

à criminalidade, à criminalização, à atuação das agencias de punitividade, aos desvios não criminalizados e, inclusive, ao delito e ao próprio discurso dogmático". Desta forma, a pluralidade de discursos que denuncia uma ausência de fronteiras do saber, permite o diálogo com outras áreas do conhecimento, bem como a incorporação de suas criticas na analise dos fenômenos criminais, formando a interface perfeitamente lícita permitindo o desenvolvimento de todos os saberes envolvidos (CARVALHO, Salo de, p. 47-8).

[4] GAUER, Ruth, 2008, p. 683.

[5] Aury Lopes Jr. (2008, p. 9), ao articular a obra de Francesco Carneluti [*As misérias do processo penal*], explica que "o tempo é o verdadeiros significante da punição, não só na pena privativa de liberdade, mas também na prisão cautelar e, principalmente, no simples fato de 'estar sendo processado'". Continua dizendo que "uma das misérias do processo penal, é exatamente a cruel constatação de que para punir, pune-se desde logo através do processo".

[6] CARVALHO, Salo de, p. 354.

172

1. Processo penal e pena

Processo penal é inequivocamente, uma pena em si, que nem tanto faz sofrer os homens porque são culpados quanto para saber se são culpados ou inocentes. Propósito este, imortalizado nas páginas de Santo Agostinho quando diz: "a tortura, nas formas mais cruéis, está abolida, ao menos sobre o papel; mas o processo por si mesmo é uma tortura".[7]

Mas, sua miséria maior, como diria CARNELUTTI, gira em torno da finalidade precípua do processo penal, qual seja a busca cega e incessante da tão difundida e cristalizada no senso comum jurídico vulgar,[8] "verdade real". Amilton Bueno de CARVALHO é contundente ao afirmar que:

> A busca da "verdade real": insuportavelmente se lê e se ouve essa máxima – o fim do processo penal é a busca da exibida verdade real que deve estar escondida em algum lugar." "E se este é seu fim, este é seu definitivo mote, se está autorizado a encontrá-la a qualquer preço: doa a quem doer, custe o que custar, até tratar o réu como objeto onde se encontra a verdade e invadir a sua intimidade.[9]

Situação por demais agravada pelo desenvolvimento maciço dos meios de comunicação e a rapidez da propagação de toda sorte de notícias, aliado com a cada vez maior relativização dos limites impostos aos dispositivos midiáticos no difundir da informação.

A ideologia do espetáculo foi definitivamente institucionalizada no bojo da sociedade pós-moderna,[10] formando a consciência deformada da realidade social.

A alienação é consequência deste processo na medida em que o espetáculo se apresenta como uma enorme positividade, indiscutível e inacessível criando verdades cristalizadas que denotam uma aceitação passiva, que de fato, já se obteve por seu modo de aparecer sem réplica, por seu monopólio da aparência onde "o que é bom aparece e o que aparece é bom".[11]

---

[7] CARNELUTTI, Francesco, 2006, p. 47.

[8] Ao senso comum jurídico, preciosas são as palavras de Amilton Bueno de Carvalho (2013, p. 145): "Mais uma vez o jurídico vulgar incorpora frases soltas, mágicas, e as fica a repetir, repetir, repetir, até que em determinado momento torna-se absoluto: é a verdade na qual não adianta duvidar, não se permite dela duvidar. E que se ouse dela duvidar: até os mortos se sentem ofendidos e escandalizados".

[9] CARVALHO, Amilton Bueno de, p. 145.

[10] David Garland (2008, p. 184), com relação ao termo "pós-modernidade", sugere: "as mudanças em larga escala na segunda metade do Século XX têm sido objeto de muito debate e reflexão sociológicos. Para alguns analistas, estas mudanças indicam a chegada da pós-modernidade e de uma forma de organização social e de consciência bem distintas daquelas da modernidade. Outros desejosos de marcar a singularidade do mundo que estas mudanças criaram, mas também de reconhecer sua continuidade com o anterior, fala de "modernidade tardia", "alta modernidade" ou "modernidade reflexiva", termos como "novos tempos", "pós-fordismo" "pós-previdencialismo" e "neoliberalismo" identificam igualmente as peculiaridades do presente, porém o primeiro é por demais vago, enquanto os demais são muito específicos. Diante disso, o termo preferido pelo autor e adotado no presente trabalho , é "pós-modernidade do século XX" – "que denota uma fase histórica do processo de modernização sem assumir que estejamos chegando ao fim, ou mesmo ao ápice , de uma dinâmica centenária, que não dá nenhum sinal de que irá acabar".

[11] DEBORD, Guy, 2008, p. 16-7.

O espetáculo além de constituir o modelo atual da vida dominante na sociedade, é a afirmação onipresente da escolha já feita na produção, e o consumo que decorre desta escolha. O fenômeno do espetáculo é produção e consumo ao mesmo tempo.

A sociedade elege seus inimigos. Absorvida pelo espetáculo alienante patrocinado pelos veículos midiáticos, envolta numa verdadeira cortina de fumaça (o medo) e embriagada pela falsa sensação de impunidade, impulsionada pelo mais puro sentimento de vingança contra tais inimigos, se alimenta cada vez mais e de maneira mais incisiva das misérias advindas deste processo de produção, tornando o processo penal em palco de horrores, onde a violência estatal assume suas facetas mais violentas e cruéis, na busca de uma utópica verdade real.

Assim a descoberta do delito, de dolorosa necessidade social, se tornou uma espécie de esporte; as pessoas se apaixonam como na caça ao tesouro; jornalistas profissionais, jornalistas diletantes, jornalistas improvisados não tanto colaboram quanto fazem concorrência aos oficiais de polícia e aos juízes instrutores; e, o que é pior, aí fazem o trabalho deles.[12]

2. Algumas considerações sobre o tempo no processo penal

Outra faceta perturbadora do tema ora estudado está no fato de que no processo penal o tempo constitui-se em verdadeiro significante de punição, não só quando se está diante da pena privativa de liberdade, mas também e principalmente, pelo simples fato de estar sendo processado.

Vivemos em uma sociedade regida pelo tempo, onde as relações são cada vez mais fluidas (BAUMAN), e a velocidade é, na consagrada expressão de Paul VIRILLIO, a alavanca do mundo contemporâneo, que, aliado a um acentuado sentimento de urgência, nos conduz à angústia do presenteísmo.[13] Nessa incessante jornada o tempo rege não só as nossas vidas, mas também o direito.

A partir da ideia de relatividade trazida por EINSTEIN, operou-se uma completa ruptura com a racionalidade na qual o universo era previsível, constante e o tempo era absoluto e universal, representado pela figura do relógio. A partir deste novo paradigma, tem-se a ideia de tempo relativo, variável conforme a posição e o deslocamento do observador, pois ao lado do tempo objetivo está o tempo subjetivo.[14] Neste sentido, Aury LOPES JR. diz:

---

[12] CARNELUTTI, Francesco.

[13] O presente é o nada, pois entre dois nadas: "buscamos expandir ao máximo esse fragmento de tempo, espremido entre um passado que não existe, uma vez que já não é, e um futuro contingente que ainda não é, e que por isso também não existe" (LOPES JR., Aury, p. 3).

[14] Nas palavras de Aury Lopes Jr. (p. 2): "O tempo é relativo à posição e velocidade do observador, mas também à determinados estados mentais como exterioriza EINSTEIN na clássica explicação sobre Relatividade que deu a sua empregada: 'quando um homem se senta ao lado de uma moça bonita, durante uma hora, tem a impressão de que passou apenas um minuto. Deixe-o sentar sobre um fogão quente durante um minuto somente – esse minuto lhe parecerá mais cumprido do que uma hora. – isso é Relatividade'".

Sepultou-se de vez qualquer resquício dos juízos de certeza ou verdades absolutas, pois tudo é relativo: a mesma paisagem podia ser uma coisa para o pedestre, outra coisa totalmente diversa para o motorista, e ainda e ainda outra coisa totalmente diferente para o aviador. A percepção do tempo é completamente distinta para cada um de nós.[15]

É justamente em torno da relatividade temporal com relação à posição e velocidade do observador que a discussão acerca das mazelas do processo penal está inserida.

O processo, enquanto mecanismo dinâmico, formado por uma sincronia de atos concatenados entre si, requer um tempo para que seja transcorrido todo seu íter necessário até o provimento final. Ao passo que não se pode imaginar um processo no qual o provimento fosse imediato. Em outras palavras, é característica do processo durar, não ser instantâneo ou momentâneo, prolongar-se.[16]

O processo penal por si só, possui velocidade e tempo de duração distintos da qualidade de tempo que rege as relações humanas na sociedade pós-moderna. Assim, muito embora a (de)mora seja elemento constitutivo de todo o desenvolvimento processual,[17] o tempo se transforma em catalizador, potencializante da violência estatal no que tange à perpetração da penas processuais em si, justamente por existir esta discrepância entre as velocidades processual e velocidade da vida em sociedade.

Quando a duração do processo supera o limite de duração razoável, significa dizer que, novamente o Estado se apossou ilegalmente do tempo do particular, de forma dolorosa e irreversível,[18] tanto para os casos em que se decreta a prisão cautelar, ou seja, quando a segregação é previa ao trânsito em julgado, quanto para os casos em que o réu está solto, pois, em que pese esteja livre do cárcere, o réu não estará livre do estigma e da angústia da persecução penal.

O tempo, mais que o espaço, é o verdadeiro significante da pena. O processo penal encerra em si uma pena (*la pena de banquillo*), ou o conjunto de penas se preferirem, que mesmo possuindo natureza diversa da prisão cautelar, inegavelmente cobra(m) seu preço e sofre(m) um sobre-custo inflacionário proporcional à duração do processo.[19]

Eis o motivo segundo o qual os órgãos estatais de persecução não dispõem de um tempo ilimitado para fornecer a resposta pleiteada pela ação penal, pois a perpetuação do processo penal acaba por enfraquecer e até mesmo aniquilar direitos e garantias fundamentais pertencentes ao réu que são regidas principalmente pelos princípios da dignidade da pessoa humana, jurisdicionalidade, presunção de inocência, ampla defesa e contraditório.

---

[15] LOPES JR., Aury, p. 1.

[16] BIDART, Adolfo Gelsi *apud* LOPES JR. Aury, p. 5.

[17] Por este viés, entendemos que não há processo penal que assegure a máxima eficácia de direitos e garantias fundamentais ao acusado, sem que para isto seja necessário um procedimento devagar, executado dentro de um prazo razoável e sem atropelos.

[18] LOPES JR., Aury, p. 6.

[19] Id., p. 7.

Inserido neste contexto está a vedação da imprescritibilidade[20] (com pontuais exceções) como regra em nosso ordenamento jurídico pátrio, cuja fundamentação encontra guarida justamente no fato de ser a relação entre a demora processual e violação de mais preceitos fundamentais diretamente proporcional, ou seja, a lista de violações de direitos e garantias fundamentais aumenta na mesma proporção em que o processo penal se dilata indevidamente, motivo segundo o qual, nas lições de Cezar Roberto BITTENCOURT, o *jus puniendi* do Estado,[21] não pode eternizar-se como uma espada de Dámocles, pairando sob a cabeça do indivíduo.[22]

O instituto da prescrição penal, além de ter o condão de extinguir a punibilidade por inoperância Estatal, atua não só como instrumento de frenagem da violência institucionalizada (processo enquanto pena), como também assegura ao acusado, o direito ao esquecimento (processo enquanto forma de (re)memorização da violência estatal), matéria sobre a qual nos debruçaremos a seguir.

3. Prescrição penal, memória e esquecimento

A prescrição penal é causa extintiva da punibilidade, isto é, causa que leva á extinção do direito estatal de punir que nasce diante da ocorrência de um delito.

Tal instituto, recebe especial atenção da doutrina penal pela sua importância, e, por se constituir na mais complexa causa de extinção de punibilidade prevista no ordenamento jurídico pátrio, pois, para além de traduzir-se na extinção da pena (a ser ou já aplicada) pelo transcurso do tempo, cuida-se, de

---

[20] Nas palavras do professor Ney Fayet Júnior (2011, p. 48-52): "Como regra fundamental, o nosso sistema adota a prescritibilidade dos delitos (ainda que havidos como hediondos); entretanto, excepcionalmente, poderá haver delitos que não se sujeitam ao regime traçado no CP. Com efeito, a CF de 1988, em seu artigo 5º, estatuiu duas hipóteses de imprescritibilidade: os crimes de racismo (inc. XLII), definidos pela Lei 7.716, de 5 de janeiro de 1989, com as alterações da Lei 9.459, de 15 de maio de 1997; e o crime de ação de grupos armados, civis ou militares, contra a ordem constitucional e o Estado Democrático (inc. XLIV)". [...] "O instituto da imprescritibilidade penal, *grosso modo*, vincula-se à condição de viabilidade punitiva permanente e, em face isso, à perpétua perseguição do delinquente, impedindo que o fato criminoso seja riscado da memória social". [...] "as regras de imprescritibilidade, geralmente, encontram-se associadas aos crimes de maior gravidade, que causam maior alarde social, ou seja, maior incômodo e perturbação aos membros da coletividade. Sendo assim, determinados delitos, por questionar as bases mais essenciais de determinados modelos da sociedade, exigiriam um tempo maior de superação, o que fundamentaria a perseguibilidade e o castigo aos responsáveis, enquanto estiverem vivos, além de todos os limites temporais". Todavia, adverte o autor: "Grande parte da doutrina mais atualizada em Direito Penal não encontra legitimidade nos fundamentos da imprescritibilidade. Essa é a posição, por exemplo, de Jorge Figueiredo Dias, ao afirmar que a imprescritibilidade só estaria embasada nas '(ilegítimas) necessidades 'absolutas' de punição', ou seja, nos sentimentos de 'vingança e retribuição'".

[21] Entende-se como *jus puniendi*, sendo a *pretensão punitiva do Estado*. Direito este que nasce a partir da ocorrência de um delito. Diz respeito também ao direito de agir do Estado, uma vez que o mesmo possui o monopólio da justiça sendo vedada sumaria e expressamente que se faça justiça com as próprias mãos, no âmbito penal também conhecida como vingança privada.

[22] BITTENCOURT, Cezar Roberto, p. 867.

uma autolimitação do *jus puniendi* estatal, levada a efeito por inúmeras razões de ordem político-criminal,[23] dentre elas, o fato de assegurar ao acusado o seu direito ao esquecimento.[24]

O processo penal, enquanto conjunto de atos concatenados entre si, permeados por todas as mazelas trazidas à baila anteriormente, regido por sua inegável e latente matriz inquisitorial, é castigo. E o castigo institucionalizado se constitui em instrumento de (re)memorização e presentificação do delito, bem como na manutenção da memória de vínculos obrigacionais fundadas nas noções de culpa moral e sentimento de dever.

A pena criminal, portanto, (neste caso nos interessa a pena processual, já discutida em ponto anterior), nas palavras de Salo de CARVALHO,

> [...] vivificaria o crime no criminoso, mantendo acesa no corpo social a experiência de dor do delito (fato pretérito não mais passível de experimentação física). Nesta rede de imposição de sofrimento (pena) para atualizar a dor do crime, os mecanismos processuais forneceriam recursos mnemotécnicos.[25]

---

[23] FAYET JÚNIOR, Ney; FERREIRA, Martha da Costa, p. 48.

[24] Recentemente, o STJ em julgamento do RESP nº 1.334.097/RJ, o Ministro Luis Felipe Salomão enfrentou de maneira profícua a questão do direito ao esquecimento, senão vejamos: "Cabe agora enfrentar a tese de aplicação do direito ao esquecimento no direito brasileiro. No ponto, ressalto que é pelo Direito que o homem, cravado no tempo presente, adquire a capacidade de retomada reflexiva do passado – estabilizando-o – e antecipação programada do futuro – ordenando-o e lhe conferindo previsibilidade. Caso contrário, o tempo, para o ser humano, seria mero 'tempo cronológico, uma coleção de surpresas desestabilizadoras da vida' [...]. Sobre o tema, François Ost, filósofo do direito e professor na Faculdade Saint Louis, Bruxelas, assevera que a 'justa medida temporal' a que o Direito visa: [...] permite entrever, na verdade, o duplo temor suscitado pela ação coletiva: de uma parte, do lado do passado, o perigo de permanecer fechado na irreversibilidade do já advindo, um destino de carência ou de infelicidade, por exemplo, condenada a perpetuar-se eternamente; de outra parte, do lado do futuro, o pavor inverso que suscita um futuro indeterminado, cuja radical imprevisibilidade priva de qualquer referência. Nenhuma sociedade se acomoda com seus temores; tanto que todas elas elaboram mecanismos destinados, pelo menos parcialmente, a desligar o passado e ligar o futuro [...]. Em termos de instrumental jurídico, o direito estabiliza o passado e confere previsibilidade ao futuro por institutos bem conhecidos de todos: *prescrição*, decadência, perdão, anistia, irretroatividade da lei, respeito ao direito adquirido, ato jurídico perfeito e coisa julgada. Em alguns desses casos – como prescrição e anistia –, a Justiça material, por vezes fetichista, sede vez à segurança jurídica que deve existir nas relações sociais. Especificamente quanto à prescrição, afirma Ost ser ela o '*direito a um esquecimento programado*', ressaltando, porém, a especial aplicação do direito ao esquecimento no direito ao respeito à vida privada: Em outras hipóteses, ainda, o direito ao esquecimento, consagrado pela jurisprudência, surge mais claramente como uma das múltiplas facetas do direito a respeito da vida privada. Uma vez que, personagem pública ou não, fomos lançados diante da cena e colocados sob os projetores da atualidade – muitas vezes, é preciso dizer, uma atualidade penal –, temos o direito, depois de determinado tempo, de sermos deixados em paz e a recair no esquecimento e no anonimato, do qual jamais queríamos ter saído. Em uma decisão de 20 de abril de 1983, Mme. Filipachi Cogedipresse, o Tribunal de última instância de Paris consagrou este direito em termos muito claros: '[...] qualquer pessoa que se tenha envolvido em acontecimentos públicos pode, com o passar do tempo, reivindicar o direito ao esquecimento; a lembrança destes acontecimentos e do papel que ela possa ter desempenhado é ilegítima se não for fundada nas necessidades da história ou se for de natureza a ferir sua sensibilidade; visto que o direito ao esquecimento, que se impõe a todos, inclusive aos jornalistas, deve igualmente beneficiar a todos, inclusive aos condenados que pagaram sua dívida para com a sociedade e tentam reinserir-se nela (OST, François [...]). Assim como é acolhido no direito estrangeiro, não tenho dúvida da aplicabilidade do direito ao esquecimento no cenário interno, com olhos centrados na principiologia decorrente dos direitos fundamentais e da dignidade da pessoa humana, mas também extraído diretamente do direito positivo infraconstitucional'".

[25] CARVALHO, Salo de, p. 354.

O caráter vindicativo da aplicação das mnemotécnicas, cerne portanto das teorias retribucionistas[26] de fins da pena, possui como mola propulsora o ressentimento que nada mais é do que corolário da dicotomização da sociedade. De um lado e ao lado da "Justiça", "os homens bons" e de outro lado os "homens maus", inimigos maus da sociedade.

> Eles agora monopolizaram inteiramente a virtude, esses fracos e doentes sem cura, quanto a isso não há duvidas: "nós somente somos os *homines bonae voluntatis* [homens de boa vontade]". Eles rondam entre nós como censuras vivas, como advertências dirigidas a nós – como se saúde, boa constituição, força, orgulho, sentimento de força fossem em si viciosas, as quais um dia se devesse pagar, e pagar amargamente: oh como eles mesmo estão no fundo dispostos a *fazer* pagar, como anseiam ser os *carrascos!*[27]

Friedrich NIETZSCHE, com a agressividade que lhe é peculiar, denuncia esses homens do ressentimento, como sendo doentiamente vingativos:

> Entre eles encontra-se em abundância os vingativos mascarados de juízes, que permanentemente levam na boca, como baba venenosa, a palavra *justiça* e andam sempre de lábios em bico, prontos a cuspir em todo aquele que não tenha olhar insatisfeito e siga seu caminho de ânimo tranquilo. Entre eles não falta igualmente a mais nojenta espécie de vaidosos, os monstros da mendacidade que buscam aparecer como "almas belas" e exibem no mercado, como "pureza do coração", sua sensualidade estropiada, envolta em versos e outros cueiros: a espécie de onanistas morais e "autogratificadores".[28]

A vingança, portanto, desde que institucionalizada pelo poder punitivo do estado, materializada na persecução penal (pena processual), se constitui em instrumento de (re)memorização e presentificação do delito e suplícios vividos na medida em que faz latejar no âmago de quem o sofre, toda sorte de dor e angústias, mantendo também acesa no corpo social a ideia de dicotomização da sociedade. Processo penal é memória e memória[29] traz consigo uma carga muito forte de ressentimento.

---

[26] O debate e, torno das razões fundantes da punição, tem agitado desde muito aqueles que se envolvem com o direito penal. As respostas tem sido variadas e, diferente não poderia ser, mutantes na caminhada histórica. Amilton Bueno de Carvalho (p. 73) define que "Ainda hoje estão em voga, basicamente as doutrinas utilitaristas (evitar novos crimes), – prevenção especial (que procura alcançar o autor do crime: sua correção – no discurso vigente: recuperar o agente) e prevenção geral (que diz com a generalidade dos cidadãos – intimidação) e retribucionistas, digamos, mais puras, que tem a pena como "castigo", uma aproximação, menos desumana mas com a mesma lógica, do talião. Para Ferrajoli (Direito e Razão), estas buscam 'devolver mal por mal" é a "venganza de la sangre'".

[27] NIETZSCHE, Friedrich, 2009, p. 104.

[28] Ibid.

[29] Ruth Gauer, Giovane Saavedra e Gabriel Gauer (2011, p. 35) apontam com exatidão que "A memória, com efeito, é uma função muito frágil. A confissão desta vulnerabilidade nos é imposta pelo espetáculo que dá o exercício coletivo e público da memória em muitas regiões do mundo." [...] "Os abusos do mau uso da memória, via de regra, têm a ver com os distúrbios da identidade dos povos. Uma segunda fonte de abuso prende-se à competição com outros, às ameaças reais ou imaginárias para a identidade, os momentos em que aquelas são confrontadas com a alteridade, com a diferença. A esses ferimentos fortemente simbólicos, juntam-se uma terceira fonte de vulnerabilidade: o lugar da violência na formação das identidades, principalmente coletivas. No plano dos abusos da memória, reencontra-se sempre a conexão da memória com a violência. Desta maneira, não existe nenhuma comunidade histórica que não tenha nascido de um relatório que se pode atribuir sem hesitação, a guerra, os massacres, as revoluções, entre outros eventos violentos".

O ressentimento, para além de ser uma das dimensões da condição humana, acaba sendo corolário direto da instrumentalização da memória, que diante de sua tamanha vulnerabilidade, é vilipendiada de muitas formas, dentre elas, a utilização da memória na formação da identidade e sua inarredável conexão com a violência.

O que nós comemoramos sob o título de acontecimentos fundadores são, essencialmente, atos violentos legitimados após o golpe por um Estado de Direito. O que foi gloria para uns pode ter sido humilhação para outros. A celebração de um lado pode corresponder à execração do outro. Assim são guardados nos arquivos da memória coletiva os ressentimentos. Isto que vai além da fragilidade ligada às noções freudianas de compulsão, de repetição e de melancolia, é o caráter acertado, deliberado de instrumentalização da memória.[30]

O ressentimento, portanto, se encontra diretamente ligado à dor vinculada ao rancor, à inveja, ao sofrimento, entre outras angústias. Esses sentimentos, refletem diferentes conflitos que trazem ansiedade e refletem o que desejamos ou rejeitamos,[31] e se manifesta como um conjunto de sentimentos difusos de ódio e hostilidade na busca de justiça contra o que se considera injusto. A busca da vingança por meio de uma manifestação de ressentimento via de regra é justificado como se fazer justiça.[32]

Considerações finais

O processo penal, por tudo que representa, tanto para a sociedade, mas principalmente para o acusado, constitui-se em uma pena, antes mesmo de seu desfecho. Fruto de um fenômeno de espetacularização da sociedade, através dos meios de comunicação canais por onde o medo escoa e impregna em tudo onde toca.

Absorvida por este espetáculo alienante patrocinado pelos veículos midiáticos, a sociedade elege seus inimigos. Envolta numa verdadeira cortina de fumaça (o medo) e embriagada pela falsa sensação de impunidade, impulsionada pelo mais puro sentimento de vingança contra tais inimigos, se alimenta cada vez mais e de maneira mais incisiva das misérias advindas deste processo de produção, tornando o processo penal em palco de horrores, onde a violência estatal assume suas facetas mais violentas e cruéis, na busca de uma utópica verdade real.

A prescrição penal, para além de constituir-se na mais importante e mais complexa causa de extinção de punibilidade, pois extinguir a punibilidade por prescrição significa dizer que o Estado perdeu o direito de punir, pelo decurso do tempo, em razão de seu não exercício, dentro do prazo previamente fixado, a prescrição aparece como um mecanismo de frenagem de toda a violência estatal no exercício de seu jus puniendi, através do esquecimento.

---

[30] GAUER, Ruth; SAAVEDRA, Giovani Agostini; GAUER, Gabriel J. Chittó, p. 35.

[31] Ibid.

[32] Id., p. 39.

E o castigo institucionalizado se constitui em instrumento de (re)memorização e presentificação do delito, bem como na manutenção da memória de vínculos obrigacionais fundadas nas noções de culpa moral e sentimento de dever, fazendo com que o delito acabe por se perpetuar na memória do acusado, trazendo mais sofrimento e dor e ressentimento.

A prescrição aparece como garantidor do esquecimento, guardião da ordem psíquica, possibilitando assim condições de felicidade, pois bloquearia os efeitos da presentificação do passado, o que não apagaria as marcas produzidas pela memória, mas antecederia à própria inscrição, impedindo sua fixação.[33]

Não temos a pretensão de termos de forma alguma exaurido a presente temática, o que se mostra impossível, tamanha sua abrangência e complexidade. Buscou-se tão somente estabelecer um canal de diálogo, onde foram expostos os matizes de uma lógica punitivista que nos leva a passos largos ao perecimento. Em contraposição, o próprio estado, prevê mecanismos idôneos para impor limites ao seu *jus puniendi*. Busca-se a partir disso, dar maior eficácia na aplicação destes mecanismos. Árdua tarefa.

Referências

BITTENCOURT, Cezar Roberto. *Tratado de direito penal*: parte geral. 17ª ed. São Paulo: Saraiva, v.1. 2012.

CARNELUTTI, Francesco. *As misérias do processo penal.* 7ª ed. Campinas: Bookseller, 2006.

CARVALHO, Amilton Bueno de. *Direito penal à marteladas:* algo sobre Nietzsche e o direito. Rio de Janeiro: Lumen Juris, 2013.

CARVALHO, Salo de. *Antimanual de criminologia.* 5ª ed. São Paulo: Saraiva, 2013.

DEBORD, Guy. *A sociedade do espetáculo:* comentários sobre a sociedade do espetáculo. Rio de Janeiro: Contraponto, 2008.

GARLAND, David. *A cultura do controle: crime e ordem social na sociedade contemporânea.* Tradução: André Nascimento. Rio de Janeiro: Revan, 2008.

GAUER, Ruth. "Interdisciplinaridade e ciências criminais". In GAUER, Ruth (Org.) *Criminologia e sistemas jurídico-penais contemporâneos.* Porto Alegre: EDIPUCRS, 2008.

——; SAAVEDRA. Giovani Agostini; GAUER. Gabriel J. Chittó. *Memória, punição e justiça:* uma abordagem interdisciplinar. Porto Alegre: EDIPUCRS, 2011.

FAYET JÚNIOR, Ney; FERREIRA, Martha da Costa. "Da imprescritibilidade." In *Prescrição penal:* temais atuais e controvertidos: doutrina e jurisprudência Vol. 3/ Ney Fayet Júnior (Coord.), Paulo Queiroz ... [et al.] – Porto Alegre: Livraria do Advogado Editora, 2011.

LOPES JR. Aury; BADARÓ. Guilherme Henrique. *Direito ao processo penal no prazo razoável.* Rio de Janeiro: Lumen Juris, 2008.

NIETZSCHE. Friedrich. Genealogia da moral: uma polêmica. São Paulo: Companhia das Letras, 2009.

OST, François. *O Tempo do direito.* Tradução Élcio Fernandes. Bauru, SP: EDUSC, 2005.

VIRILIO, Paul. *A velocidade da libertação.* Lisboa: Relogio D'água Editores, 2000.

---

[33] CARVALHO, Salo de, p. 354.

Impressão:
Evangraf
Rua Waldomiro Schapke, 77 - POA/RS
Fone: (51) 3336.2466 - (51) 3336.0422
E-mail: evangraf.adm@terra.com.br